山东省社会科学规划决策服务类项目"乡村振兴战略视阈下社会道德风尚研究"项目编号 :19BJCJ72

九州文库

社会道德风尚研究

——以乡村振兴战略为视角

陈晓霞 著

九州出版社
JIUZHOUPRESS

图书在版编目（CIP）数据

社会道德风尚研究：以乡村振兴战略为视角／陈晓
霞著 . -- 北京：九州出版社，2021.11

ISBN 978-7-5225-0756-9

Ⅰ.①社… Ⅱ.①陈… Ⅲ.①农村—社会主义建设—
关系—社会主义精神文明建设—研究—中国 Ⅳ.
①F320.3②D648.3

中国版本图书馆 CIP 数据核字（2021）第 256047 号

社会道德风尚研究：以乡村振兴战略为视角

作　　者	陈晓霞　著
责任编辑	曹　环
出版发行	九州出版社
地　　址	北京市西城区阜外大街甲 35 号（100037）
发行电话	（010）68992190/3/5/6
网　　址	www.jiuzhoupress.com
印　　刷	唐山才智印刷有限公司
开　　本	710 毫米×1000 毫米　16 开
印　　张	17.5
字　　数	296 千字
版　　次	2022 年 1 月第 1 版
印　　次	2022 年 1 月第 1 次印刷
书　　号	ISBN 978-7-5225-0756-9
定　　价	95.00 元

前　言

孔子云："一日克己复礼，天下归仁焉。""君子之德，风也；小人之德，草也。草上之风，必偃。"① 中国文化的灵魂就是道德，道德在人心，道德教化是中国文化得以源远流长、历久弥新的生命力所在。一个社会的道德理想、道德价值观念，总是会反映到一定的社会政治实践中，并通过政治强力推进某种道德价值体系与价值理想。道德是人的道德，人的需要兼具道德要求。

2013 年 11 月 26 日，习近平总书记视察孔子研究院，在与专家学者座谈时发表重要讲话，他指出，"国无德不兴，人无德不立"。在中国古代文化里，"道德"含义如《中庸》所言，"致广大而尽精微，极高明而道中庸"，"道德"二字可以统摄世间的伦理内涵。《礼记·中庸》云："人道敏政。"在中国文化里，"融国家于社会人伦之中，纳政治于礼俗教化之中，而以道德统括文化，或至少是在全部文化中道德气氛特重，确为中国的事实"②。道德教化对国家而言是一项全面的系统工程，上行下效是它的内在原理和不变规律。乡村振兴就是统筹推进农村经济建设、政治建设、文化建设、社会建设、生态文明建设和党的建设，促进农业全面升级、农村全面进步、农民全面发展。在实施乡村振兴战略背景下，如何开展乡村道德风尚建设是社会各界比较关注的问题。

2019 年 1 月 19 日，山东省社科规划办公布了全省 2019 年度社科规划项目，我主持申报的课题"乡村振兴战略视阈下社会道德风尚研究"有幸被列为决策服务类项目。为了做好课题研究，我带领课题组成员深入乡村社区、走进乡镇企业、进入中小学校等，通过走访、座谈、召开座谈会、参与活动等多种方式展开调查研究，掌握了大量的一手资料。在对资料进行分类整理研究的基础上，针对乡村社会道德风尚建设中存在的问题，设立了多个专项研究课题，在对最

---

① 群书治要（校订本）[M]. 北京：团结出版社，2014：227-228.
② 梁漱溟. 中国文化要义 [M]. 上海：上海人民出版社，1949：22.

新文献资料进行梳理分析的基础上，形成了本课题独有的研究思路和方法。本研究立足乡村实践具有以下特点：

一、牢牢把握乡村振兴战略这一背景，从乡村振兴战略的视阈来研究社会道德风尚建设。课题研究从乡村振兴战略的背景入手，对乡村振兴战略的主要内涵进行解读。明确乡村传统道德风尚建设是时代的迫切呼唤，明确乡村社会道德风尚建设的现实意义，针对乡村振兴战略实施中遇到的一些问题，并结合乡村道德建设实际展开调查研究。

二、开展乡村振兴战略与社会道德风尚内在关联的研究。课题组通过调查研究发现，社会道德风尚与乡村振兴、产业兴旺、生态宜居、乡风文明、治理有效、生活富裕等有着内在联系。基于这样一种情况，课题组的研究思路更加丰富，研究视野也较为开阔，力求使道德的社会影响力渗透到乡村社会生活的方方面面。道德之宗旨在于修己尽伦，于尽伦中修身显性。以德行引导农民，纠正、克服道德失范，以美德倡导高尚，提高道德水平，遵循道德规范而为，形成优良的社会道德风尚。

三、汲取优秀传统文化特别是儒家道德精华及教育智慧。习总书记指出，"要对博大精深的中华文化有深刻的理解，更要有高度的文化自信"。进一步指出，"法安天下，德润人心"。道德乃人的生命之寄托，而伦理则是成就道德的土壤。儒家提倡的道德是中华优秀传统文化中的精华，仁、义、礼、智、信作为儒家文化的"五常"，是社会成员之间理性的沟通原则、感通原则、谐和原则。修身、勤俭、治家、勉学、孝道、和睦为儒家道德的精髓。儒家博大精深的道德教育体系以"明人伦"作为道德教育的基本内容，"五伦"对新时代我国道德教育和道德实践具有积极影响和借鉴价值。

四、将多学科研究成果运用到乡村社会道德风尚建设。乡村社会道德风尚建设，既是社会全面进步的内在要求，也是人的全面发展的有效手段。社会道德风尚是社会发展与人的发展程度的重要标杆，社会风气、社会环境会影响人的道德水平，同样，个人的道德状况也影响社会风气的变化。本研究注重汲取多学科研究成果，并运用到乡村社会道德风尚建设，比如社会正能量引导、关怀道德代际传承、道德立法建设等，因为道德影响力生发路径，就是从道德他律到道德自律，从自律到现实行为，只有强化自律意识，塑造优良品质，养成高尚人格，信守道德信仰，才能达到道德价值共识，形成乡村良好的社会道德风尚。

五、注重优化社会道德风尚建设的环境。道德是知行合一的生命实践，道德系乎真诚之心以及此心之念念相续，道德即良知，道德修养即致良知。道德是人与人、人与社会之间利益关系的协调器，通过道德的教育、示范、引导、评价、践行等方式和途径来实现。优化社会道德风尚建设的环境，通过道德立法建设、优化网络运行监管与监督、创建良好的文化环境、进行道德评价等，能形成良好社会舆论氛围，有效引领人们自觉践履道德，形成道德情感，坚定道德信念，提高道德境界。

六、探究社会道德风尚建设的基本路径。道德的教育功能发挥是在道德实践的过程中，在调节人与人之间相互关系的过程中实现的，道德的调节是借以唤起人们的道德责任和良心，引导、纠正、调整人们的道德行为，并对相关利益涉及方产生知、情、意、行的感化和影响。社会道德风尚建设的基本路径，要以社会主义核心价值观引领社会道德风尚，实施公民道德建设工程，紧抓乡村社会道德风尚建设的工作重点，完善乡村道德教育体系，强化乡村社会道德风尚建设措施，加强乡村干部职业道德教育，形成乡村社会道德风尚建设的强大合力。

"等闲识得东风面，万紫千红总是春。"乡村振兴战略要实现"产业兴旺、生态宜居、乡风文明、治理有效、生活富裕"的总要求，必须加大乡村社会道德风尚建设力度。"百行德为首"，社会道德风尚是社会发展与人的发展程度的重要标杆。工作中要加强党对乡村道德建设的领导，大力弘扬中华民族优良传统道德，促进乡村居民道德自觉的培养。增强"四个意识"，坚定"四个自信"，做到"两个维护"，以社会主义核心价值观为引领，提升个人道德品质，传承文化，振兴民族精神，确保乡村道德风尚建设沿着正确方向发展，并在乡村振兴实践中取得更大的成绩。

陈晓霞

2020 年 5 月 26 日于孔子研究院

目　录
CONTENTS

绪　论

习近平总书记在党的十九大报告中向全党和全国人民发出了实施乡村振兴战略的伟大号召，他指出小康不小康，关键看老乡。农业强，就是基础稳固，则中国强；农村美，就是和谐稳定，则中国美；农民富，就是安居乐业，则中国富。"三农"问题解决了，国家的整个大局就有保障。乡村振兴战略的丰富内涵体现在"二十个字"的总要求上：产业兴旺、生态宜居、乡风文明、治理有效、生活富裕。① 乡村振兴就是统筹推进农村经济建设、政治建设、文化建设、社会建设、生态文明建设和党的建设，促进农业全面升级、农村全面进步、农民全面发展。

习近平总书记强调指出，"国无德不兴，人无德不立"。乡村社会道德风尚建设，既是社会全面进步的内在要求，也是人的全面发展的有效手段。通过乡村社会道德风尚建设，能培育乡村农民善良的道德意愿、道德情感，养成正确的道德判断力和道德责任心，提高道德自觉的践行能力，在乡村形成积极向上、向善及向往和追求讲道德、尊道德、守道德的社会风尚。在中国特色社会主义新时代，全面建成小康社会、全面建设社会主义现代化强国，需要坚实的道德根基。加强乡村社会道德风尚建设，有利于提高广大乡村社会道德水平，有利于全面建成小康社会、全面建设社会主义现代化强国。实现"两个一百年"奋斗目标，迫切需要加强乡村道德风尚建设。

乡村振兴战略视阈下社会道德风尚研究，从乡村振兴战略的背景入手，对乡村振兴战略的主要内涵进行解读，对实施乡村振兴战略需要构建城乡融合发展之路，完善承包地"三权"分置制度，构建现代农业体系，健全乡村治理体系等工作要点加以分析；对实施乡村振兴战略中要注重处理的长期目标和短期

---

① 中共中央国务院关于实施乡村振兴战略的意见［A/OL］. 中华人民共和国中央人民政府网站，2018-01-02.

目标的关系、顶层设计和基层探索的关系、充分发挥市场决定性作用和更好发挥政府作用的关系、增强群众获得感和适应发展阶段的关系等进行阐释。

社会道德风尚是衡量社会发展与人的发展程度的重要标杆，存在于人们日常生活的风俗习惯中，并通过日常生活的风俗习惯呈现。风俗既有一定区域社会文化经长期演变形成的风尚之意，还包括礼节及禁忌等，历代相沿，积久而成，一经产生，便成为一种相对独立的力量，对人们的生活具有约束和调节作用，影响和制约人们的心理、习惯和行为，造就不同的性格、不同的品德、不同的审美情趣和不同的生活方式。社会风俗习惯与道德在起源上具有密切的联系。道德是从社会风俗习惯中分化而来的，为大多数人普遍接受的风俗。从伦理学角度看，"道"是行为的原则，"德"是行为的效果，有道德的人才能有所得。"道""德"两个字合为一个词使用，并非是两个字意思的简单合并，"道德"通常指人的行为合于理，利于人，符合规范。"道德"是人类社会的意识形态之一，它是人们共同生活及其行为的准则与规范；道德本质上具有阶级性、民族性、历史性。儒家提出了以"仁"为核心的，以"仁、义、礼、智、信""礼、义、廉、耻""温、良、恭、俭、让""忠、孝、节、义"等为内容的道德体系。在近代社会，中国传统文化受到西方文化的冲击，"道德"一词渐渐失去了"道"的规定性，而侧重强调"德"的作用，"德"的内涵更为丰富，新的道德观念中增加了人权、人格、正义、自由、平等、博爱等含义。中华人民共和国成立以后，在"道德"中突出强调爱国主义、爱劳动、爱科学、爱社会主义、爱公共财产等新内涵。

社会道德风尚，是国家的各个方面主体道德风气和人们道德行为相互联系的总体表现，不是社会每个成员道德品质和道德行为的简单直接相加，而是多数人自觉遵循社会主体道德观念与规范，通过道德行为形成的各种形态的群体道德风气。良好的社会道德风尚是全社会所推崇倡导的一种健康、向上的社会风气，它是社会文明进步的重要标志，也是衡量社会发展是否有序和谐的标准之一。中国特色社会主义道德风尚是在新时代所要建设的公民道德，2019年国务院公布的《新时代公民道德建设实施纲要》指出，一些地方、一些领域不同程度存在道德失范现象，拜金主义、享乐主义、极端个人主义仍然比较突出；一些社会成员道德观念模糊甚至缺失，是非、善恶、美丑不分，见利忘义、唯利是图，损人利己、损公肥私；造假欺诈、不讲信用的现象久治不绝，突破公序良俗底线、妨害人民幸福生活、伤害国家尊严和民族感情的事件时有发生。道德失范现象在一些乡村也时有发生。明确要求以习近平新时代中国特色社会主义思想为指导，紧紧围绕进行伟大斗争、建设伟大工程、推进伟大事业、实现伟大梦想，着眼构筑中国精神、中国价值、中国力量，促进全体人民在理想信念、价值理念、道德观念上紧密团结在一起，在全民族牢固树立中国特色社会主义共同理想，在全社会大力弘扬社会主义核心价值观，积极倡导富强民主文明和谐、自由平等公正法治、爱国敬业诚信友善，全面推进社会公德、职业道德、家庭美德、个人品德建设，持续强化教育引导、实践养成、制度保障，不断提升公民道德素质，促进人的全面发展，培养和造就担当民族复兴大任的时代新人。① 在一些乡村社会道德失范现象普遍而严重，如果不消除就会影响乡村振兴战略的顺利实施，影响全面建设社会主义现代化国家的进程。乡村社会道德风尚建设具有重要的现实意义，高尚的社会道德是美好生活题中应有之义，高尚的社会道德既兴国又立人，良好的社会道德还是社会主义新农村建设的需要。因此，必须对乡村社会道德失范现象进行反思，进一步明确思路，强化措施，加强乡村社会道德风尚建设。

课题组通过调查研究发现，社会道德风尚与乡村振兴、产业兴旺等有着内在联系。一是乡村振兴战略与社会道德风尚有着内在关联性。社会道德风尚对农村社会发展具有一定的影响，近年来社会道德风尚向好发展，农民传统观念发生转变，农村人际关系由单一向多元转变，农村社会道德风尚也发生一系列变化，比如，农民社会交往契约化，公共伦理意识增强，农民社会生活方式更文明健康，农民消费方式与时俱进，农民娱乐生活丰富多元，等等。良好的社会道德风尚是乡村振兴战略的重要保障。二是社会道德风尚与产业兴旺有着重要关联性。社会道德风尚是产业兴旺的必然要素，而新兴产业主体潜移默化地提升着农村的社会道德水平，具有良好的道德品格成为筹措创业资本的基本条件。乡村良好的社会道德风尚是产业兴旺的基础。三是社会道德风尚与生态宜居密切关联。生态宜居乡村建设，体现了社会道德新风尚，本质上是人与自然和谐共生。随着经济社会不断发展，日益严重的环境污染和频繁发生的食品安全事件，已成为民生之患、民心之痛。建设生态文明是中华民族永续发展的千年大计，乡村是生态文明建设的主战场，中国要美，农村必须美，美丽中国必然要靠美丽乡村打基础，这是全国整体生态文明的必然要求、建设美丽中国的重要组成部分，生态宜居把个人行为规范、社区行为规范拓展到了社会行为规范，是倡导社区行为规范的新农村建设的升级版，在本质上就是乡村社会道德

---

① 新时代公民道德建设实施纲要［N］. 人民日报，2019-10-28（01）.

风尚建设。四是社会道德风尚与乡风文明密切关联。乡风文明是一种村庄文化，在以家庭为核心，以血缘关系、地缘关系为主要纽带连接成共同体的传统村庄文化的基础上，逐渐过渡到以产业为核心，以业缘关系为主干，血缘关系、地缘关系为两翼，多条纽带连接而成的文化共同体，并有效促进生产发展和社会和谐。乡风文明与乡村振兴的整体建设目标是相适应的，乡风文明对农村物质文明、政治文明建设有着巨大的推动作用。乡风文明与社会道德风尚建设相互促进，社会道德风尚是评判乡风文明程度的重要标准，是乡风文明水平和程度的外显，乡村振兴战略背景下的社会道德风尚在乡风文明建设中具有重要意义。良好的思想道德素质和科学文化素养有利于帮助农民提高乡风文明，有利于摒弃传统的封建思想陋习，有利于培养和建立和谐的社会风气，为乡村振兴注入强大的精神动力，促进乡村振兴战略目标的实现。五是社会道德风尚与治理有效密切关联。乡村社会治理的根本目标和最终落脚点在于增进广大农民的福祉，要保障农民的基本生活需求，做到利益公平，必须建立系统完善的乡村社会保障制度体系。党的十九大报告明确提出，要加强农村基层基础工作，健全自治、法治、德治相结合的乡村治理体系。自治、法治、德治统筹推进，优势互补，将自治、法治、德治三治融入乡村社会治理，由此可见，良好的社会道德风尚是乡村有效治理的重要条件。六是社会道德风尚与生活富裕密切关联。求富是人的本性，是人们对富裕、幸福生活的向往，是人类社会长期共同的价值追求，也是共同富裕的第一层含义。实现国家富强、人民富裕是中国共产党长期不懈的追求和理想。共同富裕不单指物质方面的富裕，而是体现在物质、政治、精神、社会和生态各个方面的富裕，否则，就是单一的、畸形的富裕。一些富裕农民家庭的道德教育缺失是农村存在的较为普遍的问题，要正确认识社会道德风尚与生活富裕之关联，加大乡村道德风尚建设力度，使各生产生活领域创造的物质、政治、精神等财富，共同推动人类社会的进步和人的全面发展。

乡村振兴战略视阈下社会道德风尚建设具有重要意义，有利于促进社会主义核心价值观落地扎根，有利于增强乡村文明主体的"主人翁"意识，有利于展现良好的乡村形象。要推进乡村社会道德风尚建设，必须汲取传统文化特别是儒家文化的精髓。孔子把"仁"作为道德的最高原则、道德的标准和道德的境界，形成了以"仁"为核心的儒家思想。儒家提倡的道德是中华优秀传统文化中的精华，仁义礼智信作为儒家文化的"五常"，是社会成员之间理性的沟通原则、感通原则、谐和原则。修身、勤俭、治家、勉学、孝道、和睦为儒家道德的精髓，"中庸"是道德的最高标准，孝是一切德行的根本，道德离不开礼义，诚与顺是高尚道德。儒家道德教育的基础是：为政以德，道之以德。传统文化道德教育的人格目标，是培养"圣人"和"君子"人格。为达到培养和塑造君子理想人格，使人养成良好的道德品质的目标，孔子提出了一整套以"仁"为核心的道德教育内容，即"子以四教：文、行、忠、信"（《论语·述而》）。孔子以四项内容来教导学生：文化知识、履行所学之道的行动、忠诚、守信，并以自身修养法、学校讲授法、家庭教育法有机结合的方式实施。传统文化博大精深的道德教育体系以"明人伦"作为道德教育的基本内容，"五伦"对新时代我国道德教育和道德实践仍然有积极影响，并具有一定的借鉴价值。

传统文化道德教育对乡村道德风尚建设实践具有借鉴价值，道德教育要深入现实生活，道德教育方法要丰富多样，道德教育要学以致用，道德教育载体要与时俱进。传统文化道德教育与乡村社会思想政治教育具有内在统一性，道德教育是思想政治教育的有机组成部分，道德教育与乡村社会思想政治教育内容是一致的，要立足乡村实际，教育广大农民增强爱国情怀，强化"诚信"意识，提倡以"和"为贵，弘扬"勤俭""宽厚""孝敬"美德，乐于助人，乐善好施。

传统文化道德与乡村学校道德教育有着密切的关系，乡村学校是弘扬传统文化、传承经典的重要阵地，加强思想政治与道德教育成为乡村道德风尚建设的重要组成部分。传统文化道德教育，对乡村学生的礼义观、乡村学生的孝心和感恩之心、青少年的社会责任感、青少年的诚信观、乡村学生的利益观、乡村学生的进取精神等乡村学生德育价值观的培养具有重要作用。

传统文化所具有的教化育人功能，规范和引导着古代中国人的政治生活、社会生活及精神生活，培育了中国人的理性精神、和合精神、仁爱精神与审美情趣。当前，用现代意识挖掘儒家文化中的合理因素，弘扬中华民族讲仁爱、重民本、守诚信、崇正义、尚和合、求大同的优良传统，对培养当代乡村学生正确的德育价值观和正确的政治思想有着重要的价值和借鉴意义。要坚持德育为先，改善教育环境，树伦理倡道德，注重社会实践。

家庭是人生的第一所学校，父母是人生的第一任老师。家风教育包括生存的本领，生活的能力，还要学会如何做人，如何看待周围的人、周围的事物，如何看待人生、如何看待世界。家风教育深深地融入个体性格养成之中，伴随人的终身。家风教育是个别化的教育，它是针对个别群体的个别指导和教育，家风教育是通过因事教育、情境教育、具体教育、示范教育来实现的，这些教育是在学校无法实现的。品德的教育、价值观的教育往往通过家庭的教育、家风的教化来实现。家风教育以人格教育、生活教育、行为养成教育为主，品质的形成和习惯的养成都离不开家风教育。儒家道德文化是中华优秀传统家风文化的主要内容，内涵非常丰富，包括家国情怀、父慈子孝、爱老敬老、邻里和睦、敦品厚德、谦恭谨慎等，是新时代家风建设的重要文化源泉。

以社会正能量与道德自觉助推乡村振兴战略。社会正能量可以激发人们的精神动力，激励人们树立远大的理想信念，以激昂向上的精神风貌、充沛的精力投入到中国特色社会主义事业的建设进程中，助推社会经济的发展，促进社会和谐稳定。要激发乡村振兴战略的社会正能量，明确乡村社会正能量传播的目标，把握乡村社会正能量的内容，强化乡村社会正能量的传播途径，利用多媒体传播正能量，提高乡村社会正能量的功效，有效强化乡村社会正能量的传播。

要针对乡村社会道德自觉遭遇的困境，加强乡村振兴战略下的道德自觉培养。在社会转型期，传统与现代、中西方道德文化的碰撞与冲突之下，一些乡村社会道德水准出现了下滑，道德自觉遭遇了困境，新的道德价值体系尚未完善。这些问题对乡村社会道德风尚建设产生了不良影响，要结合乡村实际，注重乡村社会道德自觉的培育，加强个人品德建设，打牢道德自觉的基础；创新道德教育，育化道德自觉；加强道德文化建设，涵育道德自觉；加强制度建设，巩固和保障道德自觉。全面提高广大乡村农民的道德素质，提升道德自觉境界，为乡村振兴奠定坚实的思想道德基础。强化道德教育，建设乡村社会道德文化，弘扬中华民族优良传统道德，促进乡村农民道德自觉的培养。加强党对乡村道德建设的领导，增强"四个意识"，坚定"四个自信"，做到"两个维护"，确保公民道德建设沿着正确方向发展。

优化社会道德风尚建设环境。首先，加强道德立法建设。道德和法律都是上层建筑的重要组成部分，是规范人们行为的重要手段。在乡村社会道德风尚建设中，不仅要重视教育、舆论等对道德建设的引导作用，还需加强立法、完善法制，以法律促进道德建设。其次，营造良好的道德建设环境。要在优化舆论环境上下功夫，社会舆论对人们的道德判断和行为选择有着重要影响。充分发挥大众媒体的导向作用，营造健康的社会舆论环境，要坚持正确的价值导向，开展道德建设领域突出问题专项治理，创建良好的文化环境，形成道德建设善治环境。最后，运用现代科学技术助推引领社会道德新风尚建设。网络技术的迅速发展给人们创造了一个能够掌握自身言论权的平台，使人们掌握了一种新生的权利，即网络舆论权。网络是社会舆论的重要阵地，由于网络具有传播速度快、传播广泛等特点，个人隐私也受到严峻挑战，很容易形成网络"道德绑架"。这就需要运用现代科学技术助推引领社会道德新风尚，加强思想道德教育，弘扬正确的道德价值观，引导符合网络发展规律的义利观，使人们增强责任意识。

社会道德风尚建设的基本路径。首先，以社会主义核心价值观引领社会道德风尚。在乡村社会道德风尚建设中，要践行社会主义核心价值观，彰显社会主流价值，坚持教育引导、实践养成、制度保障等多管齐下，采取符合农村特点的方式方法和载体，深化中国特色社会主义和中国梦宣传教育，大力弘扬民族精神和时代精神。加强爱国主义、集体主义、社会主义教育，深化民族团结进步教育。在深入实施乡村振兴战略中，注重典型示范，实施时代新人培育工程，培养道德高尚的新型农民。其次，创新建设理念，注重关怀道德的代际传承。乡村道德风尚建设要取得成效，需要创新道德建设理念思路，按照分层分类建设理念，系统谋划，整体推进，协同推进。汲取传统道德教化智慧，以道德教化净化心灵，教化的根本在于尊道贵德，修身之道在于返本求仁以达中庸，道德修养关键在于知行合一。注重关怀道德的代际传承，使关怀道德成为每个家庭的重要价值观，建立平等互动道德代际关系，重视家庭价值观的核心地位，关注家庭关怀道德教育的逆向传递，家长要牢固树立关怀道德价值观，在实践中推进关怀道德教育。最后，打造乡村社会道德风尚建设的合力。党的十九大做出实施乡村振兴战略的历史性决定，提出"产业兴旺、生态宜居、乡风文明、治理有效、生活富裕"的战略要求。近年来，通过社会各界的共同努力，广大农村社会风貌明显改善，道德风尚呈现出积极发展的良好态势。在看到成绩的同时，也要清醒地看到农村道德风尚建设中存在的问题。农民作为乡村振兴的主体，其道德素质状况如何，直接影响乡村振兴战略能否顺利实施。面对新形势新任务，要形成加强农民道德教育，促进道德风尚建设的合力，有效提高农民的道德素质，为提升乡风文明、推动乡村振兴提供良好的社会环境。

第一章

乡村振兴战略概述

从马克思与恩格斯到我们党的历代领导人，都一直高度重视农业、农民和农村，即"三农"问题。马克思与恩格斯认为农业的发展是一切生产的首要条件。列宁指出，提高农业生产率，必定带来工业情况的改善；社会主义事业前进的必要前提是改善农业劳动者的物质状况。毛泽东在《论十大关系》一文中首次提出农业是国民经济的基础。邓小平多次强调农业是根本，要尊重农民的首创精神。江泽民指出农业、农村和农民问题是关系改革开放和现代化建设全局的重大问题。胡锦涛指出，农业丰则基础强，农民富则国家盛，农村稳则社会安。习近平强调，小康不小康，关键看老乡。农业强，就是基础稳固，则中国强；农村美，就是和谐稳定，则中国美；农民富，就是安居乐业，则中国富。"三农"问题解决了，国家的整个大局就有保障。任何时候都不能忽视农业、不能淡漠农村、不能忘记农民。要确保农业增效，要增强农村发展活力，要持续较快增长农民收入，就要振兴乡村。① 习近平总书记在党的十九大报告中向全党和全国人民发出了实施乡村振兴战略的伟大号召，为了响应并认真贯彻落实这一伟大号召，有必要弄清楚乡村振兴战略产生的背景。

第一节 乡村振兴战略的主要内涵解读

习近平总书记在十九大报告中不仅向全党和全国人民发出了实施乡村振兴战略的伟大号召，同时，详细阐述了乡村振兴战略的科学内涵。②

---

① 习近平. 决胜全面建成小康社会夺取新时代中国特色社会主义伟大胜利——在中国共产党第十九次全国代表大会上的报告［N］. 人民日报，2017-10-28.
② 习近平. 决胜全面建成小康社会夺取新时代中国特色社会主义伟大胜利——在中国共产党第十九次全国代表大会上的报告［N］. 人民日报，2017-10-28.

一、关于乡村振兴战略的总要求

在《中共中央国务院关于实施乡村振兴战略的意见》（2018年1月2日）中，用"二十个字"对乡村振兴战略的丰富内涵加以概括："产业兴旺、生态宜居、乡风文明、治理有效、生活富裕。"这是对21世纪初我们党提出的"生产发展、生活宽裕、乡风文明、村容整洁、管理民主"的社会主义新农村建设总要求的进一步提升与发展。[①]

产业兴旺，是解决农村一切问题的前提，从"生产发展"到"产业兴旺"，反映了农业农村经济适应市场需求变化、加快优化升级、促进产业融合的新要求。生态宜居，是乡村振兴的内在要求，从"村容整洁"到"生态宜居"反映了农村生态文明建设质的提升，体现了广大农民群众对建设美丽家园的追求。乡风文明，是乡村振兴的紧迫任务，重点是弘扬社会主义核心价值观，保护和传承农村优秀传统文化，加强农村公共文化建设，开展移风易俗，改善农民精神风貌，提高乡村社会文明程度。治理有效是乡村振兴的重要保障，从"管理民主"到"治理有效"，要推进乡村治理能力和治理水平现代化，让农村既充满活力又和谐有序。生活富裕，是乡村振兴的主要目的，从"生活宽裕"到"生活富裕"，反映了广大农民群众日益增长的美好生活需要。

二、关于乡村振兴战略的要点

（一）构建城乡融合发展之路

以城镇化促进城乡融合发展，建立健全城乡融合发展体制机制和政策体系，加快推进农业农村现代化。

（1）多元投入保障机制，增加对农业农村基础设施建设投入，加快城乡基础设施互联互通，推动人才、土地、资本等要素在城乡间双向流动。

（2）城乡基本公共服务均等化的体制机制，推动公共服务向农村延伸、社会事业向农村覆盖。

（3）深化户籍制度改革，强化常住人口基本公共服务，维护进城落户农民的土地承包权、宅基地使用权、集体收益分配权，加快农业转移人口市民化。

---

① 中共中央国务院关于实施乡村振兴战略的意见［A/OL］. 中华人民共和国中央人民政府网站，2018-01-02.

（二）完善承包地"三权"分置制度

巩固和完善农村基本经营制度，深化农村土地制度改革，完善承包地"三权"分置制度。保持土地承包关系稳定并长久不变，第二轮土地承包到期后再延长30年。深化农村集体产权制度改革，保障农民财产权益，壮大集体经济。确保国家粮食安全，把中国人的饭碗牢牢端在自己手中。

（三）构建现代农业体系

构建现代农业产业体系、生产体系、经营体系，完善农业支持保护制度，发展多种形式适度规模经营，培育新型农业经营主体，健全农业社会化服务体系，实现小农户和现代农业发展有机衔接。促进农村一二三产业融合发展，支持和鼓励农民就业创业，拓宽增收渠道。

（四）健全乡村治理体系

加强农村基层基础工作，健全自治、法治、德治相结合的乡村治理体系。培养造就一支懂农业、爱农村、爱农民的"三农"工作队伍。

三、实施乡村振兴战略中要注意处理好的四个关系

（一）长期目标和短期目标的关系

实施乡村振兴战略是一项长期而艰巨的任务，要遵循乡村建设规律，着眼长远谋定而后动，坚持科学规划、注重质量、从容建设，聚焦阶段任务，找准突破口，排出优先序，一件事情接着一件事情办，一年接着一年干，久久为功，积小胜为大成。要有足够的耐心，把可能出现的各种问题想在前面，切忌贪大求快、刮风搞运动，防止"走弯路""翻烧饼"。

（二）顶层设计和基层探索的关系

党中央已经明确了乡村振兴的顶层设计，各地要解决好落地问题，制定出符合自身实际的实施方案。编制村庄规划不能简单照搬城镇规划，更不能搞一个模子套到底。要科学把握乡村的差异性，因村制宜，精准施策，打造各具特色的现代版"富春山居图"。要发挥亿万农民的主体作用和首创精神，调动他们的积极性、主动性、创造性，并善于总结基层的实践创造，不断完善顶层设计。

（三）充分发挥市场决定性作用和更好发挥政府作用的关系

要进一步解放思想，推进新一轮农村改革，从农业农村发展深层次矛盾出发，聚焦农民和土地的关系、农民和集体的关系、农民和市民的关系，推进农

村产权明晰化、农村要素市场化、农业支持高效化、乡村治理现代化，提高组织化程度，激活乡村振兴内生动力。要以市场需求为导向，深化农业供给侧结构性改革，不断提高农业综合效益和竞争力。要优化农村创新创业环境，放开搞活农村经济，培育乡村发展新动能。要发挥政府在规划引导、政策支持、市场监管、法治保障等方面的积极作用。推进农村改革不可能一蹴而就，还可能会经历阵痛，甚至付出一些代价，但在方向问题上不能出大的偏差。农村改革不能把农村土地集体所有制改垮了、把耕地改少了、把粮食生产能力改弱了、把农民利益损害了，这是必须坚守的底线，决不能犯颠覆性错误。

（四）增强群众获得感和适应发展阶段的关系

要围绕农民群众最关心最直接最现实的利益问题，加快补齐农村发展和民生短板，让亿万农民有更多实实在在的获得感、幸福感、安全感。要科学评估财政收支状况、集体经济实力和群众承受能力，合理确定投资规模、筹资渠道、负债水平，合理设定阶段性目标任务和工作重点，形成可持续发展的长效机制。要坚持尽力而为、量力而行，不能超越发展阶段，不能提脱离实际的目标，更不能搞形式主义和"形象工程"。

第二节　实施乡村振兴战略的意义

自党的十八大以来，党中央下决心调整工农关系、城乡关系，推动"工业反哺农业、城市支持农村"。党的十九大提出实施乡村振兴战略，其核心就是从全局和战略高度来把握和处理工农关系、城乡关系，实现农村现代化，包括"物"的现代化、"人"的现代化、乡村治理体系和治理能力的现代化。乡村振兴就是统筹推进农村经济建设、政治建设、文化建设、社会建设、生态文明建设和党的建设，促进农业全面升级、农村全面进步、农民全面发展。

一、理论意义

乡村振兴战略，在新的历史条件下继承和发展了马克思主义关于乡村发展和城乡融合经典论述的基本理论。乡村振兴战略坚持马克思主义基本原理，划清社会主义农业农村现代化与资本主义农业农村现代化的根本界线。

习近平总书记指出：

发达国家大多数走的是剥夺农民土地，通过实现工业化、城市化来带动农村市场化发展，进而实现农业现代化的道路。

如果照搬发达国家的模式，不仅会进一步扩大工农差别、城乡差别，使现代化建设成为一个漫长的历史过程，而且还会出现大量农村剩余劳动力涌入城市、沦为城市贫民的问题。①

尤其是要看到，在我们这样一个拥有十三亿多人口的发展中大国实现城镇化，在人类发展史上没有先例。粗放扩张、人地失衡、举债度日、破坏环境的老路不能再走了，也走不通了。②

由此可见，社会主义的新中国是在半殖民地半封建社会的废墟上建设起来的，三农问题始终是国家关注和发展的重点，只有乡村振兴了，三农问题有效解决了，农民才会有稳定的收入，乡村经济才能不断增速，农村社会才能和谐稳定，城乡关系才会朝着良性互动的方向发展。

习近平总书记指出：

由于欠账过多、基础薄弱，我国城乡发展不平衡不协调的矛盾依然比较突出，而我国经济实力和综合国力显著增强，具备了支撑城乡发展一体化物质技术条件，到了工业反哺农业、城市支持农村的发展阶段。特别是要在破解城乡二元结构上，把工业和农业、城市和乡村作为一个整体统筹谋划，促进城乡在规划布局、要素配置、产业发展、公共服务、生态保护等方面相互融合和共同发展。着力点是通过建立城乡融合的体制机制，形成以工促农、以城带乡、工农互惠、城乡一体的新型工农城乡关系，目标是逐步实现城乡农民基本权益平等化、城乡公共服务均等化、城乡农民收入均衡化、城乡要素配置合理化，以及城乡产业发展融合化。③

---

① 习近平. 农村市场化：加快农村经济发展的关键环节 [N]. 人民日报, 2002-04-28.
② 中共中央文献研究室. 习近平关于社会主义经济建设论述摘编 [M]. 北京：中央文献出版社, 2017：159-160.
③ 中共中央文献研究室. 习近平关于社会主义经济建设论述摘编 [M]. 北京：中央文献出版社, 2017：175-176.

乡村兴则国家兴，乡村衰则国家衰。我国将长期处于社会主义初级阶段的特征很大程度上表现在乡村。我国全面建成小康社会和全面建设社会主义现代化强国的最艰巨最繁重的任务在农村，最广泛最深厚的基础在农村，最大的潜力和后劲也在农村。实施乡村振兴战略是党的十九大做出的重大决策部署，是决胜全面建成小康社会、全面建设社会主义现代化国家的重大历史任务，是新时代做好"三农"工作的总抓手。这一战略的实施成功，将拓展发展中国家走向现代化的途径，为消灭城乡对立和差别提供全新选择，为人类发展贡献具有时代意义的中国智慧和方案。

二、实践意义

(一) 实施乡村振兴战略是解决新时代我国社会主要矛盾的迫切需要

新时代，我国社会主要矛盾是人民日益增长的美好生活需要和不平衡不充分的发展之间的矛盾。目前，最大的不平衡是城乡之间发展的不平衡和农村内部发展的不平衡，最大的不充分是"三农"发展的不充分，包括农业现代化发展的不充分，社会主义新农村建设的不充分，农民群众提高教科文卫发展水平和共享现代社会发展成果的不充分等。只有很好地解决这一新的社会主要矛盾，才能决胜全面建成小康社会、基本实现社会主义现代化、建成社会主义现代化强国，而解决新的社会主要矛盾迫切需要实施乡村振兴战略。

(二) 实施乡村振兴战略是呼应新时期全国人民的发展新期待

随着我国经济不断发展，城乡农民收入日益增长，广大市民和农民都对新时期农村的建设发展抱有很多期待。把乡村振兴作为党和国家的发展战略，统一思想，提高认识，明确目标，完善体制，搞好建设，加强领导和服务，完全呼应了新时期全国城乡农民生活发展的新期待，与此同时也将引领农业现代化发展、社会主义新农村建设以及农民教育科技文化的进步与发展。

(三) 有利于切实帮助解决"三农"问题

成功解决"三农"问题不仅能够提高农民的生活水平，更能够提供经济增长的动力来源。农村消费市场发展潜力巨大，实施乡村振兴战略为我国的广大农村带来了新的发展希望，为乡村各方面的建设提供发展新战略和资金技术等各方面的支持，有助于推进乡村小康社会建设进程。实施乡村振兴战略，能够发展乡村经济，刺激并扩大乡镇市场消费规模，能够有效完善我国市场经济的生态循环。从根本上讲，乡村振兴就是解决好"三农"问题，这是全党工作的重中之重，是直接关系到国计民生的大问题，是关系到我国领导体制和国家治理体制的大问题。实施乡村振兴战略，就是让农业成为有奔头的产业，让农民成为有吸引力的职业，让农村成为安居乐业的家园。乡村振兴是包括产业振兴、人才振兴、文化振兴、生态振兴、组织振兴的全面振兴，是"五位一体"总体布局、"四个全面"战略布局在"三农"工作中的具体体现。

第二章

社会道德风尚建设的意义

社会道德风尚是衡量社会发展与人的发展程度的重要标杆，社会风气、社会环境会影响人的道德水平，同样，个人的道德水平也影响社会风气的变化。

第一节　社会道德风尚的基本内涵

社会道德风尚存在于日常生活的风俗习惯中，并通过日常生活的风俗习惯呈现。通过不同区域的风俗习惯，可以让人认识不同区域的一方百姓，进而了解不同的民族。良好的风俗习惯可以提升个人道德品质，进而振兴民族精神。"百行德为首"（南朝刘义庆《世说新语·贤媛》），各种品行以德行为第一。魏孝文帝时的儒者刘献之曾说："人之立身，虽百行殊涂，准之四科，要以德行为首。"（《北史·列传第六十九》）中国近代著名的教育家蔡元培深刻地指出："若无德，则虽体魄智力发达，适足助其为恶，无益也。"所以崇德、修德、行德，是做人的首要的基本问题，永远是为人的必修课。

一、社会公序良俗

公序良俗是公共秩序与善良风尚的简称，在民法中，公序良俗被称为至高无上的基本原则之一，具有维护国家社会一般利益与基本道德的重要功能与普遍适用性。①

（一）公共秩序

公共秩序通常泛指社会秩序，是人与人之间关系的制度化和规范化，是人类社会生存与发展的基本条件。任何社会都是在一定的秩序轨迹上运行着的。

---

① 杨德群，欧福永."公序良俗"概念解析［J］. 求索，2013（11）：171-174.

公共秩序的外延极广，涵盖社会生活各个方面，大致可划分为：经济秩序、政治秩序、文化秩序、伦理道德秩序和日常生活秩序等。公共秩序要求人的社会活动、行为具有一致性、连续性和确定性。公共秩序可以保证公民充分享有宪法所赋予的各项基本权利，有利于资源优化配置，有利于人才流动，有利于财产的公正分配，有利于健全社会保障制度，有利于学术自由、创作自由、信息传播，民众共享，有利于人与人之间相互尊重，互助友爱，有利于公民生活在安全祥和优美的环境之中。公共秩序属于法律领域的概念，关于"公共秩序"的内涵，目前在学界主要有三种不同的界定。

（1）"一般秩序"说。这种观点认为公共秩序系指社会存在与发展所必要的一般秩序，个人的言论、信仰、出版、营业自由以及继承制度与私有财产等均属于公共秩序的范畴，各种维持增进公共秩序的随附制度均为公共秩序所涵盖。① 公共秩序系指国家社会存在与发展的一般秩序，其内涵不仅包括一国现行法律秩序，而且包括作为法律秩序基础的根本原则及根本理念等。②

（2）"一般利益"说。日本民法学界的代表性学者我妻荣先生将公共秩序界定为国家社会的一般利益，其内容因时代的变迁而难以具体化，但这种抽象性恰恰是其生命力之所在。我国台湾地区的学者王泽鉴先生认为公共秩序是指社会一般利益，存在于法律本身的价值体系。我国学者于飞先生认为公共秩序是指国家社会的一般利益，并认为这种一般利益体现在法的价值体系与一般精神之中，但不包括现行法秩序。宪法规范，特别是宪法规范中的公民基本权利义务规范，亦属公共秩序的范畴。

（3）"社会公共利益"说。保护社会公共利益是我国民法的基本原则之一，我国民法通则与合同法都强调了对公共利益与社会公德的保护，一般认为"社会公共利益"是"公共秩序"的内涵。

（二）善良风俗

善良风俗的内涵丰富，与之紧密关联的概念包括习惯与风俗等。一个人的道德品质、一个民族的精神风貌、一个社会的时代精神，总是存在于日常生活的习惯与风俗中，并总是通过日常生活的风俗与习惯呈现。习惯与风俗既是认识一个人、一个民族之文明状况的最简洁明了的窗口，亦是提升个人道德品质、振兴民族精神的最有效的着力点。

---

① 史尚宽. 民法总论 [M]. 北京：中国政法大学出版社，2000：335.

② 梁慧星. 市场经济与公序良俗原则 [J]. 中国社会科学院研究生院学报，1993（6）：25.

1. 习惯

（1）习惯的界定

在日常生活中，"习惯"一词最为常见，但关于其定义与内涵在国内外的学界并不统一，这里汇总其中的一部分观点如下。

沈宗灵认为习惯仅仅是一种行为模式。①

田成有认为习惯是一种行为模式但兼具群体性、强制性、规范性等特征。②

高其才等认为习惯是一种具有普遍性的社会行为规范，具备规范上的意义，是人们在长期生产、生活中俗成或约定所形成的一种行为规范。③

黑格尔认为习惯是心灵秩序（或心灵内容）与行为秩序（或行为样式）的直接统一。习惯存在于人的一切活动方面。④

（2）习惯的类型

事实性习惯：仅指对生活环境、交往模式以及生活技能等方面的事实性描述。

规范性习惯：是对事实性习惯的抽象性表达，具备规则性、普遍性等基本特质。⑤

外在形体习惯：是指无意识的身体姿态举止，如军人挺立阳刚的身姿及空姐的见人微笑等。

行为活动习惯：是指习以为常的无意识行为，如日常生活中自然流露的礼貌、谦让、整洁、争抢、喧哗等。

精神心理习惯：是指无意识的精神心理活动，如人们通常所说的"君子之心"与"小人之心"，以及狂热崇拜与顺从、近乎本能的怀疑批判精神等。

（3）习惯的形成机制

黑格尔认为记忆是习惯的形成机制，借助于"重复""反复"练习形成习惯。⑥ 习惯是对既有社会生活方式、存在方式的记忆。既有的社会物质、精神、文化、政治生活等，均在习惯中被记忆。习惯就是被记忆了的那种社会生活方式、存在方式。从社会权利与义务关系的角度看，习惯是对既有社会伦理关系

① 沈宗灵. 法理学（第三版）[M]. 北京：北京大学出版社，2009：271.
② 田成有. 乡土社会中的民间法 [M]. 北京：法律出版社，2005：21-22.
③ 高其才. 法理学（第三版）[M]. 北京：清华大学出版社，2015：94；高兆明. 论习惯 [J]. 哲学研究，2011（5）：66-76.
④ 黑格尔. 法哲学原理 [M]. 北京：商务印书馆，1982：190.
⑤ 李可. 习惯法：理论与方法论 [M]. 北京：法律出版社，2017：159.
⑥ 黑格尔. 黑格尔全集 [M]. 北京：商务印书馆，2006：188.

及其秩序的"记忆"。习惯本身就成为一种生活方式与标准,成为人们判断事物合理与否的"天然"价值标准。①

(4)习惯的本质

黑格尔认为:"习惯是一种记忆,保存着对长期观人察物历事的经验及其历史,以及在这种经验历史中所形成的对生活意义、存在真谛、人生众相的本质性理解。对于个体而言,习惯的精神记忆即为品质。品质是精神记忆了的习惯,个体的品质存在于习惯中,且须通过习惯表达。"②

(5)习惯的特点

习惯成自然。当人们将自由精神通过"记忆"变成自身性格中的稳定内容后,必然升华为内部自然,成为人的第二天性。一种合理的思想、精神习惯,能够使人的思想、精神、灵魂活动本身不再受各种识见的支配,而是直接由已成为主体"第二天性"的情感、信念、良知这一自由精神本身所支配。这种自由精神的习惯,是人的一种更为深刻的自由。正因为人在习惯中获得自由,所以,习惯就是成人的标识,就是日常生活中道德行为选择与判断的直接标准,就是社会有机体组织"再生"自身的方式。习惯是成人的标识,具有理当如此的天然合理性特质,因而它就成为一种"自然"的价值根据,并构成人们日常生活中行为选择及其价值判断的直接标准,成为人们维护正义、反抗强权暴力的武器。③习惯除了强调那些社会或群体应自觉遵守、自觉维持的行为方式之外,还强调那些没有为群体所意识到,但仍然作为群体所遵守的行为方式。例如,私人交往距离的习惯等,具有群体"无意识"的特点,整个群体或民族对某种行为形成自动反应的倾向。因此,社会习惯中存在着某个群体或民族的陋习,但常常不被该群体或民族自觉意识到,仍然将之作为判断个体行为是非的标准。对于一个群体或者民族而言,其社会习惯超稳定,一旦确立,就难以改变,所以改变恶风陋习也是非常困难和危险的,例如,在中华人民共和国成立初期改变婚丧嫁娶中的陋习和改变女性裹脚的陋习所遇到的种种阻力就是典型的例证。

人既生于习惯又死于习惯。黑格尔认为人在习惯中既自由又不自由,人既生于习惯又死于习惯。习惯使人们摆脱各种感官经验感受的纠缠,使人"从欲

① 高兆明. 论习惯 [J]. 哲学研究, 2011 (5): 66-76.
② 黑格尔. 黑格尔全集 [M]. 北京: 商务印书馆, 2006: 195-196.
③ 高兆明. 论习惯 [J]. 哲学研究, 2011 (5): 66-76.

望和冲动"的直接支配中解放出来。如节俭、自律、淡定，在公共场所的有序排队、不加塞等，既不是刻意而为，亦不是被强迫而为，而只是一种行为主体自认为理所当然的行为。习惯使人从躯体外貌的直接自然性中解放出来，使之文明、优雅，如端庄、礼貌、得体、威严等。人在习惯中生，亦在习惯中死。既有的习惯对人的约束会使人在行为、肉体感性意义上失却自由，失却自由精神，在习惯中精神麻木、精神死亡。黑格尔说："当他完全习惯了生活，精神和肉体都已变得迟钝，而且主观意识和精神活动之间的对立也已消失了，这时他就死了。"① 在习惯中，人们只知道"理当如此"，而不关注与追究"为何如此"，只是将习惯本能地作为一种行为方式与标准，而不思考这种行为方式与标准是否合理，使人失却了怀疑批判、追求真理的精神与能力。当习惯本身以及由习惯所代表的既有的生活方式与交往方式被神圣化，成为一种普遍的社会行为方式与社会精神时，就会失却对新事物的敏感性与宽容性，这个社会的精神就会枯朽，失却对新事物的敏感性与开放性，会抱残守缺、守旧厌新。既有的习惯风俗本身会成为旧世界的守护神。特别是当道德沦丧和法律崩溃时，习俗甚至能够代替法律和道德的力量保持社会的延续性。卢梭指出，"当其他的法律衰老和消亡的时候，它可以复活那些法律或代替那些法律，它可以保持一个民族的创制精神，而且可以不知不觉地以习惯的力量取代权威的力量"②。当然，陈规陋习、恶风恶习也是社会腐化沉沦的根源。一个群体或者民族的陋习不除，其自由精神和发展的动力就会丧失，社会也将走向衰亡。

习惯会变迁。随着社会物质生活方式的变化，人们的精神生活方式也必将或迟或早地发生变化，日常社会生活方式的变迁，促使习惯的变迁。只有具有时代精神的习惯，才能真正被称为新的习惯。一切不具有时代精神的习惯，即使是具有所谓新的样式，也难以掩藏其丑陋旧习之特质。生活本身多样性而导致习惯具有多样性，习惯中的新与旧、善与恶的矛盾也促使习惯的变迁。

2. 风俗

（1）风俗的一般内涵

"风俗"一词是由"风"与"俗"两个字合并而成。从字源上看，"风"原义为空气流动而造成的自然现象。《说文解字》注曰："风，八风也。"（《说文解字·十三下》）风又被称为"国风"，出自《诗经》，是各地流行的土风民

---

① 黑格尔. 法哲学原理 [M]. 北京：商务印书馆，1982：171.

② 卢梭. 社会契约论 [M]. 北京：商务印书馆，2003：70.

谣，带有鲜明的区域色彩，反映了不同地方的风土人情，不同地方具有不同的地理环境，这对生活于其中的万物具有极大的影响作用，也就是说风的本义是不同自然条件形成的风尚。而"俗"又称为习，即习俗，"习，数飞也"（《说文解字·四上》）。习就是效仿，"沿袭而成"的意思。北齐的思想家刘子认为："风者，气也；俗者，习也。土地水泉，气有缓急，声有高下，谓之风焉；人居此地，习以成性，谓之俗焉。风自厚薄，俗有淳浇，明王之化，当移风使之雅，易俗使之正。是以上之化下，亦为之风焉；民习而行，亦为之俗焉。"（《刘子·风俗》）

风与俗合用，就是风俗，表示由特定的自然环境、社会条件共同熏染下所形成的稳定行为方式。"长虞刚简，无亏风尚。"（《晋书·傅玄傅咸等传赞》）"十里不同风，百里不同俗。"风俗既有一区域社会文化中经长期演变形成的风尚之意，还包括礼节及禁忌等意，历代相沿，积久而成，一经产生，便成为一种相对独立具有约束力和调节作用的力量，影响和制约着人们的心理、习惯和行为，造就不同的性格、不同的品德、不同的审美情趣和不同的生活方式。风俗强调的是那些社会或群体应自觉遵守、自觉维持的行为方式，如婚俗、孝养习俗等。尽管风俗的种类及其表现形式千汇万状，良莠不齐，但不同民族、不同地区的人们孜孜不倦追求的是美好的风尚，进而构成丰富多彩的生活。

（2）风俗的哲学内涵

从哲学的角度看，集体性习惯即为风俗或风尚习俗，风俗是日常生活中的集体记忆。风俗不同于时尚，时尚有集体性，但却无记忆性，它往往昙花一现；风俗则具有相对稳定的时间性。风俗是较之法律、道德更为重要的东西。一个社会的善良风俗就是这个社会的时代精神，就是这个社会用以判断善恶是非的最直接的价值标准，这个社会的善恶是非从风俗中获得直接具体的规定。一个社会中具有生命力、代表未来方向的时代精神，只有成为这个社会的善良风俗，才能成为真实的。不具有时代精神的社会风尚习俗，注定失却存在的理由，因而注定要从历史长河中消失。一个民族的精神习惯，即这个民族的文化、价值观与道德品格。风俗记忆着历史及其精神。我们可以通过风俗理解历史及其精神。一个民族有一个民族的风俗，一个社会有一个社会的风俗。离开了风俗，就不能把握与理解那个民族与社会。一个民族、社会、时代的传承绵延就不能离开自己的善良风俗，善良风俗传承中存在着的是这个民族、社会、时代的精神本体。①

---

① 高兆明. 论习惯 [J]. 哲学研究，2011（5）：66-76.

二、社会道德

社会风俗习惯与道德在起源上具有密切的联系。道德是从社会风俗中分化而来的，为大多数人普遍接受的风俗，可能升华为道德。

（一）"道"与"德"

1."道"

（1）"道"字的本义与引申之义

《说文》中认为：道，所行道也。从辵（chuò），从首。一达谓之道。古文道从首寸。段玉裁曰："《毛传》每云'行，道也'。道者人所行，故亦谓之行。道之引申为道理，亦为引道。"① 《常用字详解字典》中说："道，从辵，首声，形声。"② 顾建平《汉字图解字典》中说："道，会意字。金文从首（头），从行，表示供人行走的道路。篆书从辵（像路和脚），从首，亦表示供人走的路。本义是路。"③ 由此可知，"道"字的本义就是"路""道路"，引申为"途径""方法""原理""规律""道理""道德""政治主张""思想体系"等。

（2）传统文化中的"道"

对于"道"字的寓意，道家与儒家各有不同。

道家之"道"。老子《道德经》中说："道可道，非常道。名可名，非常名。无名天地之始，有名万物之母。""有物混成，先天地生。寂兮寥兮，独立而不改，周行而不殆，可以为天下母。吾不知其名，强字之曰道。"老子把"道"作为万事万物的存在的本原，所以他说："道生一，一生二，二生三，三生万物。"从老子的《道德经》来看，"道"是一种先天地而生的，无形、非物质、不可言说却无处不在的东西。④ 在《庄子·知北游》篇则认为："无思无虑始知道，无处无服始安道，无从无道始得道。"而《文子·道德篇》这样说："文子问道。老子曰：夫道者，小行之小得福，大行之大得福，尽行之天下服。"

儒家之"道"。儒家创始人孔子以及儒家的后继者几乎都把"道"作为存在之本、伦理之本。孔子所说的"志于道，据于德"（《论语·述而》）、"朝闻道夕死可矣"（《论语·里仁》）就是指"伦理之道"，即"人道""道义"等

---

① 张舜徽集·说文解字约注·第3册［M］．武汉：华中师范大学出版社，2009：426．
② 李恩江．常用字详解字典［M］．上海：汉语大词典出版社，2000：185．
③ 顾建平．汉字图解字典［M］．上海：东方出版中心，2008：890．
④ 老子．道德经［M］．陈忠，译评．长春：吉林文史出版社，2004（1），41，74．

概念是人类必须遵循的行为规范和社会导向。《孟子·尽心下》曰："孟子曰：仁也者，人也，合而言之，道也。"《荀子·正名篇》曰："道也者，治之经理者。"《中庸》曰："率性之谓道，修道之谓教。"

管子之"道"。《管子·内业篇》曰："道也者，……所以修心而正形也。"《管子·形势解篇》曰："道者，以便化身而之正理者也。故道在身，则言自正，事君则忠，事父自孝，遇人自理。故曰：道之所设，身之化也。"《管子·君臣上篇》曰："道也者，上之所以导民也。"

（3）人道

人道，就是指"人之为人"基本的规定、原理、途径、方法之类。《周易·说卦传》曰："立人之道，曰仁曰义。"《中庸》曰："人道敏政，地道敏树。"《礼记·丧服四制篇》曰："仁、义、礼、知，人道具矣。"《礼记·乐记》曰："是故先王之制礼乐也，非以极口腹耳目之欲也，将以教民平好恶，而反人道之正也。"《礼记·丧服小记篇》曰："亲亲、尊尊、长长、男女之有别，人道之大者。"孟子说："得道者多助，失道者寡助。寡助之至，亲戚畔之；多助之至，天下顺之。"（《孟子·公孙丑下》）

2．"德"

（1）"德"的字面之意

根据《张舜徽集·说文解字约注》对德字的解读为：德，升也。从彳，惪声。德、得并为登之入声，故登有升义，通于德、得也。陟字今音声在知纽，古读归端，亦与德、得为双声，义复相通矣。① 李恩江在《常用字详解字典》中说："德［惪］，从彳惪声，形声。""德字甲骨文从彳从直，表示一边走一边直视前方，有巡行意；直也是声符。金文和篆书改从惪为声符。惪，异体作惪，是道德字本字，从直从心会意，心意正直为德。今写作德。"② 顾建平在《汉字图解字典》说："德，会意字。甲骨文从彳（道路），从直（目光正直），表示看得正、行得直，金文加'心'，表示心也正。楷书加'一'，表示一心为德，始终如一。本义是道德、品行。"③

"德"字左边的偏旁"彳"，在古文中表示道路，进一步表示行动目标。右边的偏旁是一只眼睛，眼睛之上是一条垂直线，表示目不斜视、直视前方的目

---

① 张舜徽集·说文解字约注·第3册［M］．武汉：华中师范大学出版社，2009：428.
② 李恩江．常用字详解字典［M］．上海：世纪出版公司，2002：157.
③ 顾建平．汉字图解字典［M］．上海：东方出版中心，2008：607.

标。两个偏旁合在一起，就表示目不斜视、双脚不偏离道路，内心也要有这个意念，身心要一致，最后直达目标，这就是"德"。这正如《礼记·乐记》云："礼乐皆得，谓之有德。德者，得也。"又《礼记·乡饮酒义》云："德也者，得于身也。"

（2）《故训汇纂》中德字的主要义项

根据宗福邦、陈世铙、肖海波主编的《故训汇纂》，"德"的义项主要有：地以厚为德，冬至为德，无为言之之谓德，舍之之谓德，德化，化育万物谓之德，天地万物得也，天德也，所得乎天之明德也，得其天性谓之德，不失天性是为德，本于性情之谓德，物得以生谓之德，始治天下为德，因循无革天下之理得之谓德也，德是临人之法，德也者万民之宰也，能督民过者德也，人之纲要，德政，文武具满，懿德也，执义行善曰德，绥柔士民曰德，恤民为德，爱民无私曰德，庆赏之谓德，谏争不威曰德，中和纯淑曰德，谓所得之善，善善为德，荷恩为德，动以不得已之谓德，德是资贤之实，礼以体长幼曰德，道德，谓有道德者，谓仁义礼智信五德也，德行，实行为德，于行谓之德，行之得也，内得于心曰德，谓自得于心，谓在身为德，得于身也，得事宜也，心之理，得理也，得人及物之谓也，与得通，古升、登、陟、得、德五字义皆同，假借为惪，假借为直，等等。①

（3）"德"字的引申之义

由"德"的本义引申为"客观规律"，主要表现为中国哲学思想的人文精神，就是人的德行、德性、德心，是人类应该具备的思想品质和行为准则。

（二）道德

1."道"与"德"合用为"道德"

学界认为"道""德"两个字合为"道德"一词使用始于荀子的《劝学》篇："故学至乎礼而止矣，夫是之谓道德之极。"在荀子《强国》篇也出现了"道德"一词："故赏不用而民劝，罚不用而威行，夫是之谓道德之威。"到汉代以后，道德成为一个流行的名词了。② 从伦理学角度看，"道"是行为的原则，"德"是行为的效果，使人有所得。"道德"两个字合为一个词使用，并非是两个字意思的简单合并，"道德"通常指人的行为合于理，利于人，符合规范。

---

① 宗福邦，陈世铙，肖海波. 故训汇纂［M］. 北京：商务印书馆，2003：763，765；张玉能，黄卫星."德"字的文化阐释［J］. 城市学刊，2017（4）：1-8.
② 张岱年. 中国伦理思想研究［M］. 北京：中国人民大学出版社，2011：24.

2. "道"与"德"在"道德"中的作用

中国古代偏重"道"的作用。在中国古代，一般认为"道"决定"德"，"道"为"德"之体（内在根据），"德"为"道"之用（外在体现）。"道"与"德"基本上就是体用的关系。如：韩非子云："德者，道之功也。"孔子曰："志于道，据于德，依于仁，游于艺。"（《论语·述而》）朱熹在《论语集注》中解释说，"据"为"执守之意"，"德"为"得"，"据于德"就是"得其道于心而不失"的意思。这里的"德"也是对"道"的一种体认、践履。孔子认为所谓"德"，不仅仅是表现为个体对礼义的自觉遵循，还表现为个体当以爱人之心来自觉维护礼义秩序，而在"道"中则强调"仁"的作用，换句话说"道"即"仁"。董仲舒认为"道"为阴阳变化之道，被赋予主观精神的品格，人道是效法天道而建立的，"德"则是天道贯彻下的人道，"三纲五常"是天道的自然体现。董仲舒强调，人们对"三纲五常"的自觉遵守，促使社会进入阴阳调和的中和状态，这是最大的"德"，如其所说："夫德莫大于和，而道莫正于中。中者，天地之美达理也，圣人之所保守也。"（《春秋繁露·循天之道》）正如贾谊所说"德之有也，以道为本，故曰'道者，德之本也'"（《新书·道德说》）。程颢、程颐和朱熹等人都认为人的"德"应当无条件而且应当自觉遵守"道"的规定性，要从"四书"入手，学习并掌握"五经"及有关纲常名教、人伦道德方面的基本知识，还要不断地反省自我，提升自己在自觉践履儒家纲常名教、人伦道德方面的境界，所谓学者当"道问学""尊德性"，进而成就圣人德行。

中国近现代偏重"德"的作用。在近现代，中国传统文化受到西方文化的冲击后，"道德"一个词中渐渐失去了"道"的规定性，而侧重强调"德"的作用，而"德"的内涵更加丰富了，新的道德观念中增加了人权、人格、尊重他人、正义、自由、平等、博爱等含义。中华人民共和国成立以后，在"道德"中突出强调爱国主义、爱劳动、爱科学、爱社会主义、爱护公共财产等德的新内涵。

3. 道德的本质

中国古代的"道"本身兼具天、地、人三者的内容，对形而上的存在有系统的解说，对形而下的修身、齐家、治国、平天下也有具体的论述。"德"是基于个体完善，以迎合天道昭昭、人伦道德敦化、社会秩序重建的需要，以期实现天道、地道、人道的三者合一，这是"德"的特色。因此中国古代，形成了道德伦理至上的局面，使道德转变为一种人之所以为人的本质前提，修"德"

主要是出于自身完善、人格完善、人性完善乃至生命完善，促成了社会秩序的伦理化、道德化。"道德"是人类社会的意识形态之一，它是人们共同生活及其行为的准则与规范；道德本质上是具有阶级性、民族性、历史性的。儒家提出了以"仁"为核心的"仁、义、礼、智、信""礼、义、廉、耻""温、良、恭、俭、让""忠、孝、节、义"等道德观念和道德品质的范畴体系。在《礼记·大学》中提出：

> 古之欲明明德于天下者，先治其国；欲治其国者，先齐其家；欲齐其家者，先修其身；欲修其身者，先正其心；欲正其心者，先诚其意；欲诚其意者，先致其知。致知在格物。物格而后知至，知至而后意诚，意诚而后心正，心正而后身修，身修而后家齐，家齐而后国治，国治而后天下平。自天子以至于庶人壹是皆以修身为本。其本乱而末治者否矣。其所厚者薄，而其所薄者厚，未之有也。

儒家就是这样把道德修养放在了治理家庭、家族以及国家，以达到天下太平的根本基础之上。

三、社会道德风尚

（一）社会道德风尚的界定

1. 风尚

风尚是个包罗万象的概念，涉及生活的方方面面。"风尚"一词出自《晋书·傅玄傅咸等传赞》："长虞刚简，无亏风尚。"一般来说，风尚会带给人们一种愉悦的心情和优雅、纯粹与不凡感受，赋予人们不同的气质和神韵，能体现不凡的生活品位，精致而展露个性。人们对风尚的追求，给予了人类生活无限的美好，无论是精神的还是物质的。

2. 道德风尚

道德风尚亦称"道德风气"，是指一定时期社会上普遍流行的道德观念、善恶标准、道德行为模式和道德心理习惯的综合表现。既包括那些在社会上得到普遍认可的符合道德的良好风俗和习惯，也包括那些不符合道德要求的不良风俗和习惯。它是一定社会或社会中一定阶级、集团、集体本身习以为常的行为方式，不同的社会、不同的阶级和集团在不同的历史时期，对其要求也不同。

3. 社会道德风尚

社会道德风尚，是国家的各个方面主体道德风气和人们道德行为相互联系的总体表现。社会道德风尚，并不是社会每个成员道德品质和道德行为的简单直接相加，而是多数人自觉遵循社会主体道德观念与规范，通过道德行为形成各种形态的群体道德风气。良好的社会道德风尚是全社会所推崇倡导的一种积极健康向上的社会风气，它是社会文明进步的重要标志，也是衡量社会发展是否有序和谐的标准之一。

4. 中国特色社会主义道德风尚

中国特色社会主义道德风尚就是新时代所要建设的公民道德，在2019年国务院公布的《新时代公民道德建设实施纲要》中提出了总体要求：

> 以习近平新时代中国特色社会主义思想为指导，紧紧围绕进行伟大斗争、建设伟大工程、推进伟大事业、实现伟大梦想，着眼构筑中国精神、中国价值、中国力量，促进全体人民在理想信念、价值理念、道德观念上紧密团结在一起，在全民族牢固树立中国特色社会主义共同理想，在全社会大力弘扬社会主义核心价值观，积极倡导富强民主、文明和谐、自由平等、公正法治、爱国敬业、诚信友善，全面推进社会公德、职业道德、家庭美德、个人品德建设，持续强化教育引导、实践养成、制度保障，不断提升公民道德素质，促进人的全面发展，培养和造就担当民族复兴大任的时代新人。①

(二) 中国特色社会主义道德风尚中的"四德"

在2019年国务院公布的《新时代公民道德建设实施纲要》中，中国特色社会主义道德风尚中的"四德"就是社会公德、职业道德、家庭美德、个人品德。②

1. 社会公德

在2019年国务院公布的《新时代公民道德建设实施纲要》中指出：

> 社会公德是全体公民在社会交往和公共生活中应该遵守的行为准

---

① 新时代公民道德建设实施纲要 [N]. 人民日报, 2019-10-28 (01).
② 新时代公民道德建设实施纲要 [N]. 人民日报, 2019-10-28 (01).

则，涵盖了人与人、人与社会、人与自然之间的关系。在现代社会，公共生活领域不断扩大，人们相互交往日益频繁，社会公德在维护公众利益、公共秩序，保持社会稳定方面的作用更加突出，成为公民个人道德修养和社会文明程度的重要表现。要大力提倡以文明礼貌、助人为乐、爱护公物、保护环境、遵纪守法为主要内容的社会公德，鼓励人们在社会上做一个好公民。

社会公德的主要内容包括文明礼貌、助人为乐、爱护公物、保护环境、遵纪守法。社会公德反映了公民在公共生活中应当持有的道德行为准则以及维护公共利益、公共秩序、社会稳定的道德思维方式和规范，涉及对自然、国家、社会、他人的关系调节方式，新时代的公民应该守底线、知礼仪、惜公物、重节约、施仁爱。公民守公德，可以提升国家的国际形象和软实力，形成一个秩序井然、山清水秀、国盛民安、政通人和、其乐融融的社会环境。而不守公德的公民则丢失人格，丢失国格。

2. 职业道德

在 2019 年国务院公布的《新时代公民道德建设实施纲要》中指出：

职业道德是所有从业人员在职业生活中应该遵循的行为准则，涵盖了从业人员与服务对象、职业与职工、职业与职业之间的关系。随着社会分工的发展和专业化程度的增强，市场竞争日趋激烈，整个社会对从业人员职业观念、职业态度、职业技能、职业纪律和职业作风的要求越来越高。要大力倡导爱岗敬业、诚实守信、办事公道、服务群众、奉献社会为主要内容的职业道德，鼓励人们在工作中做一个好的建设者。主要内容包括爱岗敬业、诚实守信、办事公道、热情服务、奉献社会，鼓励人们在工作中做一个好建设者。公民将个人的职业与国家的伟大事业紧密相连，各行各业分别都要加强各自职业道德教育，摒弃浮躁、短视、自私的风气，以一丝不苟、孜孜不倦、精益求精、勇于创新的精神对待自己的工作，弘扬劳模精神和工匠精神。

3. 家庭美德

党的十四届六中全会决议提出，要大力倡导尊老爱幼、男女平等、夫妻和睦、勤俭持家、邻里团结的家庭美德，鼓励人们在家庭里做一个好成员。家庭美德的主要内容包括尊老爱幼、男女平等、夫妻和睦、勤俭持家、邻里互助。家庭是社会的细胞，家庭形态虽然发生了根本性的变化，但家庭的功能仍然存在，家庭美德建设依然必要。家庭美德就像一颗善良的种子深植于孩子们的心中，内化为孩子们的精神基因，指导着他们的行为，使他们最终成了具有高尚的道德情操的人，所以，家庭美德的弘扬对个人、家庭、社会都具有重要意义。

4. 个人品德

个人品德的主要内容包括爱国奉献、明礼遵规、勤劳善良、宽厚正直、自强自律。一个具有好品行的公民一定是严于律己、明礼守信、正直宽容、自强自立、友爱互助的，在日常的生活、工作中表现出"善"与"美"的气质，表现为人格的一致性及行动的一致性、稳定性、持久性，道德行为成为他们的自觉之举、诚意之举。

第二节　乡村社会道德风尚建设的现实意义

一、高尚的社会道德是美好生活题中应有之义

中国特色社会主义道德坚持社会主义核心价值观，体现着中国精神、道德素质、思想觉悟、理想信念，必将使一个富强、民主、文明、和谐、美丽的社会主义现代化强国屹立于世界之林。中国特色社会主义道德体现了中华文化的魅力和风采，是对中国传统优秀道德遗产的继承和发展、对民族文化之根的秉持、对民族特色的坚守，反映了时代的要求，更反映了人民的呼声。中国特色社会主义道德是美好生活不可或缺的内容，人民不仅对物质生活有了更高的要求，而且对民主、法治、公平、正义、环境等方面的需要更加迫切。

二、高尚的社会道德既兴国又立人

习近平总书记强调，国无德不兴，人无德不立。通过乡村社会道德风尚建设，能培育乡村农民善良的道德意愿、道德情感，养成正确的道德判断力和道德责任心，提高道德自觉的践行能力，在乡村形成积极向上、向善及向往和追求讲道德、尊道德、守道德的社会风尚。在中国特色社会主义新时代，全面建成小康社会、全面建设社会主义现代化强国，需要坚实的道德根基。加强乡村社会道德风尚建设，有利于提高广大乡村农民的社会道德水平，有利于全面建

成小康社会、全面建设社会主义现代化强国。实现"两个一百年"奋斗目标，迫切需要加强乡村道德风尚建设。中华民族伟大复兴的新时代，有新的更为艰巨繁重的历史任务，有难以预料的各种挑战、风险、阻力、矛盾和问题，迫切需要加强包括全体农民在内的公民道德建设，促进全国人民在理想信念、价值理念、道德观念上紧密团结在一起，不断夯实团结奋斗的共同思想道德基础，为实现中华民族伟大复兴的中国梦提供有力的道德支撑。加强乡村社会道德风尚建设，就是发挥思想道德的引领和支撑作用，举精神之旗、立精神支柱、建精神家园。

乡村社会道德风尚建设，既是社会全面进步的内在要求，也是人的全面发展的有效手段。社会全面进步、人的全面发展，离不开道德力量的支撑。加强乡村社会道德风尚建设，就是在全社会大力弘扬社会主义核心价值观，积极倡导富强、民主、文明、和谐、自由、平等、公正、法治、爱国、敬业、诚信、友善，全面推进社会公德、职业道德、家庭美德、个人品德建设，努力构建崇德向善、见贤思齐、德行天下的浓厚社会氛围，实现社会全面进步、人的全面发展。加强乡村社会道德风尚建设，就是坚持立德树人、以文化人，建设社会主义精神文明、培育和践行社会主义核心价值观，培养一大批思想水平、政治觉悟、道德品质、文化素养、精神状态等各方面与新时代要求相符合的新型农民。实现人的全面发展，必须加强社会道德风尚建设，坚持以社会主义核心价值观为引领，以主流价值观建构道德规范、强化道德认同、指引道德实践，引导人们明大德、守公德、严私德，在德性塑造中夯实人的全面发展的基础。

三、良好的社会道德是社会主义新农村建设的需要

（一）社会公德维系乡村社会安宁的公共生活

传统乡村是一个熟人共同体，相对封闭落后，自给自足，人口流动性低下，村民活动单一，与外部世界缺乏信息沟通，血亲观念以及家族意识十分强烈，构筑了一定的道德舆论与村规民约，调节村庄内部关系，维系着乡村社会秩序。这样就导致了传统农村的村民具有自闭心态和盲目排外心理，村庄内部长辈与晚辈之间尊卑分明，以年龄或辈分取得尊重的资格，长辈可以随意打骂晚辈。新时代，打破了农村自给自足经济为基础的社会生活结构及道德观念，乡村社会交往由熟人为主，转向了有越来越多陌生人参与的现实公共生活领域和虚拟公共生活领域，公共领域迫切需要社会公德。

乡村社会公德建设的目的是推动和实现农村传统文化心理的现代转型。社会公德就是构建人与人相互尊重宽容、诚信友爱的现代人平等交往准则，人与人之间相互尊重彼此的生活方式。只有这样才有利于构建和谐的社会主义新农村，创造和谐的公共社会环境。现代社会公德需要人们具备相应的民主法治观念，这是时代发展的需要，乡村社会公德建设体现了民主与法治的现代精神理念。道德建设与法律之间有着相互渗透与交融的关系。道德的内容可以通过立法的方式而成为法律，而法律的内容一旦成为社会自觉的实践方式也可以不再采用强制性的方式。构建社会主义和谐社会的重要目标之一就是人与自然和谐相处，社会主义新农村建设中的一项要求是村容整洁。一直以来，农村靠山吃山、靠水吃水，优美的自然环境和恬淡的田园风光是农村社会的生存资源和重要特征。社会公德要求讲究卫生、保护环境，保护自然环境是农村可持续发展的前提条件，农村生态环保，需要一种可持续发展的长远眼光和良好的社会公德。

（二）农业职业道德造就新时代农民

在新时代，社会分工越来越细，农业成了一种重要职业，且具有特殊地位和不可替代的特定作用。因为，如果没有农业职业，人们的生活乃至整个社会的运转就会受到影响。农业职业道德就是从事农业职业的人在工作或劳动过程中所应该遵守的、与其农业职业活动相适应的行为规范的总和。农业职业是相对于其他职业而言的现代分工，分工并没有把人的活动分割成互不关联的独立活动，农民与其他职业人们之间的社会联系与依赖性进一步增强。农业是一种自然职业，原始农业以农作物种植和畜牧饲养为主要生产经营活动，农民自给自足，农产品主要用于自我消费，而不是市场交换，即使有一定交换行为，那也是少量的、非经常性的，因而未能形成与其他职业同样的职业道德要求。然而，在新时代，随着市场经济的发展，农业生产的产业化、市场化趋势日益增强，许多地方性分散式小规模生产已经为规模性经营方式所取代，农产品主要用于市场销售。

农业成为一种重要职业，农业职业道德建设必然被提到日程上来。农业职业道德是用于调节新时代农业活动中各种关系的主要道德规范，具有爱岗敬业、诚实守信、办事公道、服务群众、奉献社会的农业职业特点。在新时代，农业职业具有与其他职业平等的地位，许多农民爱岗敬业，特别是改革开放以来，农村社会出现了许多种田能手、养殖大户和承包大户等，他们搞联合经营、规模经营，改善了农业生产结构，从客观上促进了农民职业观念上的平等。职业道德要求在国家法律规定的范围内从事生产经营活动，农业职业道德建设使农民具备相关的法律意识，具备社会责任感和相应的道德观念，走合法致富、勤劳致富的道路。经济社会的发展为乡村农民道德素质提出新的要求，新时代的农民要勤劳勇敢、踏实肯干、憨厚耿直，重实际、忌空谈，勤劳俭朴。

（三）家庭美德营造家和万事兴

农村家庭是由血缘关系或收养关系而组合起来的社会基本组成单位，是社会生产、生活的基层组织形式，是社会的细胞。家庭美德是每个农民在家庭生活中应该遵循的行为准则。俗话说"家和万事兴"，甜蜜而温馨的家庭生活，是社会和谐稳定的重要基础。在温暖和谐的家庭里，家庭成员既有物质生活的保障，又有心理情感上的关爱，身心健康，和谐发展，更能以宽容、积极的心态参与社会交往。家庭美德促进儿童身心健康，积极学习，健康成长。

家庭美德就是尊老爱老，让老人安享晚年并获得尊重和情感关爱，尊敬老人就是既要保障他们的物质生活，还要给予他们情感关怀，使他们生活得体面而有尊严。家庭美德就是男女平等、夫妻和睦、勤俭持家、邻里团结。家庭美德能防止小摩擦酿成大矛盾，邻里之间相互尊重，守望相助，有困难时相互帮助，有喜事时共同分享，合力推动农村家庭团结、邻里和睦。

（四）高尚的个人品德培养健全的人格

个人品德是指个人遵守社会道德规范，有稳定的道德行为和稳定行为方式。个人品德是社会公德、职业道德和家庭美德建设的重要基石。高尚的个人品德就是有一定的道德伦理修养，自觉遵守社会公德、职业道德、家庭美德，达到道德自觉与自由的境界，具有健全的道德人格，并在不断的学习与实践过程中形成。具有健全人格的人善于参加多方面的活动，为人热情，充满同情心、宽容心、责任心，能客观、正确地估计自己，没有占有欲和嫉妒心。

在中国历史的很长一段时间内农民由于生活的贫困和知识文化的匮乏，普遍具有严重的心理自卑。在新时代，随着经济的不断发展，农民的独立性和自主性逐步增强，自尊心也日益提升。随着市场经济的发展以及经济的全球化，农民不断与社会不同群体的人进行交往，视野得到开阔，自卑心态逐渐被消除。

第三章

乡村振兴战略与社会道德风尚的内在关联

第一节　社会道德风尚对农村社会的影响

一、社会道德风尚建设的物质与文化基础

改革开放40多年来，农村与农业得到了快速发展，农民生活水平不断提高。在物质文明加强的同时，过去一部分农民的封建、愚昧、落后、保守的风俗习惯和思想观念不断被打破，传统思想中落后的部分在逐步更新，代之以更加积极健康的思想观念。社会道德的向好转变又进一步促进了农村、农业、农民积极向好发展。

（一）农业的发展

根据2019年国家统计局的资料①，我国农业的快速发展成果体现在如下几个方面。

1. 饭碗牢牢端在自己手中

1949年我国粮食产量2264亿斤，人均粮食产量209公斤，无法满足温饱需求。中华人民共和国成立以后，党和国家领导人历来重视粮食生产。党的十八大以来，以习近平同志为核心的党中央高度重视粮食生产，明确要求把中国人的饭碗牢牢端在自己手中，粮食综合生产能力不断巩固提升。2018年粮食产量13158亿斤，比1949年增长4.8倍，年均增长2.6%；人均粮食产量472公斤，比1949年增长1.3倍，守住了国家粮食安全底线。

---

① 国家统计局农村司. 农村经济持续发展乡村振兴迈出大步 [J]. 农村·农业·农民（B版），2019（8）：5-8.

2. 传统农业向现代农业转变

农业生产结构不断优化，实现了由单一以种植业为主的传统农业向农林牧渔业全面发展的现代农业转变。2018 年农林牧渔业总产值 113580 亿元，按可比价格计算，比 1952 年增长 17.2 倍，年均增长 4.5%。从产值构成来看，1952 年农业产值占农林牧渔四业产值的比重为 85.9%，2018 年农业产值占农林牧渔四业产值的比重为 57.1%，比 1952 年下降 28.8 个百分点。农产品品质显著提升，主要农产品监测合格率连续五年保持在 96% 以上，2018 年总体合格率达 97.5%，农产品质量安全形势保持稳中向好的态势。

3. 农业生产组织方式和模式发生重大变化

党的十八大以来，完善承包地"三权"分置制度，加快发展多种形式规模经营。2018 年全国家庭承包耕地流转面积超过 5.3 亿亩。农村土地流转助推农业规模化发展。2016 年第三次全国农业普查结果显示，耕地规模化耕种面积占全部实际耕地耕种面积的比重为 28.6%。规模化生猪养殖存栏占比为 62.9%，规模化家禽养殖存栏占比达 73.9%。新型职业农民队伍不断壮大，农民工、大中专毕业生、退役军人、科技人员等返乡下乡人员加入新型职业农民队伍。截至2018 年年底，各类返乡下乡创新创业人员累计达 780 万人。跨界配置农业和现代产业要素，设施农业、观光休闲农业、农产品电商等新模式快速发展。2018 年年末全国农业设施数量 3000 多万个，设施农业占地面积近 4000 万亩。2018 年全国休闲农业和乡村旅游接待游客约 30 亿人次，营业收入超过 8000 亿元。产业内涵由原来单纯的观光游，逐步拓展到民俗文化、农事节庆、科技创意等，促进休闲农业和乡村旅游蓬勃发展。大数据、物联网、云计算、移动互联网等新一代信息技术向农业农村领域快速延伸，全国有 25.1% 的村有电子商务配送站点，2018 年农产品网络销售额达 3000 亿元。

4. 农田水利建设得到加强，防灾抗灾能力增强

中华人民共和国成立初期，农业生产基础单薄。改革开放以来，我国持续开展农业基础设施建设，不断完善小型农田水利设施，农田灌溉条件明显改善。2018 年全国耕地灌溉面积 10.2 亿亩，比 1952 年增长 2.4 倍，年均增长 1.9%。全国累计建成集中连片、旱涝保收、高产稳产、生态友好的高标准农田 6.4 亿亩。农业生产条件持续改善，"靠天吃饭"的局面正在逐步改变。

5. 农业机械化程度明显提高

1952 年全国农业机械总动力仅 18.4 万千瓦，1978 年为 11750 万千瓦，2018年达 10.0 亿千瓦。2018 年主要农作物耕种收综合机械化率超过 67%，其中主要

粮食作物耕种收综合机械化率超过 80%。农业机械化水平大幅提高，标志着我国农业生产方式以人畜力为主转入以机械作业为主的阶段。2018 年我国农业科技进步贡献率达到 58.3%，比 2005 年提高了 10.3 个百分点。科技助力粮食单产不断提升，由 1952 年的 88 公斤/亩提高到 2018 年的 375 公斤/亩。

（二）农村的变化

2019 年国家统计局资料显示①，与中华人民共和国成立初期相比，我国农村面貌发生了天翻地覆的变化。

1. 水电路网提速建设

中华人民共和国成立初期，我国绝大部分农村照明靠煤油灯，饮水直接靠井水、河水。改革开放以来，农村基础设施建设不断加强。农村用电量由 1952 年的 0.5 亿千瓦时增加到 2018 年的 9359 亿千瓦时。实施农村饮水安全工程，乡村饮水状况大幅改善，47.7% 的农户饮用经过净化处理的自来水。公路和网络建设成效明显，全国农村公路总里程由 1978 年的 59.6 万公里增加到 2018 年的 404 万公里。截至 2018 年年底，99.6% 的乡镇、99.5% 的建制村通了硬化路，99.1% 的乡镇、96.5% 的建制村通了客车，61.9% 的村内主要道路建了路灯，99.5% 的村通电话，82.8% 的村安装了有线电视，89.9% 的村通了宽带互联网。

2. 垃圾污水处理能力提升

党的十八大以来，曾经"垃圾靠风刮、污水靠蒸发"的农村环境逐渐成为历史。90.8% 的乡镇生活垃圾集中处理或部分集中处理，73.9% 的村生活垃圾集中处理或部分集中处理，17.4% 的村生活污水集中处理或部分集中处理。农村"厕所革命"加快推进，使用水冲式卫生厕所的农户占 36.2%；使用卫生旱厕的农户占 12.4%。

3. 乡村教育快速发展

党的十八大以来，国家大力支持农村教育，实施农村寄宿制学校建设、教育脱贫攻坚等重大工程。截至 2019 年 3 月，全国 92.7% 的县实现义务教育基本均衡发展。初中文化程度的农村农民占 42.5%，高中或中专文化程度的农村农民占 11.0%，大专及以上的农村农民占 3.9%，农村农民文化素质明显提升。

4. 医疗服务体系不断完善

2018 年全国乡镇卫生院 3.6 万个，床位 133 万张，卫生人员 139 万人；村

---

① 国家统计局农村司. 农村经济持续发展乡村振兴迈出大步 [J]. 农村·农业·农民（B版），2019（8）：5-8.

卫生室 62.2 万个，人员达 144 万人，其中，执业（助理）医师 38.1 万人、注册护士 15.3 万人、乡村医生和卫生员 90.7 万人。党的十八大以来，各级财政对新型农村合作医疗制度的人均补助标准逐年提高，2018 年达 490 元。新农合政策范围内门诊和住院费用报销比例分别稳定在 50% 和 75% 左右。农村农民健康水平大幅提高，农村孕产妇死亡率从中华人民共和国成立初期的 1500/10 万下降到 2018 年的 19.9/10 万，农村婴儿死亡率从 200‰ 下降到 7.3‰。

5. 多层次养老服务体系加快形成

中华人民共和国成立初期，农村养老保障尚属空白。党的十八大以来，逐步提高农村养老服务能力和保障水平。2018 年全国城乡农民基本养老保险基础养老金最低标准提高至每人每月 88 元，56.4% 的乡镇有本级政府创办的敬老院。

6. 乡村就业规模不断扩大

中华人民共和国成立初期，乡村就业人员主要以从事农业生产为主，1978 年乡村就业人员 30638 万人。改革开放以来，农村富余劳动力向第二、三产业转移。乡村就业人员在 1997 年达 49039 万人的历史高点。随着市场经济的发展，部分农村劳动力进城就业。党的十八大以来，各地促进农民工就业创业，农民工数量持续增加，2018 年农民工有 28836 万人，其中，到乡外就业的农民工 17266 万人。从事第二产业的农民工 14158 万人，从事第三产业的农民工 14562 万人。

7. 乡村文化繁荣兴旺

中华人民共和国成立初期，农村文化事业发展还比较落后，特别是改革开放以来，各级政府持续加大投入力度，构建覆盖城乡的公共文化服务体系，加快乡村文化设施建设，推进文化信息共享、农家书屋和农村电影放映等工程。党的十八大以来，农村文化事业实现长足发展，96.8% 的乡镇有图书馆、文化站，11.9% 的乡镇有剧场、影剧院，41.3% 的村有农民业余文化组织。截至 2018 年年底，全国共有农家书屋 58.7 万个，向广大农村配送图书超过 11 亿册。

（三）农民的生活水平提高

2019 年国家统计局的资料显示①，我国农村农民收入持续较快增长，生活水平质量不断提高。

---

① 国家统计局农村司. 农村经济持续发展乡村振兴迈出大步 [J]. 农村·农业·农民（B版），2019（8）：5-8.

1. 农村农民收入持续较快增长

1949 年我国农村农民人均可支配收入仅为 44 元。党的十八大以来，加大对社会保障和民生改善的投入力度，农民的钱袋子更加殷实。2018 年农村农民人均可支配收入 14617 元，扣除物价因素，比 1949 年实际增长 40.0 倍，年均实际增长 5.5%。城乡农民收入差距不断缩小，2018 年城乡农民人均可支配收入比值为 2.69，比 1956 年下降了 0.64。

2. 贫困人口大幅减少

按现行农村贫困标准（当年价）衡量，1978 年农村贫困发生率为 97.5%，农村贫困人口 7.7 亿人。党的十八大以来，我国把扶贫开发摆在更加突出的位置，把精准扶贫、精准脱贫作为基本方略，开创了扶贫事业新局面，把发展作为解决贫困的根本途径。围绕"两不愁"即不愁吃、不愁穿，"三保障"即义务教育、基本医疗、住房安全有保障，改善贫困地区的基本生产生活条件。农村贫困人口快速减少，贫困发生率持续下降，2018 年年底全国农村贫困人口 1660 万人，贫困发生率 1.7%，脱贫攻坚取得决定性进展。根据 2021 年 2 月 28 日国家统计局发布的《2020 年国民经济和社会发展统计公报》，我国 2020 年脱贫攻坚成果举世瞩目，按现行农村贫困标准计算，551 万农村贫困人口全部实现脱贫。

3. 农村农民恩格尔系数持续下降

改革开放以来，随着农村农民收入较快增长，消费能力显著提升。2018 年农村农民人均消费支出 12124 元，扣除物价因素，比 1949 年实际增长 32.7 倍，年均实际增长 5.2%，农村农民恩格尔系数为 30.1%，比 1954 年下降了 38.5 个百分点。2018 年农村农民平均每百户拥有移动电话 257 部、计算机 26.9 台、汽车 22.3 辆、空调 65.2 台、热水器 68.7 台、微波炉 17.7 台。农村农民人均住房建筑面积达 47.3 平方米，比 1978 年增加 39.2 平方米。71.2% 的农村农民住房为钢筋混凝土或砖混材料，比 2013 年提高了 15.5 个百分点。

4. 农村低保兜底保障能力增强

改革开放以来，农村农民生活水平不断提高。2007 年农村低保年平均标准为 840 元/人，农村低保对象有 1609 万户、3566 万人。2018 年农村低保年平均标准增加到 4833 元/人，比 2007 年增长 4.8 倍，年均增长 17.2%，农村低保对象有 1903 万户、3520 万人。全面建立农村留守儿童关爱保护制度，帮助无人监护的农村留守儿童落实受委托监护责任人。

二、社会道德风尚的向好转变

（一）农民传统观念的转变

1. 农民生育观念

长期以来，中国农民的生育观念既受到传统伦理道德、社会风气、法律制度和社会舆论的影响，也受到经济发展的影响。在生活水平低下的时期，农村家庭普遍"男主外、女主内"，女性大多数没有自己的职业和独立经济来源，得到的社会认可度也较低。农民认为"养儿防老""嫁出去的女儿，泼出去的水""只有儿子才能传宗接代、延续香火"，在生育性别喜好上，普遍倾向于男孩，重男轻女思想观念普遍存在，生育性别比例长期失衡。改革开放后，农民物质生活水平逐步提高，生育观念也发生了巨大变化。农民"传宗接代""养儿防老"等传统思想逐步淡化，单纯偏向于生男孩的观念普遍降低，在"全面二孩"政策实施后，"儿女双全"的观念是主流，长期以来农民的生育性别偏好失衡的现象得到了有效扭转。

2. 农村女性社会地位提升

越来越多的农村女性摆脱了长期以来在物质和思想上依附男性、依附家庭的状况，逐步走向经济独立、人格独立，农村女性的社会地位逐步提高，女性在家庭和社会中的重要性得到了更多的认可，农村社会对女性的性别歧视已发生根本性改变。在改革开放之前，农村家庭中普遍认为女孩不需要读书，因而女孩在家做家务男孩上学的现象较为常见，随着农村的发展，男女教育观趋于均等化，女性受教育的权利得到保障。

3. 农民教育理念日趋合理

改革开放之前，由于农村社会发展水平和生产水平较低，改革开放之前的农村，农民主要关注的还是家庭成员的温饱问题和物质生活的提高，对于教育，大多数农民都没有更多的期望。有些农村家庭因为缺乏劳动力，很大一部分农村儿童须在家劳动。还有一些因为家庭经济条件困难，父母无力支持子女上学。另外由于思想观念保守封建，很多农民家长认为读书无用，不如在家种地、帮家里做家务。大多数孩子只上过小学，能完成高中学业的少之又少，农民对于子女上学的期望值整体较低。随着农村经济的发展和农民物质生活水平的提高，农民教育方面经济投入比重逐渐增大。家庭支出中食品支出最多，位列第一，而教育支出仅次于食品支出，远远高于其他生活支出，在村民家庭支出中位居第二，对子女的教育投资已经占家庭支出的较大部分。农民教育期望值逐步提升，大多数农民父母改变了读书是为了识字、不当文盲的落后观念，而是希望自己的孩子能够上大学，接受良好的教育。

4. 农民婚恋观念健康化

在过去的农村社会，农民思想意识保守，婚恋不自由、父母包办婚姻现象比较多，信奉"父母之命、媒妁之言"，年轻人在选择自己的伴侣时，主要以父母包办、亲戚介绍等亲缘关系和邻居等地缘关系为主。婚姻标准主要是物质和经济条件，而感情、性格、人品、生活方式和思想观念等因素是次要的。改革开放以来，随着农村物质生活水平的提高，农民对于婚姻、家庭有了新的认识、新的态度。婚恋自由已成为农村新风尚，"自由恋爱""自己相识"。农村青年择偶以同学、同事、朋友、偶识等业缘关系为主。感情成为婚姻结合、维系的主要因素，对婚姻质量的要求越来越高，感情在婚姻中的重要性越来越高。当夫妻双方感情破裂、婚姻无法继续时，越来越多的夫妻选择结束婚姻关系，而不是继续凑合，农村社会"离婚再婚"禁律被逐步地打破了。现代农村年轻人对于恋爱婚姻，更多是基于情感走到一起，经济条件在恋爱婚姻中的重要性也越来越低。传统的定制婚姻已渐渐消失，农村的婚姻生活丰富而多元化，农民在婚姻生活中，也更加注重追求婚姻生活质量，更加注重追求自身及家庭幸福。

5. 农民生活习惯得到改善

过去农村人居环境相对较差，绿化覆盖面积比较低，公共娱乐、健身设施较为缺乏。如今农民卫生健康意识增强，养生意识也随之增强，生病不治病不相信科学相信"土方""偏方"的现象越来越少。农民开始养成健康、卫生的生活习惯，开始注重身体的保养和疾病的防治。大多数地区的农村通水泥公路、有线电视和网络宽带，许多农村人居环境得到改善，村内修建了垃圾集中处理场，垃圾杂物乱堆乱放得到有效改善。农民公共生活越来越有序化。公共生活文明意识增强，在公共场所的言行举止也更加文明理性。农村中偷盗抢劫、打架斗殴、赌博嫖娼等刑事案件明显减少。

（二）农村人际关系由单一向多元转变

过去很长时间，由于物质资料的匮乏，许多农民以家族为生存单位获取物质资料、互帮互助，由此形成的以生育、婚配带来的亲缘关系为主的农村人际关系，贯穿于村民的日常生活中，在人际交往中占据重要地位。过去的农村是一个熟人社会而非业缘社会，农村有着浓厚的血亲认同感，是血缘、亲情、家族归属感把农民紧密结合在一起，他们之间往往有着共同的利益，有着更多的信任。村民之间交往、相处、办事、帮忙往往由亲缘关系远近决定。农村经济发展滞后、信息交通不便利，家庭经济以种植养殖业为主，人际交往面极为狭窄。

改革开放以来，农民就业范围扩展导致人际交往范围拓宽，农民之间的交往走出了家族，扩展到全方位、多层次的人际交往范围。在外务工的农民，主动地增强自身的人际交往能力，扩大自己的朋友圈。农村网络和移动上网终端普及率大大提高，微信、微博、博客、QQ等聊天客户端都成了农民认识新的交往对象的重要媒介。农民人际交往模式更加多元化。农村人际交往基于互惠的需要，更加紧密、更加频繁。农村人依然认可传统的亲缘关系，家族观念依旧强烈，婚丧嫁娶等家族集体活动仍然受重视。农民的人际交往与过去相比更加实际、更加理性。市场经济中的等价交换原则渗透到农民的人际交往之中，以此形成了一种双向的、互利互助的合作型人际交往方式，实现了人情与功利相结合、情感和利益相结合、合作与竞争相结合。

（三）农村社会道德风尚的变化

1. 农民社会交往契约化

旧社会的农村人际交往，多以人情约定为主，只有极少数以字据、契约形式约定。社会主义市场经济的发展，使农民越来越多地学习并体会到了市场经济带来的契约精神和利益交换理念，在互动交往中他们逐步地采取字据、契约这样新的约定形式。外出打工的农民工群体，在城市务工时通常与他人签订租赁、买卖合同等。

2. 公共伦理意识增强

传统农村的家庭结构，通常以男性为中心，通过父系血缘关系扩展，最终形成共同体，这种家庭结构早已不适应社会的发展，不符合社会主义新农村建设的要求，无力应对社会的高度流动性和人与人之间新型的交往模式，必然会逐步地遭到社会的淘汰。如今农村社会已经由熟人社会渐渐步入半熟人社会，人与人之间的交往打破了传统落后的家族观念，改变了以往的狭隘心理，变得更加开放和包容。

3. 农民社会生活方式更文明健康

生活方式，指的是人们的日常交往方式、消费方式、休闲娱乐方式和公共生活方式等。随着经济和社会的发展，农村的生产生活方式发生了很大变化，物质和商品的极大丰富，改变了他们的思想观念和生活方式，一些陈旧落后的生活方式被逐步淘汰，取而代之的是文明健康的生活方式。乡村振兴战略的实施和全面建成小康社会的大力推进，促进了城乡一体化发展，对农村生产生活方式产生了极大影响，城乡交流使得乡村农民有了更多了解学习城市人生活方式的机会，让农民的社会生活方式变得更加文明健康。

4. 农民消费方式与时俱进

过去农民的收入大多用于生活消费，吃穿方面的花费比例远高于教育、娱乐和其他方面的消费。现在越来越多的人将收入用于交通、通信、教育、娱乐、医疗、保健甚至学习发展。更多的人重视教育和娱乐活动，在节假日和农闲时，选择外出旅游和参加文化娱乐活动的农民人数不断增多。低碳消费方式开始流行，农民在选择消费产品时，产品是否绿色健康已经成为购买的一项重要指标，广大农民在消费时，不仅考虑产品的质量、价格和样式，而且逐渐重视产品是否对健康有益、有无污染、是否干净卫生。农民娱乐生活更加多元，一些条件比较好的农村修建了休闲娱乐场所，公园、乡村书屋、体育馆、公共健身房、文化广场、影剧院、科技文化馆、乡村博物馆等设施一应俱全，农民娱乐生活的时间相对增加。

第二节　社会道德风尚与产业兴旺之关联

乡村振兴的总目标就是实现农村产业兴旺、生态宜居、乡风文明、治理有效、生活富裕，这五个方面的目标分别与社会道德风尚有着极其密切的关联。

一、产业兴旺的丰富内涵

（一）产业内涵

1. 产业的定义

在我国古代就有"产业"一词，据《史记·苏秦列传》记载："周人之俗，治产业、力工商，逐什二以为务。"周地人的习俗，是置办产业、大力发展手工业和商业，以追求20%的利润为目的。

一般认为产业的内涵是指积聚财产的事业、生产事业。产业是生产物质产品的集合体，由利益相互联系的、具有不同分工的、各个相关行业所组成的业态总称，它们的经营对象和经营范围是围绕着共同产品而展开的，但经营方式、经营形态、企业模式和流通环节有所不同，在构成业态的各个行业内部完成各自的循环。产业与行业有联系但不相同，行业是指从事国民经济中同性质的生产、服务或其他经济社会的经营单位或者个体的组织结构体系。产业概念范畴比行业要大，一个产业可以跨越（包含）几个行业。行业的不同在于用于生产的原材料的不同，而产业的不同在于用于生产的核心技术的不同。有的时候，产业是指社会经济活动中一些具有某种相同生产技术特征或产品特征的经济活动系统。

2. 产业的划分

在国家统计局关于《三次产业划分规定》的通知（国字〔2003〕14号）中颁布了有关三次产业划分规定。根据《国民经济行业分类》（GB/T4754—2002）的规定①，第一、二、三产业划分范围如下：

第一产业是指农、林、牧、渔业。

第二产业是指采矿业，制造业，电力、燃气及水的生产和供应业，建筑业。

第三产业是指除第一、二产业以外的其他行业。第三产业包括：交通运输、仓储和邮政业，信息传输、计算机服务和软件业，批发和零售业，住宿和餐饮业，金融业，房地产业，租赁和商务服务业，科学研究、技术服务和地质勘查业，水利、环境和公共设施管理业，农民服务和其他服务业，教育、卫生、社会保障和社会福利业，文化、体育和娱乐业，公共管理和社会组织，国际组织。

根据三次产业分类法，在我国，产业的划分是：第一产业为农业，包括农、林、牧、渔各业；第二产业为工业，包括采掘、制造、自来水、电力、蒸汽、热水、煤气和建筑各业；第三产业分流通和服务两部分，共四个层次：

①流通部门，包括交通运输、邮电通信、商业、饮食、物资供销和仓储等业。

②为生产和生活服务的部门，包括金融、保险、地质普查、房地产、公用事业、农民服务、旅游、咨询信息服务和各类技术服务等业。

③为提高科学文化水平和农民素质服务的部门，包括教育、文化、广播、电视、科学研究、卫生、体育和社会福利等业。

④为社会公共需要服务的部门，包括国家机关、政党机关、社会团体以及军队和警察等。

---

① 国家统计局关于印发《三次产业划分规定》的通知（国字〔2003〕14号）[A/OL]. 中国政府网，2003-05-15.

在产业经济学中，产业有三个层次：

①第一层次是以同一商品市场为单位划分的产业，即产业组织。

②第二层是以技术和工艺的相似性为根据划分的产业，即产业联系。

③第三层次是大致以经济活动的阶段为根据，将国民经济划分为若干大部分所形成的产业，即产业结构。

（二）乡村振兴战略中的产业内涵

1. 乡村振兴战略中的产业

乡村振兴的产业以农业为依托，以农民为主体，一二三产业融合发展，地域特色鲜明，创新创业活跃，业态类型丰富，利益联结紧密。产业融合形成了对城乡农民消费需求的新供给体系。乡村产业是一个系统化、多元化的概念，除植物栽培业和动物饲养业之外，还包括因农产品产业链延伸或城镇产业转移而形成的第二产业、第三产业，如乡镇企业。第一产业除食品供给功能之外，往往还具有生态、休闲、体验、文化、创意等多种功能，即在生产环节会形成农业服务业化的广阔空间。城乡居民日益增长的"美好生活需要"已不能仅仅通过农村产业的食品供给来实现，农村内部的第一二三产业融合已成为我国新时代经济发展的内在需要。

2. 一二三产业融合发展及其意义

一二三产业融合发展是提升农业、繁荣农村、富裕农民的产业。没有产业，就没有乡村的振兴，乡村振兴也就成了"空中楼阁"。解决好"空心村"问题，根本还是要发展乡村产业。一二三产业融合发展就是要把产业更多地留在乡村，改变过去那种农村搞种养业、城市搞加工流通业、农民拿不到多少收益的业态。一二三产业融合发展就是要突出资源优势，重点发展现代种养业、乡土特色产业、农产品加工流通业、乡村休闲旅游业、乡村新型服务业和乡村信息产业，这是立农、为农、兴农的产业，应当尽量留在农村。在把产业留在农村的同时，要把就业岗位更多留给农民，引导加工流通企业重心下沉。产业留在农村、就业岗位留给农民，也就是把产业链增值收益尽量留给农民，促进农民持续增收，推动乡村生活富裕。一二三产业融合发展，就是要建立联农、带农机制，通过融合发展等多种方式，让农民不但有业就、有活儿干，更要有钱赚，让农民的钱包鼓起来，让农民的笑脸多起来。一二三产业融合发展就是发掘农业的新功能和新价值，延长产业链、提升价值链、打造供应链，加快构建现代农业产业体系、生产体系和经营体系。

（三）产业兴旺的内涵

"兴旺"一词的基本意思为昌盛发达、生机蓬勃，而产业兴旺则有多层内涵。

1. 产业兴旺的价值

乡村的产业兴旺，其价值在于保证国家农业安全。保粮食安全是实施乡村振兴战略的前提，也是推进产业兴旺不可动摇的根基。粮食产业的兴旺，就是落实以我为主、立足国内、确保产能、适度进口、科技支撑的国家粮食安全战略和确保谷物基本自给、口粮绝对安全的粮食安全战略底线，积极推进粮食产业加快实现由生产导向向消费导向的转变，由追求数量安全向追求数量、质量安全统筹兼顾转变。乡村的产业兴旺价值还在于满足农民自身需要，促进农民增收和乡村整体发展进步。

2. 产业兴旺就是"把中国人的饭碗牢牢端在自己手中"

乡村振兴对产业兴旺的要求，就是追求农业高质量发展，提升农产品品质；增加有效供给，减少无效供给；拓宽实现粮食安全的视野，树立大农业观、大食物观，向统筹山水林田湖草系统治理要粮食安全，拓展实现粮食安全的选择空间。粮食产业兴旺，要结合完善质量兴粮、绿色兴粮、服务兴粮、品牌兴粮推进机制和支持政策，鼓励新型农业经营主体、新型农业服务主体带动小农户延伸粮食产业链、打造粮食供应链、提升粮食价值链，积极培育现代粮食产业体系，鼓励发展粮食加工业、流通业和面向粮食产业链的生产性服务业，促进粮食产业链创新力和竞争力的提升。深入实施藏粮于地、藏粮于技战略，通过全面落实永久基本农田特殊保护制度、加快划定和建设粮食生产功能区、大规模推进农村土地整治和高标准农田建设、加强农村防灾减灾救灾能力建设等举措，夯实粮食生产能力的基础，帮助粮食生产经营主体更好地实现节本增效和降低风险，将保障粮食安全建立在保护粮食生产经营主体种粮营粮积极性的基础上，为"把中国人的饭碗牢牢端在自己手中"打下坚实基础。

3. 产业兴旺的重要特征

产业要素的高回报率。农村产业要素包括农村土地产出率、劳动生产率、资本回报率等，要具有与其他产业大致持平的要素回报率，让农业成为有奔头的产业，让农民成为有吸引力的职业，让农村成为安居乐业的美丽家园。

产业的全要素生产率持续提高。全要素生产率标度了在剔除土地、劳动、资本等要素之外因创新而推动的增长程度，因此，全要素生产率成为我国高质量发展和供给侧结构性改革所倚重的新型动力源泉，产业兴旺就要保持全要素生产率持续提高。

产业的产品结构更能契合农民变动的消费结构。农村产业兴旺意味着农村产业应提供给农民数量充裕、结构合理、质量优良的农产品，从而确保数量意义、品质意义和产业链意义的农业安全。随着我国农民生活水平的不断提高，食品消费结构正从保障数量安全为主转向更加注重品质营养和健康，农业安全内涵也从主要强调数量供给的基础性安全转向更加强调结构、品质和产业链的高层次安全。产业兴旺既是粮食生产能力的持续提高，又是依据农民食品消费结构变化，形成粮食作物、经济作物、饲料作物等相互搭配、高效转化的新型业态且食品供给"从田间到餐桌"，能更好地满足无公害、绿色、有机等品质安全需要，在食品供给的不同环节均能通过流程和技术改造而降低交易成本、提高运营效率。

二、社会道德风尚是产业兴旺的必然要素

(一) 产业兴旺的主体

1. 基本主体

农户是乡村产业兴旺的基本主体，是专业化农业的基本单位，是乡村多样化经济的单元，是农业生产的最有效组织形式，其作用涉及社会稳定、粮食安全、食品安全、社区秩序、景观创造、乡村复兴和文化保护等方面。农户具有丰富的生产经验，高度的责任感、自觉性和灵活性。农户的劳动具有季节性、周期性、地域性、自然风险性、劳动对象的生命性等特点。农户经营成本低、效益高和风险小，是农业产业融合的理想空间。

2. 新型主体

新型主体的主要类型有专业大户、家庭农场、农民合作社、农业产业化龙头企业等组织形式。新型主体的特点是集约化、专业化、组织化和社会化相结合。新型主体的出现是土地、资本、技术和劳动力等生产要素流动和农村要素的优化配置以及来自农村之外的资本与技术流入的结果。新型主体在产业兴旺中所追求的不仅仅是利润最大化，更重要的是效用最大化。新型农业主体富有开拓创新精神，是农业、农村延伸产业链、打造供应链、提升价值链、完善利益链的中坚力量，是"领头雁""拓荒者""先锋官"和带头人，是发展现代农业，推进农业、农村产业多元化和综合化发展的重要因素。

不同类型的新型主体在产业兴旺中具有不同的作用。

农民合作社。农民合作社是在农村家庭承包经营基础上，农产品的生产经营者或者农业生产经营服务的提供者、利用者，自愿联合、民主管理的互助性经济组织，在购销和生产、生活服务领域发挥作用。

家庭农场。家庭农场是指以家庭劳动力为主要劳动力、以农业经营为主要收入来源的农业生产单位。从本质上看，家庭农场就是扩大规模的农户，它保留了农户经营的优势，克服了小农户的某些劣势及不足。

（二）新型产业主体在潜移默化地提升农村社会道德水平

在乡村产业兴旺视阈中，农业既包括种植业和养殖业，又包含着丰富的农业文化内涵，是传统文化的重要载体，活态传承着有机循环文化、丰富着乡村社会道德风尚；一系列农业制度文化和丰富的乡土知识，体现着农民尊重自然、乡村特定的生活方式、乡村习俗、风土人情等，这是现代乡村产业的重要元素和必然要素。

1. 用科学知识兴业

科学知识水平在一定程度上影响着产业主体吸收知识、技术的速度和效率，决定着产业兴旺发展水平。年龄在 50 岁左右的农村致富带头人，与他们的同龄人相比学历较高，大多数具有高中学历，科学知识丰富，他们早期主要由父辈传授农业知识、阅读书籍，后期通过技术培训、农技员指导获得知识。年龄在 40 岁以下的农村致富带头人，学历大多在本科以上，最高到博士，其中本科学历的占比较大，专业遍布农学、工学、理学、经济学等多个学科，具有信息资本和创新资本知识。

由于具有一定水平的科学知识，农村致富带头人具备了一些独有的综合协调能力、洞察判断能力、领导决策能力、学习创新能力、承担风险的能力、坚韧不拔的毅力等。农村致富带头人通过长期摸索、参加生产经营与管理培训、专家指导、外出考察、参加农产品展览会等实践，并通过理论与实践相结合的方式，不断积累各方面的经验以及农业、非农知识，具备了用来解决生产过程中出现的各种问题的能力。通过聘请专家、与校企科研机构合作、开展农业市场调研、与农业信息服务公司协作等灵活多样的方式，紧跟市场走向，掌握前沿技术，创造交易机会，有效促进了农业产业发展。农村致富带头人善于将具体实践和所获知识经验相融合，形成自己的一套经营模式，能够更快地应对市场变动，对生产要素预先进行有序合理的配置。

2. 道德是筹措创业资本的基础

费孝通先生在《乡土中国》一书中指出，中国社会的人际关系圈就好似把一块石头丢入水中，以自己为中心，社会关系的亲疏远近就如同那一圈圈推出去的波纹逐渐向外推移。良好的社会道德是创业者筹措资金、获取信息、抓住商业机会、增强创业的基础。有良好道德的农村致富带头人在创业初期，主要通过"自有资金"和"向亲友借钱"筹措创业资本，其中，亲友关系则属于社会资本理论中的"强关系"范畴，以家庭为内核，广泛延伸家族中的姻亲、远亲等亲缘关系和同乡、同村等地缘关系，使得创业初期的社会资本产生一定的资本效应。

3. 达则兼济乡邻

种植、养殖、农产品加工、运输和建筑等行业率先致富的种养殖大户、工厂企业主等新型产业主体，懂技术、善管理、敢闯市场，富有奉献精神，为农户搭建连接市场的桥梁，在各地形成规模化的特色产业，帮助农民增加收入、脱贫致富。已经富起来的、有实力的、在群众中有威信的农村致富带头人，将分散经营的农户在劳动联合、资本联合的基础上组织起来，成立农村经济合作社等，这些提高农民组织化程度的各类联合行动体，具有抵抗市场风险的能力，为实现农村精准扶贫、脱贫致富、改善民生等目标贡献了力量。农村致富带头人生于斯长于斯，对广大农村的现状、落后的生产生活方式深有体会，富起来之后帮助村民解决困难、脱贫致富的意愿也比外乡人强，是农村社区中的公众人物，是大家共同的熟人，在农村中有广泛的影响力，群众对致富带头人的认可度高。农村致富带头人往往愿意招聘本村镇的人来工作，自费聘请专家为大家讲解新技术、组织村民统购统销、普及电商经营知识等。还有一些农村致富带头人拿出自己劳动所得，为村民修建乡村的基础设施，铺路架桥，方便采购商进村收购农副产品。

第三节　社会道德风尚与生态宜居之关联

习近平总书记在党的十九大报告中向全党、全国人民发出了"建成富强民主文明和谐美丽的社会主义现代化强国"的伟大号召，"坚持人与自然和谐共生"成为新时代坚持和发展中国特色社会主义的基本方略，建设生态宜居的美丽乡村是推进美丽中国建设的重要内容。实施乡村振兴战略，改善人居环境，建设美丽宜居乡村，使乡村生态宜居，乡村生态环境改善，再现乡村生机活力，是广大农民对美好生活的强烈期盼，是新时代需要面对的重大课题，是贯彻习近平生态文明思想的重要举措，也是实现社会主义现代化强国目标的内在要求。

一、生态宜居的内涵

2018 年中共中央一号文件指出，乡村振兴，生态宜居是关键。良好的生态环境是农村发展的最大优势和宝贵财富。必须尊重自然、顺应自然、保护自然，推动乡村自然资本加快增值，实现百姓富、生态美的统一。"生态"指的是自然生态环境与社会道德生态环境二者有机统一。"宜居"是指适合人类生存的理想居住地，至少有如下三个构成要素。

（一）自然生态环境优美

农业景观是自然环境的重要组成部分。作为一个产业，农业已经由过去单纯提供农产品发展转变为提供景观、休闲、旅游、教育和文化等多功能性产品，产业的布局具有季节性，区域内一年四季都有农业形成的景观，实现清洁生产，农业生产不污染环境。

（二）社会道德环境良好

宜居德为先，一个道德失范的地区绝不是宜居地区。子曰："德不孤，必有邻。"（《论语·里仁》）有道德的人是不会孤单的，一定有志同道合的人来和他相伴。"里仁为美，择不处仁，焉得知?"（《论语·里仁》）居住在有仁德的地方才是好的。选择住处，不住在有仁德的地方，那怎么能说是聪明而有智慧呢? 一个地区的社会道德环境涵盖很多内容，既有古代的，又有现代的; 既有有形的，又有无形的。它包括历史名人、当代名人、历史典故、特色建筑，各类非物质文化遗产（遗存），以及现代文化设施，如图书馆（室）、剧院等。

（三）基础设施齐全

农村的污水处理设施、垃圾处理设施、厕所卫生设施、采暖设施、文体娱乐、医疗保健及养老场所等，与农村农民生活质量息息相关的基础设施是否健全，是衡量是否"宜居"的重要标准。没有健全的基础服务设施，只有风景秀丽的自然环境，仅可以观赏却不宜居住。在所有设施中，厕所设施尤为重要。

二、生态宜居的类型

（一）生态宜居小镇

2016 年 10 月 8 日国家发展改革委发布的《关于加快美丽特色小（城）镇建设的指导意见》中指出，生态宜居特色小镇是我国特色小镇的重要组成部分。建设美丽宜居新城镇、优美宜居的生态环境是人民群众对城镇生活的新期待。要牢固树立"绿水青山就是金山银山"的发展理念，保护城镇特色景观资源，加强环境综合整治，构建可持续发展的生态网络。深入开展大气污染、水污染、土壤污染防治行动，溯源倒逼、系统治理，带动城镇生态环境质量全面提升。有机协调城镇内外绿地、河湖、林地、耕地，推动生态保护与旅游发展互促共融、新型城镇化与旅游业有机结合，打造宜居、宜业、宜游的优美环境。

（二）首善之区

善是道德的要素，道德成为宜居的必要条件。

班固说："故教化之行也，建首善，自京师始。"（《汉书·儒林传序》）从道德教化上说，京城应该成为首善地区。金代有"况京师为首善之地，四方之所观仰"（《金史·礼志八》）的说法，后来逐渐将最好的地方称为首善之地。"学校为育才首善之地，教化所从出，非行法之所。"（《续资治通鉴·宋哲宗元祐元年》）首善体现在"教化"上，体现了文明风尚引领社会全面发展的朴素发展观。现在"首善之区"，既包括经济繁荣，也包括文化先进、环境优美、服务完善、社会和谐等诸多方面。

2013 年 11 月 26 日，习近平总书记视察曲阜，提出了"使孔子故里成为首善之区"的殷切希望。习近平从时代发展的历史新高度上，对首善之区做出了全新定义，从当前国家实施以德治国的基本理念出发，既是党和国家领导人对于孔子故里的一种期待和嘱托，又是现代社会发展对于儒家渊薮之地文化建设的考验与激励，更是对于儒家传统现代转换应用创造社会文明生活的期许和向往。"首"字，既是"首要"的意思，要求从孔子及其儒家道德文化出发，在此建立一个最具典范性和层次性的至善的区域；又是"首先"的意思，就是要求凭借和秉持着地域文化的优良传统，在此建立一个具有先导和范导意义的至善之区。"善"字，是美好、完好、圆满的意思。所在区域的人们能够真正明确什么是美好的道德，当然也要明白什么是丑恶，在此基础上，通过内在和外在等多方面的作用，使大家做到日新其德，人人相亲相爱，最终实现整体区域达到道德淳熙、人性纯粹、民风纯化、社会进步的善化境界，使人们能够坚持这一善化境界的追求和努力，在任何情况下都不动摇。"首善之区"是一个鲜明的现代塑型概念，主要是通过人的道德修养提高，人性向善美化，在道德观念风气上占领高地，独树一帜，发挥出巨大的社会引领作用。同时，社会各项事业齐头并进，整体社会出现经济繁荣、生活幸福、民风淳朴、人心思进的良好局面。

三、生态宜居乡村建设的重要意义

（一）体现了人与自然和谐共生的社会道德新风尚

随着经济社会不断发展，日益严重的环境污染和频繁发生的食品安全事件，已成为民生之患、民心之痛。人民群众过去"盼温饱"，现在"盼环保"，过去"求生存"，现在"求生态"，对干净的水、清新的空气、安全的食品、优美的环境等方面的需求越来越高。良好的生态环境，是最公平的公共产品，是最普惠的民生福祉。村容整洁侧重于外表的干净整洁，而生态宜居则更加注重人与自然和谐共生，强调尊重自然、顺应自然、保护自然，是对村容整洁"质的提升"。推动生态宜居乡村建设，就是要在为人们提供充足、优质、安全农副产品的基础上，提供怡静的田园风光、清新的自然环境等生态产品，以及农耕文化、乡情乡愁等精神产品。建设生态宜居美丽乡村，重要的是对"宜"字有深刻的认识，科学把握美丽乡村建设和经济发展之间的辩证关系，努力实现相互促进、相得益彰，实现自然之美与人文之美、传统之美与现代之美的有机统一。

（二）全国整体生态文明的必然要求

习近平总书记曾强调指出，良好的生态环境是农村最大优势和宝贵财富，要让良好生态成为乡村振兴的支撑点。若资源枯竭、环境恶化，生态承载力透支，直接导致的就是乡村发展潜力损失殆尽。促进生态文明建设的必然要求是"生态兴则文明兴，生态衰则文明衰"。建设生态文明是中华民族永续发展的千年大计，乡村是生态文明建设的主战场，中国要美，农村必须美，美丽中国必然要靠美丽乡村打基础。农村环境直接影响"米袋子""菜篮子""水缸子""城镇后花园"。乡村是城市的生态供给地，为城市提供清新空气、清洁水源等生态产品，乡村生态环境好坏直接影响城市的生态质量，对城市生产生活起着不可替代的重要作用。乡村的生态文明建设直接影响我国整体生态文明建设水平，没有实现乡村生态文明，就达不到国家全面的生态文明。有了多姿多彩的美丽乡村，才有气象万千的美丽中国。

（三）建设美丽中国的重要组成部分

党的十七大首次把"生态文明"的概念和"建设生态文明，基本形成节约能源资源和保护生态环境的产业结构、增长方式、消费模式"写入报告。党的十八大提出经济建设、政治建设、文化建设、社会建设和生态文明建设"五位一体"，并强化了生态文明建设的作用。党的十九大把社会主义现代化奋斗目标从"富强、民主、文明、和谐"拓展为"富强、民主、文明、和谐、美丽"，增加了"美丽"二字。党的十八大首次提出"建设美丽中国"的概念，美丽乡村建设是美丽中国建设的重要内容，建设生态宜居的美丽乡村、推动物质财富与生态财富共同增长、农村生态质量与农民生活质量同步提高，是建设美丽中国的重要任务。在乡村振兴战略中明确提出生态宜居的要求，因为生态宜居是美丽乡村建设的具体内容，是我国社会经济发展到一定水平后的新追求。生态宜居把个人行为规范、社区行为规范拓展到了社会行为规范，是倡导社区行为规范的新农村建设的升级版，在本质上就是乡村社会道德风尚建设。

第四节　社会道德风尚与乡风文明之关联

一、社会道德风尚寓于乡风文明之中

（一）乡风

"万民乡风，且暮利之。"（《管子·版法》）乡风简单的理解就是乡里的风俗，字面含义是风气、风俗、风尚，就是民风民俗。从本质上讲，乡风指的是一个地方人们的生活习惯、心理特征和文化习性长期积淀而成的精神风貌，它既包括观念形态的信仰、意识、操守，知识形态的关于社会和自然各方面的知识，也包括物质形态的生产生活中物质对象的形制和功能特点，还包括制度形态的礼制、习惯、规约、道德规范等行为规范，涉及村民生产生活的各个领域、各个方面。显然，道德是乡风的本质内涵，良好的乡风离不开高尚的社会道德。乡风是由自然条件的不同或社会文化的差异而造成的特定乡村社区内人们共同遵守的行为模式或规范，是特定乡村社区内人们的观念、爱好、礼节、风俗、习惯、传统和行为方式等的总和，它在一定时期和一定范围内被人们仿效、传播并流行，有着普遍的共性特征，并且相互产生影响。乡风不是金钱胜似金钱，当人们用自己的行为展示出纯洁、表达出诚意、折射出高尚时，乡风就是一种无形的资产，一种宝贵的精神财富。

（二）乡风文明

《中共中央国务院关于实施乡村振兴战略的意见》中明确指出，新时代的乡风文明就是在习近平新时代中国特色社会主义思想的指导下，培育和践行社会主义核心价值观，促进农村移风易俗，树立中国特色社会主义新风，全面提升农民素质，打造农民的精神家园。①

乡风文明是对乡村的文化氛围和社会风气的总体要求。乡风文明作为农村文化，直接反映了人们的思想观念和行为方式，是社会关系最外在的表现形式。文明的乡风应以人为本，反映时代精神，顺应历史发展，并体现人文精神、时代精神、历史演进三者相一致、相协调。乡风文明，是一个乡村在实现创新、协调、绿色、开放、共享发展的进程中有所依循、知所趋止、顽强进取的定力与韧性之所在，也是一个乡村面对各种文明滋养择善而纳、从容吞吐的气度与尺度所在。中华文明根植于农耕文化，乡村是中华文明的基本载体和乡风文明的集萃地，是中国文化的基床和根脉，乡风文明则是积极的、向善的、放大了的乡村文化，也是乡村文化软实力极其重要的有机组成部分。

1. 乡风文明的提出过程

将"乡风"和"文明"合起来作为一个整体概念提出来始于党的十六届五中全会，这次会议提出了社会主义新农村建设总要求是"生产发展、生活富裕、乡风文明、村容整洁、管理民主"。国家"十一五"规划纲要将乡风文明建设纳入国家战略层面。国家"十二五"规划纲要提出要"推进农村乡风文明建设"。国家"十三五"规划纲要提出要"培育良好家风、乡风、校风、行风，营造现代文明风尚"。党的十九大提出要按照"产业兴旺、生态宜居、乡风文明、治理有效、生活富裕"的总要求加快推进农业农村现代化。《中共中央国务院关于实施乡村振兴战略的意见》、中共中央国务院印发的《乡村振兴战略规划（2018—2022年）》中分别五次提及"乡风文明"。习近平总书记多次强调，产业兴旺、生态宜居、乡风文明、治理有效、生活富裕是实施乡村振兴战略的总要求，并要求弘扬社会主义核心价值观、保护和传承农村优秀传统文化、加强农村公共

---

① 中共中央国务院关于实施乡村振兴战略的意见 [A/OL]. 中华人民共和国中央人民政府网站，2018-01-02.

文化建设、提高乡村社会文明程度，推进乡村治理能力和现代化水平，让农村既充满活力又和谐有序，不断满足广大农民群众日益增长的美好生活需要。中共中央办公厅、国务院办公厅印发的《关于加强和改进乡村治理的指导意见》提出要"实施乡风文明培育行动"。中共中央印发的《中国共产党农村工作条例》提出要"深入开展农村群众性精神文明创建活动，丰富农民精神文化生活，提高农民科学文化素质和乡村社会文明程度"。

2. 乡风文明的特征

乡风文明的形成是一个自然的、历史的演进过程。乡风文明反映了人们自身的现代化的要求，是人们物质需要和精神需要得到相对满足的体现，是一种健康向上的精神风貌。乡风文明与时俱进，反映了时代的精神特征，也体现了历史发展的要求。乡风文明是特定社会经济、政治、文化和道德等状况的综合反映，是特定的物质文明、精神文明和政治文明相互作用的产物。乡风文明建设是一个复杂的系统工程，它涉及社会经济、政治、文化和道德建设的各个层面。

乡风文明的显著特征就是良好的社会道德风尚。习近平总书记指出，要坚持成风化人，推进移风易俗，培育文明乡风、良好家风、淳朴民风。要加强思想道德建设，深入实施公民道德建设工程，加强和改进思想政治工作，推进新时代文明实践中心建设，不断提升人民思想觉悟、道德水准、文明素养和全社会文明程度。

3. 乡风文明建设的内涵

乡村振兴战略视阈下，乡风文明本质上就是农村社会道德风尚建设的问题，包括文化、风俗、社会治安等诸多方面。它是农村文化的一种状态，是有别于以往农村传统文化的一种新型乡村文化。乡风文明是推进农民的知识化、文明化、现代化，实现农村"人"的全面发展，这是社会主义新农村乡风文明建设的本质规定性。乡风文明是以马克思列宁主义、毛泽东思想、邓小平理论、"三个代表"重要思想、科学发展观、习近平新时代中国特色社会主义思想为指导的精神文化建设，明确工作方向，理清工作思路，贴近实际、贴近生活、贴近群众，唱响主旋律，大力发展先进文化，支持健康有益文化，努力改造落后文化，坚决抵制腐朽文化，确保新农村文化事业沿着正确的方向发展。乡风文明是一种具有先进品格的文化，"三个面向"要求农村乡风文明，必须打破长期城乡二元经济社会结构下形成的封闭、落后的惰性状态，以更加积极的姿态，形成更加开放、更有活力、具备较为完善的自新机制和较强的自新能力的文化，革除文化积累中的糟粕，继承优秀文化传统。导入现代文明因素，形成不同于城市文化而又与城市文化相对接、相兼容，具有鲜明特色和现代品格的文化。乡风文明是一种村庄文化，在以家庭为核心，以血缘关系、地缘关系为主要纽带连接成共同体的传统村庄文化的基础上，逐渐过渡到以产业为核心，以业缘关系为主干，血缘关系、地缘关系为两翼，多条纽带连接成的文化共同体，促进生产发展和社会和谐。乡风文明与乡村振兴的整体建设目标相适应，乡风文明对农村物质文明、政治文明建设有着巨大的推动作用。乡风文明能在农村形成积极、健康、向上的社会风气和精神风貌，推动和引导广大农民树立崭新的思想观念、文明意识和道德风尚，养成科学文明的生活方式，提高农民的整体素质，培养造就有文化、懂技术、会经营的新型农民，从而促进农民的全面发展。

4. 乡风文明的目标

文明是相对于野蛮而言的，是人类进入高级阶段的一种进步的形态。习近平总书记在参加十三届全国人大一次会议山东代表团的审议时指出，乡风文明就是要培育文明乡风、良好家风、淳朴民风，改善农民精神风貌，提高乡村社会文明程度，焕发乡村文明新气象。习近平总书记在全国宣传思想工作会议上也强调，要弘扬新风正气，推进移风易俗，培育文明乡风、良好家风、淳朴民风，焕发乡村文明新气象。新时代乡村振兴，既要塑形更要铸魂，最根本的或永恒不变的就是灵魂，这就是乡风文明建设的目标。

5. 乡风文明建设的总体要求

要大力发展教育、文化、卫生和体育等各项社会事业，不断提高农村农民的思想、文化、道德水平，形成崇尚文明、崇尚科学、健康向上的民风和新生活、新文化、新风尚。概括而言，主要包括五个方面，即提高乡村农民的道德素质、推动农村的科技文化教育、倡导健康的文明生活方式、促进乡村社会和谐、营造良好的社会风尚。乡风文明建设是一项复杂的系统工程，它涉及农村社会的各个领域和农民生产生活的各个方面，需要通过各种渠道，综合运用各种措施，全方位、多领域，大力度地推进。

6. 乡风文明的内容

乡风文明就是农民在思想观念、道德规范、知识水平、素质修养、行为方式以及人与人、人与社会、人与自然的关系等方面继承和发扬民族文化的优良传统，摒弃传统文化中的消极落后因素，适应新时代经济社会发展并不断有所创新，形成的积极、健康、向上的文化内涵、社会风气和精神风貌。乡风文明包括以下几方面：第一，乡村文化、风俗、法制、社会治安等；第二，是农民的思想观念、道德规范、知识水平、素质修养、行为方式等；第三，是农村思想道德建设和农村科学教育文化建设等。这些是乡村振兴战略中思想道德建设的基本内容，体现着社会主义新农村的思想道德境界，是农村新生活、新文化、新风尚、新农民的综合体现。

二、乡风文明与社会道德风尚建设相互促进

社会道德风尚是评判乡风文明程度的标准，是乡风文明水平和程度的外显，乡村振兴战略背景下的社会道德风尚在乡风文明建设中具有重要意义。良好的思想道德素质和科学文化素养有利于帮助农民提高乡风文明，有利于摒弃传统的封建思想陋习，有利于培养和建立和谐的社会风气，为乡村振兴注入强大的精神动力，促进乡村振兴战略目标的实现。

社会道德风尚蕴含着丰富的文化内涵，是乡风文明建设中最基本、最深沉、最持久的力量，贯穿于乡风文明的各个方面，体现在农村生产、生活的各个方面，农民思想道德水平、农村的社会道德风气等，是乡风最直接的表现。只有抓好社会道德风尚建设，才能从根本上保障乡风文明建设，才能促进乡村振兴战略的全面实施，进而推动农业全面升级、农村全面进步、农民全面发展。产业兴旺关键在于有文化、懂技术的人才，农民是新时代乡村振兴的主体力量。通过加强社会道德风尚建设，促进乡风文明建设，逐步提高农民的科学文化素质和思想道德水准，有助于促使农民向有现代意识、能驾驭现代农业的新型农民转变，同时赋予农业、农产品以更多的文化内涵，有效吸引各种要素资源向乡村转移，为乡村产业提供可持续的精神保障和智力支撑。健全乡村自治、法治、德治"三治合一"的治理体系，营造和谐安定的社会环境，有利于加强并促进乡风文明建设。

三、乡风文明视阈下社会道德风尚建设的意义

（一）促进社会主义核心价值观落地扎根

在我国广大的农村地区意识形态主流是向上向善的，但在一些地区农村思想仍然呈现出多元、多样、多变的发展趋势，社会主义核心价值观落地扎根存在乡土化困境。新时代加强乡风文明和社会道德风尚建设的过程也是使社会主义核心价值观落地扎根的过程。加强乡风文明建设、提升社会道德水平，对于

激发农民的内生动力，增强对社会主义核心价值观的认同，推动社会主义核心价值观真正入乡、入村、入户、入脑、入心，维护广大农村地区的意识形态安全，具有重要的现实意义。习近平总书记指出，文化自信，是更基础、更广泛、更深厚的自信，文化自信是更基本、更深沉、更持久的力量。乡村文化是中国文化的根基，乡村文化振兴是实施乡村振兴战略的关键。传统的农耕文明产生了礼乐乡村文化，随着新型城镇化的加快推进，传统乡村文化面临极大挑战。乡村振兴战略视阈下的社会道德风尚建设坚持以传承发展中华优秀传统文化为重点，通过对现存的乡村文化进行继承、扬弃、融合、创新，充分挖掘乡村文化中优秀内核，激发乡村文化活力，重塑乡村文化生态，实现乡村文化自信。乡风文明建设视阈下的社会道德风尚建设以发展乡村特色文化产业、健全乡村公共文化服务体系建设等为内容，有助于培育担当乡村振兴、民族复兴大任的时代新农民，为实现农业现代化提供源源不断的人力资源。

（二）有利于调动乡村文明主体的"主人翁"意识

乡风文明体现的是以人为本的理念，反映时代精神并顺应历史发展，本质上体现的是人与人的关系，是农村或者农村社区范围内，农民之间、邻里之间及生产生活中所体现出的文明、祥和、和谐的社会关系。乡风文明的主体是人，是农村农民或者农村社区农民、新型农民及到城镇与城郊村的外来务工、就业人员。乡风文明作为乡村振兴之魂，可以激发广大乡风文明主体的主人翁意识，乡村是农民的物质文化家园，农民自己才是家园的主人。乡风文明可以实现从原来"要我文明"到"我要文明"的转变，鼓励广大农民积极地参与到美丽乡村的建设与发展中去。

（三）有利于展现良好的乡村形象

乡风文明能不断提高农民群众的思想、文化、道德水平，重建农村精神家园，丰富农村文化生活，形成崇尚文明、崇尚科学、健康向上的社会风气。在乡风文明建设的过程中，通过不断加强村民的社会道德风尚建设，乡村的村容整洁度会得到改善，改变以往一些农民乱丢乱弃垃圾的状况。通过开展移风易俗活动，改变以往红白喜事大操大办的不良现象，使乡村农民不再以大场面来让自己有面子，而是将孝心体现在日常的养老过程中，对父母嘘寒问暖，给予更多的陪伴与关怀中。乡风文明建设有助于在乡村形成移风易俗、邻里之间和谐相处、相互帮助的良好局面，在广大农村展现出一幅幅父慈子孝、邻里和睦的和谐景象。

乡村振兴，乡风文明是保障。社会主义核心价值观是兴国之魂，乡风文明建设必须突出社会主义核心价值观的引领作用。2014年5月2日，习近平总书记在北京大学师生座谈会上说过，核心价值观，其实就是一种德。因此，以社会主义核心价值观为引领，加强乡风文明建设就是要加强农村思想道德建设。《中共中央国务院关于实施乡村振兴战略的意见》明确指出：

> 以社会主义核心价值观为引领，坚持教育引导、实践养成、制度保障三管齐下，采取符合农村特点的有效方式，深化中国特色社会主义和中国梦宣传教育，大力弘扬民族精神和时代精神。加强爱国主义、集体主义、社会主义教育，深化民族团结进步教育，加强农村思想文化阵地建设。深入实施公民道德建设工程，挖掘农村传统道德教育资源，推进社会公德、职业道德、家庭美德、个人品德建设。要立足农村实际，针对乡村道德风尚建设中出现的一些问题，加快推进诚信建设，强化农民的社会责任意识、规则意识、集体意识、主人翁意识。①

第五节 社会道德风尚与治理有效之关联

一、治理有效的内涵

在乡村振兴战略实施中，治理有效起着非常重要的作用，关乎乡村振兴全局，关乎广大乡村乃至整个国家的长治久安。

（一）治理

治理，在20世纪90年代成为政治学、管理学、经济学和国际关系等领域研究的重要课题，使用范围逐渐拓展，不断被赋予新的含义，其影响与日俱增。对于治理概念的界定，至今学界意见不一。美国学者詹姆斯·N.罗西瑙在《没有政府的治理》一书中认为，治理是通行于规制空隙之间的那些制度安排，或许更重要的是当两个或更多规制出现重叠、冲突时，或者在相互竞争的利益之

---

① 中共中央国务院关于实施乡村振兴战略的意见［A/OL］.中华人民共和国中央人民政府网站，2018-01-02.

间需要调解时才发挥作用的原则、规范、规则和决策程序。联合国全球治理委员会的定义为，治理是个人和公共或私人机构管理其公共事务的诸多方式的总和。它是使相互冲突的或不同的利益得以调和并且采取联合行动的持续的过程。它既包括有权迫使人们服从的正式制度和规则，也包括人民和机构同意的或以为符合其利益的各种非正式的制度安排。①

治理的概念在产生时就含义模糊，一些西方学者用于表达有关政府对市民社会的尊重状态的理想向往，与"统治"相对，强调通过"自组织""多元主体""非国家主体"的力量，以实现多元协商共治等，打破"统治"的单一主体格局。治理只是达成一系列目标的方法或机制，更多地强调在达成某种效果或目标过程中的实际手段、方式、方法。治理是政府、社会、民间的公共管理组织，在一个既定的范围内运用公共权威维持秩序、满足公众需要的活动过程，治理所指向的并非固定单一的一套制度或者规则，治理涉及公共管理部分，也涉及私人部门。治理的范围分为四个层次，即特定的社会组织内部（自组织）治理、民族国家治理、地区一体化组织治理和全球社会治理。其中，特定的社会组织、其他社会组织内部的治理包括企业、公司、社区、公民自治组织、非政府组织内部等的治理。

治理所阐述问题的基点是社会，从政府、市场、企业、公民和社会性的多维度、多层面上观察和思考问题。治理肯定了非国家行为主体和社会组织的力量和作用，赋予社会包括公民组织和个人在经济和社会生活诸多方面具有自主、自治的责任和义务，各种组织和社会力量之间更广泛地参与、协调与合作，才能实现治理的目标。治理改变了维护社会秩序的权力性质，公民组织、非政府机构也是权威的分享者，强调权力的民主性和社会性。

（二）管理民主与治理有效

20 世纪 90 年代以后，西方政治学家和政治社会学家，对治理概念做了许多新的界定，把治理的理念和范式引入政府公共管理过程，构建政府、市场和公民社会"三足鼎立"的平衡关系，因而，政府管理含义发生了变化。从这个意义上讲，治理是一种新的管理过程，或者是一种新的管理社会的方式，或者是一种改变了的有序统治状态。

管理民主是在强调乡村管理中的民主化，强调乡村中的民主选举、民主决策、民主管理、民主监督，调动广大农民群众参与农村基层社会管理，管理民

---

① 全球治理委员会. 我们的全球伙伴关系 [M]. 英国：牛津大学出版社，1995：23.

主是用来解决他们要解决的问题的。而治理有效则内含着管理民主的成分和要求，乡村基层党组织、乡镇政府组织、村民委员会等村民自治组织、乡村经济组织、社会组织、乡村农民等均被纳入乡村治理的主体范围，既是治理的主体，又是治理的对象。乡村社会的治理有效就是加强和改进党对农村工作的领导，发挥乡村党组织的领导核心作用，形成多元主体良性互动，从而凝聚、带动起乡村治理的共识和力量，以较低的治理成本实现乡村公共产品和公共服务的有效供给，最终实现乡村乃至整个社会公共利益的最大化和可持续化。乡村社会的治理有效是治理主体的多元良性互动，是农村基层政权组织、村民自治组织、乡村社会经济组织、农村社区农民等多主体，在乡村基础党组织领导下，同心协力投入乡村振兴事业。乡村社会的治理有效就是构建科学民主的决策机制，从实际出发，充分认识现代乡村的经济、文化、社会、生态等多重价值，提升乡村治理的决策质量和水平。

（三）乡村社会治理的多元主体

乡村社会治理过程由多元主体参与，党委、政府、社会组织、乡村农民四大主体以平等合作、协商、对话、沟通等方式，依法对乡村社会生活和乡村社会事务进行规范和管理，实现农民公共利益最大化。乡村社会治理主体是指在乡村社会治理过程中发挥决策、实施、引领、组织和保障作用的机构、组织和群体。因为乡村社会生活具有鲜明的多样性和复杂性，乡村社会事务具有广泛的相关性和联动性，乡村社会治理绝非单一主体所能奏效，必然要求多元治理主体的协同参与。乡村社会各治理主体之间，需要的是有序性与协同性，避免混乱和治理的低效乃至无效。乡镇党委和村党委（支部）在乡村社会治理中占据主导地位，是乡村社会发展的领导核心，掌控着乡村社会治理的正确方向。乡镇党委不仅是党的路线、方针、政策在乡村的贯彻落实者，也是乡村基层党员干部的管理者，对乡村社会治理活动负有领导责任，在把握乡村社会治理方向、引领乡村社会治理进程、聚合乡村社会治理主体以及协调各方利益等方面发挥着"领头羊"作用。村党委（支部）是乡村最基层的党组织和乡村事业发展的战斗堡垒，直接与广大农民面对面，密切联系农民群众，领导村务治理，维护乡村稳定。村党委（支部）是村民和政府的联结纽带，是沟联国家政策与农民意愿的重要载体。健全和完善两级党组织的领导体制与运行机制，是实现乡村社会治理现代化的组织保证和政治保障。乡镇政府是最基层的国家政权机关，是国家政权纵向延伸的最后一层，发挥着"上联国家，下接乡村"的桥梁纽带作用，受乡镇党委的领导监督。在乡村社会治理中，乡镇政府是国家乡村政策的落实执行者和验证反馈者，决定着国家意志能否在乡村社会得到最有效实现。乡镇政府是乡村社会治理的事实上的总指挥，在组织提供乡村公共产品和公共服务、维护乡村社会治安稳定、施行乡村社会保障制度、营造良好乡村社会环境等方面发挥着主导作用。

乡村社会组织是指以乡村公共事务治理为目标，以农民自我组织、自我管理、自我教育为主要特征的自治组织，主要包括县（市）、乡（镇）、村的社会团体和民办非企业单位，具有民间性、公共性、非营利性等特征；具有增强乡村社会的整合力与黏合度、提供乡村公共产品与服务、提高农民综合素质、丰富乡村精神文化生活和扶助乡村弱势群体的社会责任和功能；具有作为非政府组织弥补政府失灵与市场失效的作用。乡村农民作为乡村社会的基本活动主体，既是乡村社会治理的主要作用对象，也是乡村社会治理的重要参与力量。乡镇街道委员会与村民委员会是农民参与乡村社会治理有序化、组织化的基本保障，是农民实现自我管理、自我教育、自我服务和自我监督的基层群众性自治组织，是乡村（居）各项具体事务的组织者、执行者和落实者，是农民最直接、最可靠的代言人。

二、治理的具体内涵

（一）建设社会保障制度体系

乡村社会治理的根本目标和最终落脚点在于增进广大农民的利益福祉，保障农民的基本生活需求，力求利益公平，建立完善的乡村社会保障制度体系。所谓乡村社会保障制度，是指国家或社会为保障农民的基本生活和福利而提供物质帮助的各项政策、规章制度和措施的统称。这一制度体系为农民特别是乡村弱势群体提供必要资助，有助于缩小城乡居民的收入差距，增强农民的获得感、安全感与幸福感，是乡村社会治理的重要内容和目标。我国一整套基本涵盖城乡的社会保障制度体系，包括农民医疗保险制度、农民养老保险制度、九年义务教育制度、社会救济制度等，目前来看，仍处于不容乐观的城乡失衡状态，表现出统一性与公平性的先天不足，从而导致其运行效率比较低，并在一定程度上造成资源浪费，阻碍了城乡一体化发展进程。

（二）建设促进城乡融合发展的基本公共服务体系

城乡融合发展作为解决"三农"问题的根本途径，最大难题在于如何推进城乡公共服务均等化。《"十三五"国家基本公共服务清单》具体规定了包括公共教育、劳动就业创业、社会保险、医疗卫生、社会服务、住房保障、公共文化体育、残疾人服务等8个领域的81个项目。长期以来，受城乡二元结构的影响，我国城乡之间的基本公共服务水平仍存在较大差距，乡村基本公共服务供给严重不足，不同乡村地区之间的发展亦不平衡，多数地区无法满足农民日益增长的基本公共服务需求。乡村社会治理，必须适应城乡经济社会一体化发展的趋势和要求，以基本公共服务均等化为导向，加快建立健全覆盖全民、普惠共享、城乡一体的基本公共服务体系，以有效推动城乡融合发展。

（三）建设满足乡村基本需要的公共产品供给体系

乡村社会治理需要做好公共产品的供给。公共服务和公共产品作为公共事务中并列互补的消费性要素，主要包括水利设施、公路、农业生产机械设备、农业防护林、生活基础设施等，具有消费的非排他性、非竞争性等特征。供给主体必须具有公共性，主要是政府、社会组织等。乡村公共产品的供给旨在服务于乡村经济社会的整体发展和全体农民生活的改善，而不是服务于个别地区和个别农民。

（四）建设维护乡村公共安全的社会治安防控体系

维护乡村社会稳定是乡村社会治理的首要任务，而乡村公共安全则是乡村社会稳定的题中应有之义。公共安全是指社会与公民个人从事和进行正常的生活、工作、学习、娱乐和交往所需要的稳定的外部环境和秩序。建立健全乡村社会治安防控体系，即在党委、政府的统一领导下，充分发挥政法部门特别是公安机关的骨干作用，组织和依靠各部门、各单位与人民群众的力量，综合运用多种手段预防和治理违法犯罪，化解乡村社会不安定因素，确保乡村社会治安良好。

（五）打造美丽宜居乡村的人居环境治理体系

人居环境是指人们进行工作劳动、生活居住、休闲娱乐和社会交往的空间场所。2018年2月中共中央办公厅、国务院办公厅联合印发的《农村人居环境整治三年行动方案》明确指出，改善农村人居环境，建设美丽宜居乡村，是实施乡村振兴战略的一项重要任务，事关全面建成小康社会，事关广大农民根本福祉，事关农村社会文明和谐，因而必须作为乡村社会治理的重要内容抓紧抓好。所谓乡村人居环境治理体系，是指县乡党委政府与社会各界运用多种方式对农民赖以生存、生活的场所进行共同管理整治、共同创建良好生活居住环境的综合过程。把人居环境治理纳入乡村社会治理的现实视野，把人居环境治理体系建设作为乡村社会治理体系建设的重要内容，已成为刻不容缓的任务。

三、"三治"融合

2018 年中共中央一号文件指出，坚持自治、法治、德治"三治"相结合，确保乡村社会充满活力、和谐有序。党的十九大报告明确提出，要加强农村基层基础工作，健全自治、法治、德治相结合的乡村治理体系。自治、法治、德治统筹推进，优势互补，将自治、法治、德治三治融入乡村社会治理。

（一）自治

自治就是广大农民自我管理与自我服务，这体现了乡村社会治理的民主本质，在民主框架内，发展自治。习近平总书记明确要求，注重动员组织社会力量共同参与，发动全社会一起来做好维护社会稳定工作，努力形成社会治理人人参与、人人尽力、人人共享的良好局面。乡村社会组织和乡村农民是乡村社会治理中的自治主体。其中，乡村社会组织具有专业性、多样性和灵活性等优势，在乡村社会自治中发挥着重要作用，能够有效推动乡村社会教育、就业、扶贫、环保、公益等领域的发展。我国乡村地区的农民委员会和村民委员会是最主要的群众性自治组织，村民自治包括民主选举、民主决策、民主管理、民主监督四项内容和具体要求，村民自我管理、自我教育、自我服务，展现乡村社会治理的民主本质。

（二）法治

在乡村熟人社会中进行社会治理，需要树立规则意识和法治理念，为乡村社会治理奠定坚实的法治基础。习近平总书记指出，充分发挥法治对社会治理的引领、规范和保障作用，运用法治思维和法治方式化解矛盾，引导群众依法行使权利、表达诉求、解决纠纷，更好地引导和规范社会生活，努力实现法安天下，提高社会治理法治化水平。坚持将宪法和法律作为乡村社会治理的重要遵循，维护乡村社会和谐稳定、化解乡村社会各种矛盾。进一步提高乡村基层组织和社会组织等治理主体的法治素养，注重贯彻"法治"思维，确保各个治理主体合理归位、权责明晰、依法治理，全面提高农民的法治观念与法治素养，教育引导他们遵法、学法、守法、用法。

（三）德治

子曰："道之以政，齐之以刑，民免而无耻。道之以德，齐之以礼，有耻且格。"（《论语·为政》）用政令来治理百姓，用刑法来整顿百姓，老百姓只求能免于犯罪受惩罚，却没有廉耻之心；用道德引导百姓，用礼制去同化百姓，百姓不仅会有羞耻之心，而且有归服之心。国无德不兴，人无德不立，道德是人们的心中之法。以道德教化、价值引导，助力社会治理现代化。在乡村社会治理中，要充分发挥道德的规范和引领作用。通过德治体现和引导法治和自治，破解在乡村社会治理中法律手段太硬、说服教育太软、行政措施太难等长期存在的难题。以德治净风气、正言行、解矛盾。德治，就要深入挖掘乡村本土文化所蕴含的道德规范，利用乡规民约等非正式制度，规范农民言行和净化乡村社会风气；发挥乡村道德模范、身边好人等新乡贤在乡村社会秩序维护和思想文化建设中的模范和带头作用；积极培育和践行社会主义核心价值观，把核心价值观的要求切实融入农民日常生活，弘扬崇德向善、尊老爱幼、勤俭持家、和睦乡邻等中华传统美德；组织农民评选道德模范、文明家庭，弘扬真善美。道德治理既要治理道德失范，也要树立道德榜样，引导人们加强道德修养，以道德治理来调动公民接受社会秩序的自觉性，塑造公民向上向善人格。

在新时代，社会主义核心价值观，为人们凝练和概括出约束行为的共识性规范和评价行为的基本标准，是我国人民的一种价值共识，是社会主义道德的价值源泉和精神依托，是社会主义价值体系的具体体现和内容要求。"富强、民主、文明、和谐"体现了社会发展目标上的要求；"自由、平等、公正、法治"体现了社会价值导向上的要求；"爱国、敬业、诚信、友善"体现了个人发展上的要求。道德治理的过程是社会主义核心价值观培育和践行的过程，是推进社会主义核心价值观的传播、内化和实践的有效路径。

第六节　社会道德风尚与生活富裕之关联

改革开放以来，农民的物质财富得到了较快的增长，生活变得更加富足，基本需要和安全需求得到满足。生活富裕的内涵非常丰富，既包括物质生活的富裕也包括精神生活的富裕。

一、生活富裕的内涵

（一）美好生活

在党的十九大报告中，习近平总书记多次提到"美好生活"。美好生活是一种什么样的生活呢？美好生活涵盖物质生活、精神生活、生活环境等多个层面的内容。

1. 保证人民过上富裕的物质生活

物质富裕是人民"美好生活"的首要内容。美好生活，首先是物质富裕，衣食住行无忧，建立广泛而高水平的社会保障制度，幼有所育、学有所教、劳有所得、病有所医、老有所养、住有所居、弱有所扶，使人们免除后顾之忧。

2. 保证人民享有健康而丰富的精神生活

党的十九大报告指出，满足人民过上美好生活的新期待，必须提供丰富的精神食粮。随着物质生活水平的提高，人们对精神生活的期待和追求也越来越迫切，因此，仅有富裕的物质生活还算不上美好生活。人们已经不仅仅满足于单纯的物质生活的改善，而是越来越多地期盼安全、尊重和自我实现等更高层次的精神生活。人们的需求层次逐渐提升，从基础的物质生活需要向精神文化需要提升；从满足于解决温饱问题到产生为社会服务的精神需要。人们对更高生活质量的企求，越来越表现为向往丰富多彩的精神文化生活。

3. 保证人民生活在美丽安全公正的环境中

新时代人民的美好生活不仅要有物质财富和精神财富，也要有美丽、安全和公正的生活环境。党的十九大报告提出，既要创造更多物质财富和精神财富以满足人民日益增长的美好生活需要，也要提供更多优质生态产品以满足人民日益增长的优美生态环境需要，这是对人民新时代美好生活需要的最暖心回应。金山银山固然重要，但绿水青山也是人民幸福生活的重要条件。树立和践行绿水青山就是金山银山的理念，形成绿色发展方式和生活方式，促进生产发展、生活富裕、生态良好的文明发展，建设美丽中国，为人民创造良好生产生活环境。切实感受经济发展带来的实实在在的环境效益，使天更蓝、山更绿、水更清、环境更优美，不断满足人民日益增长的美好生活需要。

4. 社会安全是人民美好生活的重要保障

环境的安全稳定是人民美好生活的根本和保障，它关系到百姓的安居乐业、社会的安定有序、国家的长治久安。我国人口众多，资源需求量大，贫富差距较大，一些因心理失衡而导致的极端行为，对社会秩序造成威胁，极端暴力恐怖事件时有发生。因而，要严厉打击整治各类风险型经济犯罪和人民群众反映强烈的突出治安问题，着力提升防范应对各类风险挑战的能力和水平，全力维护社会大局稳定和公共安全。构建公共安全人防、物防、技防网络，实现人员素质、设施保障、技术应用的协调统一，把安全作为满足人民对美好生活的需求，为进一步增强人民安全感和幸福感提供重要保障。

5. 社会公正是人民美好生活的尺度

有了文明和谐、团结有序、公平正义的社会环境，人民就会安居乐业，互尊友爱，形成一种健康文明、积极向上的生活方式。人民就会去追求美好、创建美好、享受美好的幸福生活。社会不可能给每一个人都提供发展所需要的一切条件，但是可以为他们的发展提供公平竞争的机会。一个社会为其成员在这方面提供的基础越坚实，发展机会越多，越有助于满足他们在发展过程中的需要，就越可能使公民获得全面而自由的发展。公平正义从本质上说属于社会道德范畴，它是衡量社会制度、系统、重要活动是否合理的一个重要尺度。无论什么时候、什么社会条件下，社会不公往往是影响社会和谐的主要因素之一，公平正义的实现程度越高，社会和谐的实现程度也就会越高。要全面实现社会的公平正义，除了要缩小收入差距，扩大社会保障，维持基本的经济公平外，还必须从法律、制度、政策上努力营造公平正义的社会环境，保证人民能够比较平等地享有教育、医疗、福利、就业、参与社会政治事务和接受法律保护等权利。

（二）共同富裕

1. 共同富裕的战略理念

求富是人的本性，是人们对富裕、幸福生活的向往，是人类社会长期共同的价值追求，也是共同富裕的重要含义。实现国家富强、人民富裕是中国共产党长期不懈的追求和理想。毛泽东在 20 世纪 50 年代明确提出了"共同富裕"的概念，并带领人民对消灭贫困、消灭剥削、实现共同富裕进行了艰辛的探索。党的十八大提出了"两个一百年"奋斗目标，即在中国共产党成立 100 周年时全面建成小康社会，在中华人民共和国成立 100 周年时建成富强民主文明和谐的社会主义现代化国家，初步实现共同富裕的目标，在此基础上实现中华民族伟大复兴。

人类对物质富裕和精神富有等方面的追求，是永无止境的历史过程。共同富裕不是作为社会主义发展的终极目标去追求的静态过程，而是随着中国特色社会主义事业发展而不断实现的动态过程。在经济社会发展的不同历史阶段，都有受当时生产力状况、文化水平制约的共同富裕尺度和标准，这可以视为共同富裕的阶段性目标。"九层之台，始于累土。"实现社会主义共同富裕的目标，没有捷径可走，也不可能一蹴而就。只有把共同富裕的目标转化为一项又一项具体可行的阶段性目标任务，分步实施、分阶段完成，才能在不断取得新成就的基础上，朝着共同富裕理想目标稳步迈进。

党的十八大以来，习近平总书记系列重要讲话精神以及党中央出台的一系列重大决策，充分反映了共同富裕这一战略理念。2012 年 11 月 15 日，习近平总书记在十八届中央政治局常委与中外记者见面时指出，我们要继续解放思想，坚持改革开放，不断解放和发展社会生产力，努力解决群众的生产生活困难，坚定不移走共同富裕的道路。2013 年 3 月 17 日，习近平在第十二届全国人民代表大会第一次会议的讲话中再次强调，要使发展成果更多更公平惠及全体人民，在经济社会不断发展的基础上，朝着共同富裕方向稳步前进。中共十八届三中全会通过的《中共中央关于全面深化改革的若干重大问题的决定》指出，要紧紧围绕更好保障和改善民生、促进社会公平正义深化社会体制改革，改革收入分配制度，促进共同富裕。

2. 共同富裕的基本内涵

学术界对于什么是共同富裕至今尚未达成共识，不同的学者各自从不同的角度来进行界定。从字面理解，共同富裕中的"共同"是指全体人民共同拥有而不是少数人拥有，"富裕"的本义是指经济宽裕、富足而不是贫穷、匮乏。所以，共同富裕是指全体人民经济宽裕，财物富足。在生产力水平比较低的历史时期，人们最大的愿望是吃饱穿暖，此时的富裕主要指物质生活的富裕，共同富裕只能是人们的理想追求。随着生产力水平的不断提高，人们不再满足于物质生活的享受，开始有了更高的精神生活的追求。这时，共同富裕就包括物质生活和精神生活两方面的富裕。

共同富裕是指全社会财富的相对丰盈以及人均占有量的相对较多；社会的每个成员都普遍富裕，收入较高，能够过上较充裕的物质和文化生活。共同富裕中的"富裕"，反映了社会对物质与精神财富的拥有，它是指一个社会的所有成员都摆脱了绝对贫困状态，过上富裕的物质文化生活。这就要求共同富裕必须建立在高度发达的生产力之上，以提高劳动生产率作为物质保证。

3. 共同富裕在新时代的内涵

新时期共同富裕内涵的多层次性。共同富裕内涵主要包含求富、致富、共富和幸福四个方面。其中，幸福是人们物质生活富裕后对更高层次的追求，是共同富裕应有的内涵。人们不再满足于物质财富，开始有了更多的需求，如丰富多彩的精神文化活动、公平正义的政治制度、和谐有序的社会环境、美丽清洁的自然环境，等等。幸福是人们对政治、经济、文化、医疗、就业、自然环境等各方面的心理体验和主观感受，受到社会诸多因素的综合影响。

新时期共同富裕内涵的广泛性。共同富裕不单指物质方面的富裕，而是体现在物质、政治、精神、社会和生态各个方面的富裕，否则，就是单一的、畸形的富裕。各个生活领域生产创造的物质、政治、精神和社会等财富共同推动着人类社会和人的全面发展。所以，共同富裕是体现在社会各个领域的全面富裕，不是单一的富裕。抓住物质生活富裕这个中心就等于把握住了整个社会全面发展的关键，并将有力地推动政治、精神和社会的发展，实现物质生活、政治生活、精神生活和社会生活等领域的全面富裕，最终促进人的全面而自由的发展。

共同富裕是一个从简单到复杂的发展过程。改革开放初期，由于人们生活比较贫困、生活水平低下，解决基本的生活问题远远超过了精神享受、政治民主等需求，此时共同富裕的要求非常简单，就是解决温饱问题。随着生产力水平的提高，温饱问题得以解决，人们不再满足于简单的生活状况的改善，其需求明显增多，从物质层面逐渐上升到精神层面、政治层面等。共同富裕表现为对物质、精神、政治、生态等需求的多样性，这是一个从简单的物质需求到多方面需求发展的复杂的过程。实现共同富裕就是要满足人们物质、精神、政治、生态等多方面的需求，提高人们的幸福感和幸福指数，促进人的全面发展。开展丰富多彩的文化活动，满足人民群众的精神需求，提高人民的生活品位，构建社会道德新风尚。健全各种政治制度，真正实现人民当家做主，使其成为社会生活的主人。创新社会管理体制，实现社会管理的高效民主，建设和谐的社会家园。加强环境污染治理，保护自然环境，建设良好的生态文明。要着重解决经济社会发展过程中出现的人民群众普遍关心的热点问题。采取有力措施逐步缩小区域差距、城乡差距、行业差距、贫富差距，实现协调均衡发展。认真解决买房难、看病难、上学难和物价高等突出问题。大力开展反腐倡廉和党风廉政建设，反对滥用权力、以权谋私、权钱交易等腐败行为，铲除贪污腐败滋生的土壤。这些都需要各级党委政府缜密思考、审慎处理、稳步推进。

二、农村农民生活富裕的衡量指标

农村农民生活富裕的衡量指标在物质方面主要包括经营性收入、工资性收入、转移性收入和财产性收入四个方面。随着农村农民物质生活水平的不断提高，收入增长的来源和结构也随之发生相应变化，人们向往美好生活和追求精神富足的需求也逐步得到提升，特别是农民对幸福感和获得感的关注与日俱增。

所以，农村农民生活富裕的衡量指标也包括精神生活富裕，其中，社会道德风尚是不可或缺的重要内容。

在全面建成小康社会的背景下，农村农民生活富裕不仅需要涵盖农村农民收入增长的可持续性，突出农村农民收入增长在"量"上的持续增长潜力，不断提高农村农民物质生活水平，而且农村农民生活富裕还包括农村农民生活状况的"质"，即突出农村农民生活品质和获得感程度，体现农村农民精神生活层面的发展质量。

第四章

乡村社会道德风尚建设的传统文化内涵

第一节　传统文化道德概述

儒家提倡的道德是中华优秀传统文化中的精华，子贡用"温、良、恭、俭、让"几个字对其进行了高度概括。"子禽问于子贡曰：'夫子至于是邦也，必闻其政，求之与，抑与之与？'子贡曰：'夫子温、良、恭、俭、让以得之。夫子之求之也，其诸异乎人之求之与？'"（《论语·学而》）子禽问子贡说，老师到了一个国家，总是观察这个国家的政事。这种资格是他自己求得呢，还是人家国君主动给他的呢？子贡说，老师温良恭俭让，所以才得到这样的资格，这种资格也可以说是求得的，但他求的方法，或许与别人的求法不同吧？要做到温、良、恭、俭、让，就要做到仁、义、礼、智、信。

一、仁义礼智信之要义

仁：仁字，从二人相处，人不能离群而独存，别人之观念立，人之人格显，方能雍容和谐。仁是最基本的也是最高的德目，是最普遍的德性标准。

义：义者，宜也，因时制宜，因地制宜，因人制宜。见得思义，不滥取不义之财物。义与仁并用，即为仁义，这是道德的代表。

礼：礼者，履也，所以事神致福也。体也，得其事证也，人事之仪则也。礼与仁互为表里，仁是礼的内在精神。

智：智者，知也，无所不知也。明白是非、曲直、邪正、真妄，即人有是非之心，文理密察，是为智也。

信：信字从人言，人言不爽，方为有信也。信者，不疑也，诚实也。处世端正，不狂妄，不欺诈者，是为信也。信是做人的根本，是兴业之道，治世之道。

仁义礼智信称为儒家文化的"五常"，是一切社会成员间理性的沟通原则、感通原则、谐和原则。

二、温良恭俭让之要义

温：温和的性格，敦柔润泽谓之温。温和的人，给人的印象是和蔼可亲、彬彬有礼。

良：良善的心地，行不犯物谓之良。良是平易正直，善是与人为善。

恭：恭敬的态度，和从不逆谓之恭。有恭敬的态度，才会有诚意正心。

俭：俭朴的美德，去奢从约谓之俭。知足而不求于人则富，人知足常乐，不求于人，当然富有了。

让：礼让的原则，先人后己谓之让。让，包含了不争和能舍的两个方面。礼让即退让、宽让、谦让、忍让等，礼让是合理有原则的让。

孔子把仁作为道德的最高原则、道德的标准和道德境界，形成了以仁为核心的儒家思想。一个人若是能有"温和"的性格、"良善"的心地、"恭敬"的态度、"节俭"的美德、"礼让"的原则，那么一定是个像孔子一样的圣人。一个人即使达不到完美的仁德，如果能朝着仁德的方向去努力，其道德境界也会不断提升，因而，一定会成为一个有道德的人。

第二节　传统文化道德精髓

一、修身

修身为治家之本，也是传统道德中最核心的内容，"自天子以至于庶人，壹是皆以修身为本"（《礼记·大学》）。"修身齐家治国平天下"，是传统道德文化中最为重要的观点和核心理念。"古之欲明明德于天下者，先治其国；欲治其国者，先齐其家；欲齐其家者，先修其身。"（《礼记·大学》）修身，就是通过修养自身而提高思想道德水平，使个体在人格上得以完善，学会做人，既具有良好的道德情操，又能管理好家庭并在社会上建功立业，最终达到"内圣外王"的境界。修身的主要内容和具体要求是守仁、尚义、尊礼、明智、笃信、行孝等。修身的方式是"博学之，审问之，慎思之，明辨之，笃行之"。最重要的就是培养完美的人格，重视家庭成员人格的完善，注重教育子女如何做人。人立于天地之间，学做人是人生第一重要的事，是人格培养中的主要目标。"吾人立身与天地间，只思量做得一个人，是第一义，余事都没有要紧。……从古聪明睿智、圣贤豪杰，只于此见得透，下手早，所以其人千古，不可磨灭，闻此言不信便是，凡愚所宜猛省。"（明代高攀龙《高子遗书·家训》）"人心止此方寸地，要当光明洞达，直走向上一路。若有龌龊卑鄙襟怀，则一生德器坏矣。"（明代吴麟征《家诫要言》）人心这方寸之地，应当光明通达，要沿着向上进取的正道一直向前走，否则，如果器量狭小、品行恶劣，那么这个人一生德行、才能就毁了。可见，修身就是修心，就是修德。

二、勤俭

《尚书·大禹谟》中说："克勤于邦，克俭于家。""勤"指勤劳、勤快，不怠惰拖延。"黎明即起，洒扫庭除，要内外整洁。既昏便息，关锁门户，必亲自检点。"（《朱子治家格言》）"人无遗力，则地无遗利。"（明代庞尚鹏《庞氏家训·务本业》）"俭"也是传统家风中非常普遍的训示，"俭"就是持家要统筹预算，量入为出。"丰俭随其财力，则不谓之费；不量财力而为之，或虽财力可办而过于奢靡，近于不急，皆妄费也。"（宋代袁采《袁氏世范·处己》）"俭"就是家庭消费须用之有节，力戒奢靡。家庭日常消费应精打细算，崇俭黜奢。"一粥一饭，当思来之不易；半丝半缕，恒念物力维艰。"（《朱子治家格言》）中国名门望族的发家史，绝大多数都是他们勤俭自强的奋斗史。对个人而言，勤俭有利于修身养德；对家庭而言，勤俭有利于家庭的兴旺与和睦；勤是家庭治生之策，是开源之路；俭是家庭持家之道，节流之途。对国家而言，勤俭有利于廉政建设与社会和谐。

三、治家

治家是在个人修身的基础上，引导、规范家庭成员的行为、习惯，塑造家庭和顺、清正、相互关爱的氛围。"夫风化者，自上而行于下者也，自先而施于后者也。是以父不慈则子不孝，兄不友则弟不恭，夫不义则妇不顺矣。"（颜之推《颜氏家训·治家》）家长要想教育、引导孩子，自身先要严格要求自己，修身以德，才能言传身教；以身作则，才能上行下效。治家又要讲究宽严相济、有威有慈。"慈"的要义则在于营造一个宽松、亲近、和谐的家庭氛围，使家庭成员能够在身心安逸的环境中勤勉精进，日进其德。"孔子家儿不知骂，曾子家儿不知怒，所以然者，生而善教也。"（明代苏士潜《苏氏家语》）所谓善教，即善于启发诱导，既不宠爱迁就，也不责罚打骂。"慈爱不至于姑息，严格不至于伤恩。"（明代仁孝文皇后《内训》）要做到严而有度，有威有慈，慈严相济。

四、勉学

在中国传统优秀家风家训中，勉学是促成后生晚辈成人成才的关键方式，对家庭的兴盛弥足关键，历代家训对此做了特别强调和解读。颜之推说："自古明王圣帝，犹须勤学，况凡庶乎！……有志向者，遂能磨砺，以就素业；无履立者，自兹堕慢，便为凡人。"（《颜氏家训·勉学》）韩愈说："木之就规矩，在梓匠轮舆。人之能为人，在腹有诗书。诗书勤乃有，不勤腹空虚。欲知学之力，贤愚同一初。由其不能学，所入遂异同。"（刘清之《戒子通录》）木材能制作成器具，是因为匠人按照方圆规矩辛勤劳动。人要成为真正的人，肚子里要有诗书的涵养。勤奋读书腹中才会有诗书，不勤奋读书腹中就空虚。要知道人之初生学力都是一样的，聪明人和普通人最初没有什么区别。因为有的不能勤学，所走的门径门庭和勤奋好学的人也就不同。"玉不琢不成器，人不学不知道。……人之性因物而迁，不学则舍君子而为小人，可不念哉。"（宋代欧阳修《示子》）"每见仕臣显赫之家，其老者或退或故，而其家索然者，其后无读书之人也；其家郁然者，其后有读书之人也。"（清代张英《聪训斋语》）由此可见，读书、学习是多么重要。

五、孝道

"孝"是中国传统家文化中家庭道德观的核心，是家庭伦理道德之本。传统孝道的内容丰富，其基本含义是：其一，孝养，奉养长辈，即在物质上赡养父母；其二，孝敬，尊敬长辈，即在精神上尊敬并关怀父母；其三，孝顺，顺从长辈，即尊重和尽可能地顺从长辈的志向与爱好，努力做到"无违"；其四，孝享，祭祀先辈，即按照礼制安葬父母和祭祀父母。在孝敬长辈的同时，传统孝道还要求作为子女也要爱护自己的身体，因为"身体发肤，受之父母"（《孝经·开宗明义》）。子女要发奋行道，使双亲扬名，更要生养教育自己的子女。

六、和睦

和睦，是传统道德文化中的基本精神与重要观念，"和"是传统家风家训最核心的元素。要想使家业兴旺和家道昌盛，家庭成员之间就必须和睦相处。"和"，有利于加强身心修养，有利于营造良好的人际关系，有利于促进社会和谐，有利于促进人与自然和谐。和文化是中华文化中的瑰宝，在家庭文化中也是不可或缺的核心理念之一。作为家庭成员以及社会中的一员，必须在"和"方面下功夫。"家庭之间，以和顺为贵。"（清代左宗棠《左宗棠全集·家书》）家庭和顺不仅仅关系到一家一户的安宁，同时也是国家与社会安定的前提。"内和而外和，一家和而一国和，一国和而天下和矣，可不重哉！"（明代仁孝文皇后《内训·睦亲》）家庭和睦则社会安定，家庭幸福则社会祥和，家庭文明则社会文明。"和"的目的与要求依次为：与己和乐，与人和处，与社会和融，与天地和德，也就是己和、家和、国和、天下和。要做到"和"，就要做到：其一，身心之和；其二，人际之和（即人与家庭成员之和，还有人际交往之和）；其三，社会之和（即人与社会之和）；其四，自然之和（即人与自然之和）。这个由内到外、由小到大、由社会到自然的推演过程，与传统道德文化的"修身齐家治国平天下"的人生目标是相合的。"家和万事兴""内睦者家道昌，外睦者人事济"（宋代林逋《省心录》）。可见，和睦对于个人成长、家庭幸福、国家的兴旺发达是何等重要啊！

第三节　仁　德

一、仁德的内涵

仁德，从仁人志士到平民百姓无不向往之，更为儒家所提倡。"子曰：'知者乐水，仁者乐山；知者动，仁者静；知者乐，仁者寿。'"[①] 知者的快乐，就像水一样，悠然安详，永远是活泼的。仁者之乐，像山一样，崇高、伟大、宁静。知者的乐是动性的，像水一样。仁者的乐是静性的，像山一样。仁慈的人，多半是深厚的，宁静得和山一样。"知者乐"，知者是乐的，兴趣是多方面的；"仁者寿"，宁静有涵养的人寿命则长。宋代朱熹注释说，知者达于事理而周流于滞，有似于水，故乐水；仁者安于义理，而厚重不迁，有似于山，故乐山。水有流动的特点，山有静止的特点。水代表了动，其实质是变化，对于智者来

---

① 十三经古注·论语［M］. 北京：中华书局，2014.

说，就是要通权达变；山代表了静，其实质是安定，对于仁者来说，就是要稳定沉着，对自己的理想、信念不轻易迁移。孔子用山水比德手法，阐述智者和仁者的品德，所说的"智者"和"仁者"不是一般人，而是那些有修养的"君子"。孔子认为人和自然是一体的，山和水的特点也反映在人的素质之中。在千变万化的大自然中，山是稳定的、可信赖的，它始终矗立不变，包容万物，是最可靠的支持。山，性格稳重，志存高远，有其高、深、博、大之质。山执着挺拔，内含正直，风格简洁。拔地而起，直视苍穹，书写青松磐石风格。经年累月，历经沧桑，成就无言谦卑气质，打磨刚毅和傲骨。山临谤不戚，受誉不喜，遭辱不怒，从不昂首天外，居高临下，盛气凌人，目空一切。天天看云卷云舒，年年赏花开花落，身高不言高，体厚不称厚，每临大事有静气，任凭风吹浪打而不惧，自岿然不动。山，厚德载物，心胸宽大。经受着严寒酷暑、狂风暴雨、雷电交加，与冰雪为侣，与河流做伴，养育着参天大树、名花小草、鸟兽昆虫，孕育了人生的悲与欢、苦与乐。山是孤独的，但它并不寂寞，因为它拥有一个博大而精深、丰润而宽厚的内心世界。仁者平和、稳重、安静，和山一样平静稳定，不为外在的事物所动摇，像山一样向万物张开双臂，宽容仁厚，不役于物，也不伤于物，不忧不惧，长寿永恒。仁爱之人像山一样平静，一样稳定，不为外在的事物所动摇，他以爱待人待物，像群山一样向万物张开双臂，站得高，看得远，宽容仁厚，不役于物，也不伤于物，不忧不惧，所以能够永恒。

水则是多变的，具有不同的面貌，它没有像山那样固定、执着的形象，它柔和而又锋利，可以为善，也可以为恶；难于追随，深不可测，不可逾越。仁爱之人和水一样随机应变，常常能够明察事物的发展。"明事物之万化，亦与之万化"，而不固守一成不变的某种标准或规则，因此，能破除愚昧和困危，取得成功，即便不能成功，也能随遇而安，寻求另外的发展，所以，仁者总是活跃的、乐观的。智、仁、勇是儒家人格的最高理想，勇是智和仁的结果，像山一样坚忍不拔，像水一样勇往直前，这就是一个崇高的人，一个有价值的人，一个快乐的人，一个长寿的人。孔子所讲的智者乐水，仁者乐山，具有以自然山水特点为象征的精神内涵，折射出儒家的精神境界和对伦理道德的崇高追求，表达了中国传统文化关于天人合一、美善统一的见解。从现代人的道德修养角度理解，孔子深刻地揭示了寿与仁的关系，这个关系就是身体健康长寿与品德高尚即仁德的关系，使我们清晰地懂得，身体健康离不开品德修养，要身体健康首先要精神健康。

二、仁者特质

（一）仁是最高道德标准

"子曰：'志士仁人，无求生以害仁，有杀身以成仁。'"（《论语·卫灵公》）孔子说，志士仁人，没有贪生怕死而损害仁的，只有牺牲自己的性命来成全仁的。生命对每个人来讲都是十分宝贵的，但还有比生命更可宝贵的，那就是"仁"，以"仁"为最高道德标准。"杀身成仁"，就是要人们在生死关头宁可舍弃自己的生命也要保全"仁"，为正义而牺牲生命。有志之士和仁慈之人，决不为了自己活命而做出损害仁义的事情，而是宁可牺牲自己也要恪守仁义的原则。对于现代人来说，培养自己以仁为核心的高尚品德，就要有为了正义的事业而献身的思想。

（二）仁者的五种品德

"子张问仁于孔子。孔子曰：'能行五者于天下为仁矣。''请问之。'曰：'恭、宽、信、敏、惠。恭则不侮，宽则得众，信则人任焉，敏则有功，惠则足以使人。'"（《论语·阳货》）子张向孔子问仁，孔子说，能够处处实行五种品德，就是仁人了。子张说，请问哪五种。孔子说，庄重、宽厚、诚实、勤敏、慈惠。庄重就不致遭受侮辱，宽厚就会得到众人的拥护，诚信就能得到别人的任用，勤敏就会提高工作效率，慈惠就能够使唤人。"恭则不侮"，只有做事规规矩矩，毕恭毕敬，才不会招致侮辱。恭从来都是和敬连在一起的，如果想得到别人的尊重，就要以恭敬之心去对待他人。"宽则得众"，只有温良宽厚，胸怀广阔，不拘泥于小节，才会得到别人的拥护。"信则人任焉"，人无信不立，诚信是一个人立足社会的基础，只有诚信的人，才会得到别人的重用。"敏则有功"，勤敏做事，谨慎讲话。一个人要做的就是踏踏实实、心无旁骛地完成自己的本分之事，这样才能有所成就，有所建树。"惠则足以使人"，一个有慈惠之心的人，要做到与人为善，宽以待人，在众人之间有了这样的威信，别人就会听从于你。对现代人来说，以"恭、宽、信、敏、惠"这五德作为内心自勉的具体要求，仁者安仁，不计较外在是否贫贱，这样才能修得仁德。

（三）仁者意念真诚

所谓诚其意者，毋自欺也。如恶恶臭，如好好色，此之谓自谦。故君子必慎其独也。小人闲居为不善，无所不至，见君子而后厌然，掩其不善，而著其善。人之视己，如见其肺肝然，则何益矣。此谓诚于中，形于外，故君子必慎其独也。曾子曰："十目所视，十手所指，其严乎!"富润屋，德润身，心广体胖，故君子必诚其意。(《十三经古注·大学》)

使意念真诚就不要自己欺骗自己。要像厌恶腐臭的气味一样，要像喜爱美丽的女人一样，一切都发自内心。所以，品德高尚的人哪怕是在一个人独处的时候，也一定要谨慎。品德低下的人在私下里无恶不作，一见到品德高尚的人便躲躲闪闪，掩盖自己所做的坏事而自吹自擂。殊不知，别人看你自己，就像能看见你的心肺肝脏一样清楚，掩盖有什么用呢? 这就叫作内心的真实一定会表现到外表上来。所以，品德高尚的人哪怕是在一个人独处的时候，也一定要谨慎。曾子说，十只眼睛看着，十只手指着，这难道不令人畏惧吗? 财富可以装饰房屋，品德却可以修养身心，使心胸宽广而身体舒泰安康。所以，品德高尚的人一定要使自己的意念真诚。对于现代人来说，品德修养就是培养自己的仁德，其中，最重要的是意念真诚，不要自己欺骗自己，这样使自己心胸宽广而身体舒泰安康，就达到了修身的期望目标。

(四) 仁者不忧

"子曰:'知者不惑，仁者不忧，勇者不惧。'"(《论语·子罕》) 聪明人不会迷惑，有仁德的人不会忧愁，勇敢的人不会畏惧。"子曰:'君子道者三，我无能焉: 仁者不忧，知者不惑，勇者不惧。'子贡曰: '夫子自道也。'"(《论语·宪问》) 孔子说，君子之道有三个方面，我都未能做到: 仁德的人不忧愁，聪明的人不迷惑，勇敢的人不畏惧。子贡说，这正是老师的自我表述啊! 人如果有着一颗博爱之心，有着高远的人生智慧，有着勇敢坚强的意志，那么他就必然会具有良好的心理和精神状态，从而心底宽广、胸怀坦荡。仁者，心中有爱，处世有义。一个内心充满慈爱、友爱、关爱、真爱的人，也将生活在仁爱的心境下和环境中；如果一个人内心有生活的原则，不抱怨，不强求，以同理之心待人处事，也必然会减少很多纷扰，就没有忧虑。善良与仁义是生命的美德，更是一种生活的勇气。智者，善于选择，懂得取舍。勇者，无所畏惧，泰然处之。对于现代人来说，要实现高尚道德的人生目标，就要具备仁德品质，成为仁者。

(五) 仁者爱憎分明而无恶

"子曰:'唯仁者能好人，能恶人。'"(《论语·里仁》) 只有那些有仁德的人，才能爱人和恨人。"子曰：'苟志于仁矣，无恶也。'"（《论语·里仁》）一个人如果立志于仁，他就不会做坏事了。有爱则必然有恨，二者是相对立而存在的。只要做到了"仁"，就必然会有正确的爱和恨。只有仁者能公正无私地去喜爱人、憎恶人。人如果不能公正地去爱人，善恶不分，不能算仁者。"仁"在孔子心中，不仅包括"爱人"，而且还包括"恨人"。如果仁者无爱无憎，就会黑白不分、是非不明、忠奸不辨。孔子认为，人若仅有爱而无恨，不算是仁者。对于现代人来说，只有树立正确的是非观，爱憎分明，才能成为真正的仁德之人，才能算道德高尚。

（六）仁者"忠诚信义"

> 《康诰》曰："惟命不于常。"道善则得之，不善则失之矣。《楚书》曰："楚国无以为宝，惟善以为宝。"舅犯曰："亡人无以为宝，仁亲以为宝。"《秦誓》曰："若有一介臣，断断兮无他技，其心休休焉，其如有容焉。人之有技，若己有之；人之彦圣，其心好之，不啻若自其口出。实能容之，以能保我子孙黎民，尚亦有利哉！人之有技，媢嫉以恶之；人之彦圣，而违之，俾不通：实不能容，以不能保我子孙黎民，亦曰殆哉！"唯仁人放流之，迸诸四夷，不与同中国。此谓唯仁人为能爱人，能恶人。见贤而不能举，举而不能先，命也；见不善而不能退，退而不能远，过也。好人之所恶，恶人之所好，是谓拂人之性，灾必逮夫身。是故君子有大道，必忠信以得之，骄泰以失之。（《十三经古注·大学》）

《康诰》说，天命是不会始终如一的。这就是说，行善便会得到天命，不行善便会失去天命。《楚书》说，楚国没有什么是宝，只是把善当作宝。舅犯说，流亡在外的人没有什么是宝，只是把仁爱当作宝。《秦誓》说，如果有这样一位大臣，忠诚老实，虽然没有什么特别的本领，但他心胸宽广，有容人的肚量，别人有本领，就如同他自己有一样；别人德才兼备，他心悦诚服，不只是在口头上表示，而是打心底里赞赏。用这种人，是可以保护我的子孙和百姓的，是可以为他们造福的啊！相反，如果别人有本领，他就妒忌、厌恶；别人德才兼备，他便想方设法压制、排挤，无论如何容忍不得。用这种人，不仅不能保护我的子孙和百姓，而且可以说是危险得很！因此，有仁德的人会把这种容不得人的人流放，把他们驱逐到边远的四夷之地去，不让他们同住在国中。这说明，有德的人爱憎分明，发现贤才而不能选拔，选拔了而不能重用，这是轻慢；发现恶人而不能罢免，罢免了而不能把他驱逐得远远的，这是过错。喜欢众人所厌恶的，厌恶众人所喜欢的，这是违背人的本性，灾难必定要落到自己身上。所以，做国君的人有正确的途径：忠诚信义，便会获得一切；骄奢放纵，便会失去一切。对于现代人来说，要修仁德就要做到"忠诚信义"。

（七）仁者必勇

"子曰：'有德者必有言，有言者不必有德。仁者必有勇，勇者不必有仁。'"（《论语·宪问》）孔子说，有道德的人，一定有言论，有言论的人不一定有道德。仁人一定勇敢，勇敢的人不一定都有仁德。对于现代人来说，一定要处理好言论与道德、勇敢与仁德之间的关系。勇敢只是仁德的一个方面，二者不能画等号，人除了有勇以外，还要修养其他各种道德，从而成为有德之人。一个人有德行、有修养，就一定会有好的言论、好的著作传世，可是反过来，一个有好的言论、好的著作传世的人却不一定就很有道德、修养。勇和仁的关系也一样，一个有仁德的人一定有勇气，这种勇气是指大智大勇，而不是打架斗狠的匹夫之勇。反过来说，一个有勇气的人却不一定有仁德。

（八）接近仁者的四种品德

"子曰：'刚、毅、木、讷近仁。'"（《论语·子路》）孔子说，刚强、果敢、朴实、谨慎，这四种品德接近于仁。内心刚强行事果决，本质朴质而言语不轻易出口，有这四种品德的人近于仁德。刚是指其人意志坚强，不屈不挠，为了理想而坚定不移地去奋斗。毅是果敢，认定的事情能够干净利落地去实行。木是质朴，是说其人内心质朴无华、忠厚老实等之意。讷是钝于言，正是孔子主张敏于事而慎于言的表现。对于现代人来说，做人宁可刚毅木讷，切不可巧言令色。

三、仁者行仁

（一）"爱"人是仁

樊迟问仁。子曰："爱人。"问知。子曰："知人。"樊迟未达。子曰："举直错诸枉，能使枉者直。"樊迟退，见子夏，曰："乡也吾见于夫子而问知，子曰：'举直错诸枉，能使枉者直'。何谓也？"子夏曰：

"富哉言乎！舜有天下，选于众，举皋陶，不仁者远矣。汤有天下，选于众，举伊尹，不仁者远矣。"（《论语·颜渊》）

对于什么是仁的提问，孔子对樊迟说，爱人。樊迟问什么是智，孔子说，了解人。樊迟还不明白。孔子说，选拔正直的人，罢黜邪恶的人，这样就能使邪者归正。樊迟退出来，见到子夏说，刚才我见到老师，问他什么是智，他说选拔正直的人，罢黜邪恶的人，这样就能使邪者归正。这是什么意思？子夏说，这话说得多么深刻呀！舜有天下，在众人中挑选人才，把皋陶选拔出来，不仁的人就被疏远了。汤有了天下，在众人中挑选人才，把伊尹选拔出来，不仁的人就被疏远了。孔子将仁的定义高度地概括为爱人。仁者，要有广阔的胸怀，不仅爱志同道合的人，还能爱志向不同、意见不合的人，不仅爱亲近的人，还能够爱天下众人，不仅当下尽仁爱之心，而且能够恒久地施行仁爱之心。爱人，会得到人爱，爱人即爱己。爱和被爱，会促进人的精神愉悦，会激发人的极大的潜能，会增进友好和谐，促进良好人际关系的形成。

（二）"恭""敬""忠"是仁

"樊迟问仁。子曰：'居处恭，执事敬，与人忠。虽之夷狄，不可弃也。'"（《论语·子路》）针对樊迟问怎样才是仁，孔子说，平常在家规规矩矩，办事严肃认真，待人忠心诚意。即使到了夷狄之地，也不可背弃。这里孔子对"仁"的解释，是以德的三个维度"恭""敬""忠"为基本内涵。在家恭敬有礼，就是要符合孝悌的道德要求；办事严肃谨慎，就是要符合"礼"的要求；待人忠厚诚实显示出仁德的本色。"恭""敬""忠"是孔子提出做人的最基本要求，也应该是衡量人们品德水平的起码标准。对于现代人来说，平时在家里就应该规矩恭敬，自我约束；在外面工作、做事应该一丝不苟，认真严谨；待人接物，务必诚恳、真实、忠诚，不可华而不实。即使离开家里，到外地或者去国外学习、工作，也应该是保持这样品质的，不能放弃。

（三）仁不离身

"子曰：'富与贵，是人之所欲也；不以其道得之，不处也。贫与贱，是人之所恶也；不以其道得之，不去也。君子去仁，恶乎成名？君子无终食之间违仁，造次必于是，颠沛必于是。'"（《论语·里仁》）孔子说，富裕和显贵是人人都想要得到的，但不用正当的方法得到它，就不会去享受的；贫穷与低贱是人人都厌恶的，但不用正当的方法去摆脱它，是不会摆脱的。君子如果离开了仁德，又怎么能叫君子呢？君子没有一顿饭的时间背离仁德，就是在最紧迫的时刻也必须按照仁德办事，在颠沛流离的时候，也一定会按仁德去办事。"子曰：'弟子入则孝，出则弟，谨而信，泛爱众，而亲仁，行有余力，则以学文。'"（《论语·学而》）孔子说，弟子们在父母跟前，就孝顺父母；出门在外，要顺从师长，言行要谨慎，要诚实可信，寡言少语，要广泛地去爱众人，亲近那些有仁德的人。这样躬行实践之后，还有余力的话，就再去学习文献知识。对于现代人而言，要修仁德就要时时处处行仁，做到仁不离身，不论身处何处都不能忘记仁，这里的仁就是孝顺、谨慎、诚实和爱人。任何人都不会甘愿过贫穷困顿、流离失所的生活，都希望得到富贵安逸。但这必须通过正当的手段和途径去获取，否则宁守清贫而不去享受富贵。行仁德不只是仅针对身处富贵时而言，也不是仅针对身处贫穷时而言，而是不论身处什么境地和在什么时间都不能改变。

（四）力行近乎仁

> 天下之达道五，所以行之者三，曰：君臣也，父子也，夫妇也，昆弟也，朋友之交也。五者，天下之达道也。知、仁、勇三者，天下之达德也。所以行之者一也。或生而知之；或学而知之；或困而知之。及其知之，一也。或安而行之；或利而行之；或勉强而行之：及其成功，一也。子曰："好学近乎知。力行近乎仁。知耻近乎勇。"知斯三者，则知所以修身。知所以修身，则知所以治人。知所以治人，则知所以治天下国家矣。（《十三经古注·中庸》）

天下人共有的伦常关系有五项，用来处理这五项伦常关系的德行有三种。君臣、父子、夫妇、兄弟、朋友之间的交往，这五项是天下人共有的伦常关系；智、仁、勇，这三种是用来处理这五项伦常关系的德行。至于这三种德行的实施，道理都是一样的。比如说，有的人生来就知道它们，有的人通过学习才知道它们，有的人要遇到困难后才知道它们，但只要他们最终都知道了，也就是一样的了。又比如说，有的人自觉自愿地去实行它们，有的人为了某种好处才去实行它们，有的人勉勉强强地去实行，但只要他们最终都实行起来了，也就是一样的了。孔子说，喜欢学习就接近了智，努力实行就接近了仁，知道羞耻就接近了勇。知道这三点，就知道怎样修养自己，知道怎样修养自己，就知道怎样管理他人，知道怎样管理他人，就知道怎样治理天下和国家了。对于现代人来说，"仁者爱人"不能只是挂在嘴上的理论，它需要在日常社会生活的点点滴滴小事中，按照"仁爱"的道德标准约束自己、要求自己。只有努力践行，才可以越来越称得上是一个真正的"仁者"。一个人只要好学，才能聪明。人不是圣贤，会做错事情，但要能引以为耻，迅速改正。只有坚持不断地学习，才能具备智慧、知识和才能；只有踊跃地投身到社会实践当中，接触生活，了解民众，才能懂得人与人应该互相关爱；只有明辨荣辱、是非、善恶、美丑，才能坚持正义，勇于与邪恶斗争。

（五）吃苦在前享受在后则为仁

"樊迟问知，子曰：'务民之义，敬鬼神而远之，可谓知矣。'问仁，曰：'仁者先难而后获，可谓仁矣。'"（《论语·雍也》）樊迟问孔子怎样才算是智，孔子说，专心致力于（提倡）老百姓应该遵从的道德，尊敬鬼神但要远离它，就可以说是智了。樊迟又问怎样才是仁，孔子说，仁人对难做的事，做在人前面，有收获的结果，他得在人后，这可以说是仁了。对于现代人来说，要做个有仁德的人，在做事情时首先要付出艰苦的努力，即吃苦在前；对于付出后该得到的报酬却在他人之后，即先人后己。

（六）克制私欲以礼行事是仁

"颜渊问仁。子曰：'克己复礼为仁。一日克己复礼，天下归仁焉。为仁由己，而由人乎哉？'颜渊曰：'请问其目。'子曰：'非礼勿视，非礼勿听，非礼勿言，非礼勿动。'颜渊曰：'回虽不敏，请事斯语矣。'"（《论语·颜渊》）颜渊问怎样做才是仁。孔子说，克制自己，一切都照着礼的要求去做，这就是仁。一旦这样做了，天下的一切就都归于仁了。实行仁德，完全在于自己，难道还在于别人吗？颜渊说，请问实行仁的内容。孔子说，不合于礼的不要看，不合于礼的不要听，不合于礼的不要说，不合于礼的不要做。颜渊说，我虽然愚笨，也要照您的这些话去做。克者胜也，克己就是一个人能够克制自己，战胜自己，不为外物所诱，而不可以任性，为所欲为。礼对人生行为，具有指导、节制、综贯、衡断诸作用，而能促进人与人间关系之圆满，有礼便是行仁。朱熹认为，"克己"的真正含义就是战胜自我的私欲，"礼"不仅仅是具体的礼节，而是泛指天理，"复礼"就是应当遵循天理；"仁"就是人内心的完美道德境界，其实也无非天理，所以能战胜自己的私欲而复归于天理，自然就达到了仁的境界。这就把"克己复礼"的内涵大大扩展了。这里说的"礼"，就是指当时社会生活中实行的各种礼仪规范，而学习各种礼仪，正是孔子教学的重要内容。要按礼仪规范去待人接物，对不符合礼的事就不去做。也就是说，学习礼，不仅仅是要依礼而行，更重要的，是要随时警惕自己不要去做失礼的事，即"非礼勿视、非礼勿听、非礼勿言、非礼勿动"，要做到这"四勿"，就必须"克己"，要随时注意约束自己，克服种种不良习性和私心，这正是今天我们常说的"战胜自我"。欲望是人的天性，对于现代人而言也不例外，要善于克制自己的私欲，不为所欲为。克制到什么程度？其实很简单，就是克制在国家的法律法规范围之内，符合现今的道德标准和风俗习惯。可见，要做到仁，关键就是能克制自己的欲望，要在自我克制上下功夫。

（七）己所不欲勿施于人为仁

"仲弓问仁。子曰：'出门如见大宾，使民如承大祭；己所不欲，勿施于人；在邦无怨，在家无怨。'仲弓曰：'雍虽不敏，请事斯语矣。'"（《论语·颜渊》）仲弓问怎样做才是仁。孔子说，出门办事如同去接待贵宾，有事安排百姓如同去进行重大的祭祀，都要认真严肃。自己不愿意要的，不要强加于别人；做到在诸侯的朝廷上没人怨恨自己；在卿大夫的封地里也没人怨恨自己。仲弓说，我虽然笨，也要照您的话去做。"子贡问曰：'有一言而可以终身行之者乎？'子曰：'其恕乎！己所不欲，勿施于人。'"（《论语·卫灵公》）子贡问老师孔子说，有什么话是可以终身奉行的吗？孔子就回答说，那就应该是"宽恕"了吧！自己不想要的，也不要强加给别人。如果自己都不希望被人此般对待，推己及人，自己也不要那般待人。自己不愿承受的事也不要强加在别人身上。你要求别人做什么时，首先自己本身也愿意这样做，或你本身也做到如别人这样了，那么你的要求才会心安理得；通俗理解就是，自己做不到，便不能要求别人去做到。孔子所言是指人应当以对待自身的行为为参照物来对待他人。人应该有宽广的胸怀，待人处事之时切勿心胸狭窄，而应宽宏大量，宽恕待人，这是尊重他人、平等待人的体现，这也是处理人际关系的重要原则。对于现代人而言，要修仁德，就要做到以身作则，己所不欲，勿施于人，以"恕"待人，处理好人际关系。

（八）谨言慎行是仁

"司马牛问仁。子曰：'仁者，其言也讱。'曰：'其言也讱，斯谓之仁已乎？'子曰：'为之难，言之得无讱乎？'"（《论语·颜渊》）司马牛问怎样做才是仁。孔子说：仁人说话是慎重的。司马牛说，说话慎重，这就叫作仁了吗？

孔子说，做起来很困难，说起来能不慎重吗？"仁者"，其言必须慎重，行动必须认真，一言一行都要符合礼。为了"仁"，就必须"切"。对现代人来说，要修仁德就要在生活和工作中做到谨言慎行。

（九）仁者仗义疏财

> 生财有大道，生之者众，食之者寡，为之者疾，用之者舒，则财恒足矣。仁者以财发身，不仁者以身发财。未有上好仁而下不好义者也，未有好义其事不终者也，未有府库财非其财者也。孟献子曰："畜马乘不察于鸡豚，伐冰之家不畜牛羊，百乘之家不畜聚敛之臣。与其有聚敛之臣，宁有盗臣。"此谓国不以利为利，以义为利也。长国家而务财用者，必自小人矣。彼为善之，小人之使为国家，灾害并至。虽有善者，亦无如之何矣！此谓国不以利为利，以义为利也。（《十三经古注·大学》）

生产财富也有正确的途径，生产的人多，消费的人少；生产的人勤奋，消费的人节省。这样，财富便会经常充足。仁爱的人仗义疏财以修养自身的德行，不仁的人不惜以生命为代价去敛钱发财。没有在上位的人喜爱仁德，而在下位的人却不喜爱忠义的；没有喜爱忠义而做事却半途而废的；没有国库里的财物不是属于国君的。孟献子说，养了四匹马拉车的士大夫之家，就不需再去养鸡养猪；祭祀用冰的卿大夫家，就不要再去养牛养羊；拥有一百辆兵车的诸侯之家，就不要去养搜刮民财的家臣。与其有搜刮民财的家臣，不如有盗贼式的家臣。一个国家不应该以财货为利益，而应该以仁义为利益。做了国君却还一心想着聚敛财货，这必然是有小人在诱导，而那国君还以为这些小人是好人，让他们去处理国家大事，结果是天灾人祸一齐降临。这时虽有贤能的人，却也没有办法挽救了。所以，一个国家不应该以财货为利益，而应该以仁义为利益。对于现代人来说，财富仍然具有极大的诱惑力，财富是人们生活和健康的基础，但生财有道，对于仁者是以财发身，而不仁者则以身发财。

（十）忠恕是仁的基本要求

"子曰：'参乎，吾道一以贯之。'曾子曰：'唯。'子出，门人问曰：'何谓也？'曾子曰：'夫子之道，忠恕而已矣。'"（《论语·里仁》）孔子问曾子说，参啊，我讲的道是由一个基本的思想贯彻始终的。曾子说，是。孔子出去之后，同学便问曾子，这是什么意思？曾子说，老师的道，就是忠恕罢了。忠恕之道是孔子及儒家思想的重要内容。孔子认为"恕"就是指待人宽厚，推己及人，"己所不欲，勿施于人"。"忠"指对人尽心竭力，积极为人，即"己欲立而立人，己欲达而达人"。恕偏重对己，忠偏重对待他人。待人忠恕，这是仁的基本要求，贯穿于孔子思想的各个方面。原则的问题，贯穿于一个人的一生，是不能改动的。这是人格的坚持，也是成功的重要途径。践行"忠恕之道"，就是"仁之方"即实行仁的方法。对于现代人来说，道德修养中用于处理人际关系的重要原则就是"忠恕"，根据自己内心的体验来推测别人的思想感受，达到推己及人的目的。

（十一）推己及人是行仁的好办法

"子贡曰：'如有博施于民而能济众，何如？可谓仁乎？'子曰：'何事于仁？必也圣乎！尧舜其犹病诸。夫仁者，己欲立而立人，己欲达而达人。能近取譬，可谓仁之方也已。'"（《论语·雍也》）子贡说，如果有人广泛地给人民许多好处，又能周济众人，怎么样呢？可以说是仁人吗？孔子说，何止是仁人，那必定是圣人了！尧、舜尚且对做不到这样而感到为难呢。作为仁人，自己要立身，就要帮助别人；自己想要通达，也要帮助别人通达。凡事都能从切近的生活中将心比心，推己及人，可以说是实行仁的办法啊。对于现代人来说，当我们帮助别人的时候就是帮助自己，帮助别人取得成功，就是帮助自己取得成功，这是高尚仁德的体现。

（十二）行仁要自觉

"子曰：'仁远乎哉？我欲仁，斯仁至矣。'"（《论语·述而》）孔子说，仁难道离我们很远吗？只要我想达到仁，仁就来了。对于现代人而言，道德修养要靠自觉。因为仁是人天生的本性，因此，行仁只能全靠自身的努力，不能依靠外界的力量。进行道德修养要发挥主观能动性，要经过不懈的努力，就有可能达到仁。实行仁德确实不容易，需要宽阔的胸襟和坚忍的意志，并且要终身行之，事实上也的确很少有人达到了仁的境界；但仁德又主要是一种内在的修养，起决定作用的是主观态度，一个人只要主观上树立起追求仁德的理想，坚守正道，并付诸行动，持之以恒，就一定能达到仁的境界。

（十三）行仁须有艺

"子曰：'志于道，据于德，依于仁，游于艺。'"（《论语·述而》）孔子说，以道为志向，以德为根据，以仁为凭借，活动于"礼""乐"等六艺的范围之中。对于现代人来说，"志于道"，是思想层面的目标，是希望达到的境界，当然要高远。"据于德"，为人处世必须从人道起步，从道德的行为开始。"依于仁"，仁有体有用，仁是道与德的根基。仁的体是内心的修养，所谓性命之学、心性之学，是内在的。表现于外在的则是爱人、爱物、爱社会、爱国家、爱世界、扩而充之爱全天下。"游于艺"的艺包括礼、乐、射、御、书、数等，就是现代人应具备的各类技艺和能力。游，是娴熟，游刃有余。一个人，最重要的是立志于道，慎执操守，仁厚为人，心无旁骛，游于各种技艺之中。这是做人的一种标准，一种修养，也是一种追求。

四、行仁的根本

（一）孝敬长者

"有子曰：'其为人也孝弟，而好犯上者，鲜矣；不好犯上，而好作乱者，未之有也。君子务本，本立而道生。孝弟也者，其为仁之本与?'"（《论语·学而》）有子说，孝顺父母，顺从兄长，而喜好触犯上层统治者，这样的人是很少见的。不喜好触犯上层统治者，而喜好造反的人是没有的。君子专心致力于根本的事务，根本建立了，治国做人的原则也就有了。孝顺父母、顺从兄长，这就是行仁的根本啊！古代的"仁"就是"人"字，为仁之本即做人的根本。对现代人而言，行仁就是以"仁"为指导思想做人处事，行仁的根本就是爱亲，爱亲就是孝悌，就是孝敬长者。

（二）亲爱亲族

> 哀公问政。子曰："文武之政，布在方策。其人存，则其政举；其人亡，则其政息。""人道敏政，地道敏树。夫政也者，蒲卢也。""故为政在人。取人以身，修身以道，修道以仁。""仁者，人也，亲亲为大。义者，宜也，尊贤为大。亲亲之杀，尊贤之等，礼所生也。""在下位，不获乎上，民不可得而治矣。""故君子，不可以不修身。思修身，不可以不事亲。思事亲，不可以不知人。思知人，不可以不知天。"（《十三经古注·中庸》）

孔子说，周文王、周武王的政事都记载在典籍上。他们在世，这些政事就实施；他们去世，这些政事也就废止了。治理人的途径是勤于政事；治理土地的途径是多种树木。要得到适宜的人在于修养自己，修养自己在于遵循大道，遵循大道要从仁义做起。仁就是爱人，亲爱亲族是最大的仁。义就是事事做得适宜，尊重贤人是最大的义。至于说亲爱亲族要分亲疏，尊重贤人要有等级，这都是礼的要求。所以，君子不能不修养自己。要修养自己，不能不侍奉亲族；要侍奉亲族，不能不了解他人；要了解他人，不能不知道天理。对于现代人来说，仁德修养就是仁爱修养，仁爱修养就是爱心修养，爱心修养就是爱人，爱始于爱亲族。

（三）仁是礼的根本

"子曰：'人而不仁，如礼何？人而不仁，如乐何？'"（《论语·八佾》）孔子说，一个人没有仁德，他怎么能实行礼呢？一个人没有仁德，他怎么能运用乐呢？乐是表达人们思想情感的一种形式，在古代，它也是礼的一部分。礼与乐都是外在的表现，而仁则是人们内心的道德情感和要求，所以乐必须反映人们的仁德。对于现代人来说，在仁德修养过程中要把礼、乐与仁紧紧联系起来，因为没有仁德的人，根本谈不上什么礼、乐。待人接物时，心中没有仁（真情厚意），整个人便会变得虚假，变得巧言令色，变得伪善！有时，连自己都觉得别扭，很痛恨自己的表现。

（四）当仁不让

"子曰：'当仁，不让于师。'"（《论语·卫灵公》）孔子说，面对着仁德，就是老师，也不同他谦让。朱熹注释道："当仁，以仁为己任也。虽师亦无所逊，言当勇往而必为也。盖仁者，人所自有而自为之，非有争也，何逊之有？"（《论语集注》）上到高居庙堂的天子诸侯，下到身在江湖的平民百姓，仁义关乎人的生存发展，高于人情。"以仁为己任"，不可限于独善其身。明知别人的所作所为有违仁德正义，而不从旁提醒、加以阻止，也是"不仁""不义"。仁义当先、正义在前，遇不平之事要作为，敢据理力争。主动承担起宣扬仁德正义的责任，遇行仁之事，应当率先向前、有责任意识，不必谦让，仁义才能得以宣扬与伸张。对于现代人来说，当仁不让于师，即当仁不让，要以仁为任，无所谦让，遇到应该做的事就积极主动去做，不推让。

（五）伪装使仁德减少

"子曰：'巧言令色，鲜矣仁。'"（《论语·学而》）孔子说，花言巧语，装出和颜悦色的样子，这种人的仁心就很少了。朱熹对巧言令色的解释是："好其言，善其色，致饰于外，务以说人。则人欲肆而本心之德亡矣。圣人辞不迫切，专言鲜，则绝无可知，学者所当深戒也。"（《论语集注》）学者要以"巧言令色"为戒，很多求学者以为，仁，就是对谁说话都客客气气，让听的人开心，存好心，这不是仁。儒家崇尚质朴，反对花言巧语；主张说话应谨慎小心，说到做到，先做后说，反对说话办事随心所欲，只说不做，停留在口头上，人应当言行一致，力戒空谈浮言，心口不一。致力于巧妙的言语，钻研说话的技巧，会让人看起来变成了他所想要变成的样子，然后止步不前，这会使仁德变得稀少。对现代人而言，要修仁德就要力戒伪装，力戒花言巧语和装出和颜悦色的样子。

（六）仁在为学中

"子夏曰：'博学而笃志，切问而近思，仁在其中矣。'"（《论语·子张》）子夏说，博览群书广泛学习且记得牢固，就与切身有关的问题提出疑问并且去思考，仁就在其中了。为学本身不是仁，但在为学中仁会随之获得培植，所以，为学是培养仁德的路径。博学如不用心记，终是无益；切问是获知的方法，但若不由近及远，切问是做不到的，会不着边际。由近及远是渐进过程，博学因此而成立。对现代人而言，要培养仁德的品质就是要以坚定正义的志向去学习，多发问，多思考，使行为符合仁德的要求。

（七）"仁爱"修养始于家庭和睦

所谓治国必先齐其家者，其家不可教而能教人者，无之。故君子不出家而成教于国。孝者，所以事君也；悌者，所以事长也；慈者，所以使众也。《康诰》曰："如保赤子。"心诚求之，虽不中不远矣。未有学养子而后嫁者也。一家仁，一国兴仁；一家让，一国兴让；一人贪戾，一国作乱，其机如此。此谓一言偾事，一人定国。尧、舜帅天下以仁，而民从之。桀、纣帅天下以暴，而民从之。其所令反其所好，而民不从。是故君子有诸己而后求诸人，无诸己而后非诸人。所藏乎身不恕，而能喻诸人者，未之有也。故治国在齐其家。《诗》云："桃之夭夭，其叶蓁蓁。之子于归，宜其家人。"宜其家人，而后可以教国人。《诗》云："宜兄宜弟。"宜兄宜弟，而后可以教国人。《诗》云："其仪不忒，正是四国。"其为父子兄弟足法，而后民法之也。此谓治国在齐其家。（《十三经古注·大学》）

之所以说治理国家必须先管理好自己的家庭和家族，是因为不能管教好家人而能管教好别人的人，是没有的，所以，有修养的人在家里就受到了治理国家方面的教育，对父母的孝顺可以用于侍奉君主，对兄长的恭敬可以用于侍奉长官，对子女的慈爱可以用于统治民众。《康诰》说，如同爱护婴儿一样，内心真诚地去追求，即使达不到目标，也不会相差太远。要知道，没有先学会了养孩子再去嫁娶的人啊！一家仁爱，一国也会兴起仁爱；一家礼让，一国也会兴起礼让；一人贪婪暴戾，一国就会犯上作乱。其联系就是这样紧密，这就叫作一句话就会坏事，一个人就能安定国家。尧舜用仁爱统治天下，老百姓就跟随着仁爱；桀纣用凶暴统治天下，老百姓就跟随着凶暴。统治者的命令与自己的实际做法相反，老百姓是不会服从的。所以，品德高尚的人，总是自己先做到，然后才要求别人做到；自己先不这样做，然后才要求别人不这样做。不采取这种推己及人的恕道而想让别人按自己的意思去做，那是不可能的。所以，要治理国家必须先管理好自己的家庭和家族。《诗经》说，桃花鲜美，树叶茂密，这个姑娘出嫁了，能让全家人都和睦。让全家人都和睦，然后才能够让一国的人都和睦。《诗经》说，兄弟要和睦，兄弟和睦了，然后才能够让一国的人都和睦。《诗经》说，容貌举止庄重严肃，成为四方国家的表率。只有当一个人无论是作为父亲、儿子，还是兄长、弟弟时都值得人效法时，老百姓才会去效法他。这就是要治理国家必须先管理好家庭和家族的道理。对于现代人来说，培养仁爱品德要从自己家庭开始，家庭和睦是国家和社会和谐的基础，是事业兴旺发达的保障，正所谓"家和万事兴"就是这个道理。

（八）与仁德之人为邻

"子曰：'里仁为美，择不处仁，焉得知？'"（《论语·里仁》）孔子说，跟有仁德的人住在一起，才是好的。如果你选择的住处不是跟有仁德的人在一起，怎么能说你是明智的呢？每个人的道德修养既是个人自身的事，又必然与所处的外界环境有关。重视居住的环境，重视对朋友的选择，这是儒家一贯注重的问题。近朱者赤、近墨者黑，与有仁德的人住在一起，耳濡目染，都会受到仁德者的影响；反之，就不大可能养成仁的情操。孔子认为，没有仁德的人不可能长久地处在贫困或安乐之中，否则，他们就会为非作乱或者骄奢淫逸。只有仁者安于仁，智者也会行仁。对于现代人来说，高尚的品德修养过程中离不开与人交往相处，只有与有仁德的人交往相处，才能使自己逐渐成为仁德的人。

第四节 大 德

一、大德内涵

子曰:"舜其大孝也与!德为圣人,尊为天子,富有四海之内。宗庙飨之,子孙保之。"故大德,必得其位,必得其禄,必得其名,必得其寿。故天之生物必因其材而笃焉。故栽者培之,倾者覆之。诗曰:"嘉乐君子,宪宪令德,宜民宜人,受禄于天。保佑命之,自天申之。"故大德者必受命。(《十三经古注·中庸》)

孔子说,舜该是个最孝顺的人了吧?德行方面是圣人,地位上是尊贵的天子,财富拥有整个天下,宗庙里祭祀他,子子孙孙都保持他的功业。所以,有大德的人必定得到他应得的地位,必定得到他应得的财富,必定得到他应得的名声,必定得到他应得的长寿,他活了100岁。所以,上天生养万物,必定根据它们的资质而厚待它们。能成才的得到培育,不能成才的就遭到淘汰。《诗经》说,高尚优雅的君子,有光明美好的德行,让民众安居乐业,享受上天赐予的福禄。上天保佑他,任用他,给他以重大的使命。所以,有大德的人必定会承受天命。有大德的人一定胸怀坦荡,因此也就心无挂碍,有利于长寿。以诚心做人做事,可以不求而得。德行高尚,其根本就在于至诚。有至诚之心,就可以得到应有的地位,或许这种地位是现实中的地位,或许是在千秋万世人心中的地位。有至诚之心,就可以得到应有的寿命。不因为疾病而死,不因为凶灾而死,不因为刑罚而死,能够寿终正寝。上无愧于天地祖先,中无愧于家人百姓,后无愧于子孙后代,这样安然的一生,岂不是非常好的一生吗?可是,人们常常有意追逐名利、追求长寿,却不知从至诚之心做起。快乐,来自内心的坦荡无私,来自内心的真诚无欺。当本心不受任何遮蔽,再加上修养之后,本心的至善便能发出灿烂的光芒,美好的德行也因此而显现出来。对于现代人来讲,培养自己高尚的品德,必然能收获健康长寿,而高尚的品德始于至诚之心,这与仁德是一致的。

二、大德的根本

"子曰:'德不孤,必有邻。'"(《论语·里仁》)孔子说,有道德的人是不会孤立的,一定会有思想一致的人与他相处。

是故君子先慎乎德。有德而有人,有人而有土,有土而有财,有财而有用。德者本也,财者末也。外本内末,争民施夺。是故财聚则民散,财散则民聚。是故言悖而出者,亦悖而入;货悖而入者,亦悖而出。 (《十三经古注·大学》)

品德高尚的人首先注重修养德行。有德行才会有人拥护,有人拥护才能保有土地,有土地才会有财富,有财富才能供给使用,德是根本,财是枝末,假如把根本当成了外在的东西,却把枝末当成了内在的根本,那就会和老百姓争夺利益。所以,君王聚财敛货,民心就会失散;君王散财于民,民心就会聚在一起。这正如你说话不讲道理,人家也会用不讲道理的话来回答你;财货来路不明不白,总有一天也会不明不白地失去。对于现代人来说,仁德修养过程中自己的道德行为是根本,犹如树根,而财富是枝末,犹如树的枝叶。只有树根牢固,枝叶才会茂盛。在自己德行的修养上,要抓住根本,从修仁德开始。

三、五种美德

子张问孔子曰:"何如斯可以从政矣?"子曰:"尊五美,屏四恶,斯可以从政矣。"子张曰:"何谓五美?"子曰:"君子惠而不费,劳而不怨,欲而不贪,泰而不骄,威而不猛。"子张曰:"何谓惠而不费?"子曰:"因民之所利而利之,斯不亦惠而不费乎?择可劳而劳之,又谁怨?欲仁而得仁,又焉贪?君子无众寡,无大小,无敢慢,斯不亦泰而不骄乎?君子正其衣冠,尊其瞻视,俨然人望而畏之,斯不亦威而不猛乎?"子张曰:"何谓四恶?"子曰:"不教而杀谓之虐;不戒视成谓之暴;慢令致期谓之贼;犹之与人也,出纳之吝谓之有司。"(《论语·尧曰》)

子张问孔子说,怎样才可以治理政事呢?孔子说,尊重五种美德,排除四种恶政,这样就可以治理政事了。子张问,五种美德是什么?孔子说,君子要给百姓以恩惠而自己却无所耗费；使百姓劳作而不使他们怨恨；要追求仁德而不贪图财利；庄重而不傲慢；威严而不凶猛。子张说，怎样是要给百姓以恩惠而自己却无所耗费呢？孔子说，让百姓们去做对他们有利的事，这不就是对百姓有利而不掏自己的腰包嘛！选择可以让百姓劳作的时间和事情让百姓去做，这又有谁会怨恨呢？自己要追求仁德便得到了仁，又还有什么可贪的呢？君子对人，无论多少，势力大小，都不怠慢他们，这不就是庄重而不傲慢吗？君子衣冠整齐，目不邪视，使人见了就生敬畏之心，这不也是威严而不凶猛吗？子张问，什么叫四种恶政呢？孔子说，不经教化便加以杀戮叫作虐；不加告诫便要求成功叫作暴；不加监督而突然限期叫作贼，同样是给人财物，却出手吝啬，叫作小气。对于现代人来说，如果是为政一方，其仁德修养就是要做到"尊五美，屏四恶"，以民为本。

第五节　中庸是最高道德

一、"中庸"的内涵

（一）"中"字的本义与引申意义

"中"字的甲骨文和金文都是象形文字，像旗之形，竖笔像旗杆，意思指对峙两军之间的非军事地带。在记载尧晚年禅位于舜，向他的继承人舜传授统治经验时，曾经使用过"中"字："人心惟危，道心惟微，惟精惟一，允执厥中。"（《尚书·大禹谟》）这可能是最早的记载。《礼记》对于"允执厥中"的含义进行了解释："执其两端，用其中于民。"在《周易》中使用"中"字，一般情况下往往用中爻表示为吉，而《彖》《象》二传常以"中"或"中正"释之，意思为事物的最佳状态，认为只有适中才是正确的、最富有生命力的。孔子接受了"中"与"中行"的观念，在"中"的引申意思基础上，将其发展形成"中庸"思想。

（二）"中庸"一词里面"中"的含义

关于"中庸"之"中"的含义有不同的注释。在《礼记·中庸》中的解释是："喜怒哀乐之未发，谓之中。"朱熹在《中庸章句》标题下注说："中者，不偏不倚、无过不及之名。"① 杨伯峻将"中"解释为"最合理而至当不移"。②
皇侃在《论语义疏》说："中，中和也。"③ 邢昺疏曰："中，谓中和。"④ 除此
之外，还有一种解读为"中，内也"，其引申义在《说文解字》曰："中，内
也，从口。丨，上下通。"段玉裁对"中"的注解为："然则中者，别于外之辞
也，别于偏之辞也，亦合宜之辞也。""云下上通者，谓中直或引而上，或引而
下，皆入其内也。"用现代的话说，"中"就是"中心"空间方位或状态的意
思。⑤ 从字义上说，"中"以"内"来解。

综合诸多关于"中"的注解，"不偏不倚、无过不及"的意思比较接近孔
子使用"中"的原义，因为孔子强调的"中"的精神实质是"和"，达到中的
状态，既不过分也无不及的适当，恰如其分，这就是中的实质，即"和"。

（三）"庸"的含义

"庸"的原始之义是某种器物，《尔雅·释乐》："大钟谓之镛。"《经典释
文》："庸，依字作镛，大钟也。"可见，"庸"原来是作"大钟"之意。但在
"中庸之德"中，庸的含义有多种解读，汉儒许慎在《说文解字》中说："庸，
用也。"⑥ 即庸的含义就是用的意思，这是第一种解读，孔颖达也持相同的观
点："名曰'中庸'者，以其记中和之为用也。庸，用也。"⑦ 庸的含义的第二
种解读，就是常的意思："庸，常也。中和可常行之德也。"⑧ 邢昺疏曰："庸，
常也。"⑨ "古训以庸为常，非平常之谓也。"⑩ 庸的含义的第三种解读，意思是
平常，朱熹在《中庸章句》标题下注说："庸，平常也。"⑪ "孔子拈出这两个
字，就表示他的最高道德标准，其实就是折中的和平常的东西。"⑫

---

① 朱熹. 四书集注 [M]. 北京：中国书店，1994：17.
② 杨伯峻. 论语译注 [M]. 北京：中华书局，1980：219.
③ 何晏，皇侃. 论语集解义疏 [M]. 北京：中华书局，1985：82.
④ 邢昺. 论语注疏 [M]. 北京：北京大学出版社，1999：83.
⑤ （汉）许慎撰，（清）段玉裁注. 说文解字注 [M]. 上海：上海古籍出版社，2004：20.
⑥ 许慎. 说文解字 [M]. 长沙：岳麓书社，2006：70.
⑦ 孔颖达. 礼记正义 [M]. 上海：上海古籍出版社，1990：877.
⑧ 何晏，皇侃. 论语集解义疏 [M]. 北京：中华书局，1985：82.
⑨ 邢昺. 论语注疏 [M]. 北京：北京大学出版社，1999：83.
⑩ 刘宝楠. 论语正义 [M]. 上海：上海古籍出版社，1993：89.
⑪ 朱熹. 四书集注 [M]. 北京：中国书店，1994：17.
⑫ 杨伯峻. 论语译注 [M]. 北京：中华书局，1980：64.

（四）"中庸"的含义

中庸概念由孔子首次提出，子曰："中庸之为德也，其至矣乎！民鲜久矣。"（《论语·雍也》）中庸又被孔子称为"中行"。那么中庸（中行）的含义是什么呢？孔子没有明确的解释，后世众多注家分别做了注解。根据"中""庸"的字意，"中庸"最原初之本义，直接可以解读为"中用"，实即"用中"二字的倒装，将"中"字前置，作为强调之意，这样"中庸"就是"以中为用"的意思，正如《中庸》所谓的"执其两端用其中于民"。除了字面上的引申之外，"中庸"有"平常、不高明"的意思："君子依乎中庸，遁世不见知而不悔，唯圣者能之。"（《十三经古注·中庸》）真正有德行的人很有可能不为人所知，君子依据"中庸"有不被别人见知的可能，圣人之所以为圣，在于知道不被别人知晓也不后悔，能坚持"中庸"不改。"中庸"的引申之义是指当时普遍存在的至淳、至朴、至善、至美的德行。① 就是说"中庸"是"至德"。

二、"中庸"是道德的最高标准

（一）"至德"的解读

"至德"这个概念在《论语》中出现过几次。子曰："泰伯，其可谓至德也已矣。三以天下让，民无得而称焉。"（《论语·泰伯》泰伯的至德表现在对待君权继承方面的谦让精神。"三分天下有其二，以服事殷。周之德，其可谓至德也已矣。"（《论语·泰伯》）周文王的至德表现在"三分天下有其二"的情况下，而却"服事殷"。"中庸之为德也，其至矣乎，民鲜久矣。"（《论语·雍也》）孔子认为"中庸"是一种"至德"，但已经很久缺乏这种道德了，然而，颜回却具有这种道德。"回之为人也，择乎中庸，得一善，则拳拳服膺而弗失之矣。"（《十三经古注·中庸》）对于"至德"的含义，朱熹的解读是"至德，谓德之至极，无以复加者也"②。中庸就是最高的德行。儒家把"中庸"奉为至德，是德的最高境界。

（二）治国安民之道

儒家认为，中庸是治国安民之道。"禹恶旨酒而好善言。汤执中，立贤无

---

① 赵逢玉. 仁学探微——《论语》《大学》解析［M］. 徐州：中国矿业大学出版社，2003：215.

② 朱熹. 四书集注［M］. 北京：中国书店，1994：92.

方。"(《孟子·离娄下》)孟子也推崇以中庸之德治国。"凡事行，有益于理者，立之；无益于理者，废之。夫是之谓中事。凡知说，有益于理者，为之；无益于理者，舍之。夫是之谓中说。事行失中，谓之奸事；知说失中，谓之奸道。"(《荀子·儒效》)荀子视中庸为治理国家、"万物得其宜"的大道。失中为治世所弃，乱世所从，治国者只有行事、言谈、认识都符合"中"的原则，才能达到治国平天下的目的。"致中和，天地位焉，万物育焉。"(《十三经古注·中庸》)致中和，则国家安定，天下大治。

在先秦的其他流派中，各有自己道与德的标准，但各执一偏，都有所失。"所恶执一者，为其贼道也，举一而废百也。"(《孟子·尽心上》)而儒家倡导的"九德"——"宽而栗，柔而立，愿而恭，乱而敬，扰而毅，直而温，简而廉，刚而塞，强而义"(《尚书·虞书·皋陶谟》)，贯穿着不偏不倚、恰到好处的中庸精神。"极高明而道中庸"(《十三经古注·中庸》)，"中"则得，不"中"则失。"凡人之质量，中和最贵矣。中和之质，必平淡无味；故能调成五材，变化应节。是故，观人察质，必先察其平淡，而后求其聪明。""兼德而至，谓之中庸；中庸也者，圣人之目也。"(《人物志·九征》)

（三）中庸难能可贵

"子曰：'中庸之为德也，其至矣乎！民鲜久矣。'"(《论语·雍也》)孔子说，中庸作为一种道德，该是最高的了吧！人们缺少这种道德已经为时很久了。"子曰：'道之不行也，我知之矣：知者过之；愚者不及也。道之不明也，我知之矣：贤者过之；不肖者不及也。'人莫不饮食也，鲜能知味也。"(《十三经古注·中庸》)孔子说，中庸之道不能实行的原因，我知道了：聪明的人自以为是，认识过了头；愚蠢的人智力不及，不能理解它。中庸之道不能弘扬的原因，我知道了：贤能的人做得太过分；不贤的人根本做不到。就像人们每天都要吃喝，但却很少有人能够真正品尝滋味。"子曰：'天下国家，可均也；爵禄，可辞也；白刃，可蹈也；中庸不可能也。'"(《十三经古注·中庸》)孔子说，天下国家可以治理，官爵俸禄可以放弃，雪白的刀刃可以践踏而过，中庸却不容易做到。对于现代人来说，要培养自己高尚的道德，在处理人际关系时，就要依据道德原则，不走极端，无过，无不及，恰到好处。兼备仁义礼智信"五德"谓之中庸，中庸是"兼德而至"的最高境界。"君子之道费而隐。夫妇之愚，可以与知焉；及其至也，虽圣人亦有所不知焉。夫妇之不肖，可以能行焉；及其至也，虽圣人亦有所不能焉。"(《十三经古注·中庸》)普通的夫妇虽然知识水平不高，但在日常生活中对中庸之道也有朴素的认识，而对于中庸之道的精微之处，即使是圣人也有可能不知道的奥秘；普通的夫妇虽然不是贤人，但在日常生活中对中庸之道也是有所实行的，若要达到中庸之道的最高标准，即使是圣人也可能有做不到的地方。在道理上懂得中庸的人不少，而在理政中真正做到的人则为数不多，这或许是中庸为至德的原因之所在。

三、"智"者的"中庸"

（一）舜与"中庸"

子曰："舜其大知也与！舜好问以好察迩言。隐恶而扬善。执其两端，用其中于民。其斯以为舜乎！"（《十三经古注·中庸》）孔子说，舜大概是大智之人吧！舜喜欢问，并善于考察浅近之言，隐匿其恶，阐扬其善。他能把握人言的两端，用中间最合理的以治民。这就是舜之所以为舜的原因吧！对此，朱熹的注解为：

> 舜之所以为大知者，以其不自用而取诸人也。迩言者，浅近之言，犹必察焉，其无遗善可知。然于其言之未善者则隐而不宣，其善者则播而不匿，其广大光明又如此，则人孰不乐告以善哉。两端，谓众论不同之极致。盖凡物皆有两端，如小大厚薄之类，于善之中又执其两端，而量度以取中，然后用之，则其择之审而行之至矣。然非在我之权度精切不差，何以与此。此知之所以无过不及，而道之所以行也。（《中庸集注》）

（二）孔子与"中庸"

子曰："吾有知乎哉？无知也。有鄙夫问于我，空空如也；我叩其两端而竭焉。"（《论语·子罕》）孔子说自己"无知"，绝非故作谦虚，而是智者的一种境界。当"鄙夫"向他请教问题，孔子的感受就是"空空如也"的"无知"，孔子"叩其两端而竭焉"，就是站在对方的立场上，努力找到其所问问题的两个极端，然后循循善诱，一步步接近其所问问题的核心，为其答疑解惑。"而竭焉"，实则指竭尽所能解开其所有疑惑，使其有豁然开朗之意。

（三）致中和

> 天命（天赋）之谓性；率性（遵循本性）之谓道；修道之谓教。
> 道也者，不可须臾离也；可离，非道也。是故君子戒慎乎其所不睹，
> 恐惧乎其所不闻。莫见乎隐，莫显乎微。故君子慎其独也。喜、怒、
> 哀、乐之未发，谓之中。发而皆中节，谓之和。中也者，天下之大本
> 也。和也者，天下之达道也。致中和，天地位焉，万物育焉。（《十三
> 经古注·中庸》）

人的自然禀赋叫作"性"，顺着本性行事叫作"道"，按照"道"的原则修养叫作"教"。"道"是不可以片刻离开的，如果可以离开，那就不是"道"了。所以，品德高尚的人在没有人看见的地方也是谨慎的，在没有人听见的地方也是有所戒惧的。越是隐蔽的地方越是明显，越是细微的地方越是显著。所以，品德高尚的人在一人独处的时候也是谨慎的。喜怒哀乐没有表现出来的时候，叫作"中"；表现出来以后符合节度，叫作"和"。"中"，是人人都有的本性；"和"，是大家遵循的原则，达到"中和"的境界，天地便各在其位了，万物便生长繁育了。对于现代人来说，致中和是道德修养的有效方法。

四、中庸始于家庭

"君子之道，辟如行远必自迩，辟如登高必自卑。诗曰：'妻子好合，如鼓瑟琴。兄弟既翕，和乐且耽。宜尔室家，乐尔妻帑。'子曰：　'父母其顺矣乎。'"（《十三经古注·中庸》）君子实行中庸之道，就像走远路一样，必定要从近处开始；就像登高山一样，必定要从低处起步。《诗经》说，妻子儿女感情和睦，就像弹琴鼓瑟一样。兄弟关系融洽，和顺又快乐。使你的家庭美满，使你的妻儿幸福。孔子赞叹说，这样，父母也就称心如意了啊！对于现代人来说，仁德修养过程中要做到中庸的最简单途径，就是从身边做起，能使家庭和睦就是实行中庸的第一步。

> 所谓平天下在治其国者，上老老而民兴孝，上长长而民兴悌，上
> 恤孤而民不倍，是以君子有絜矩之道也。所恶于上，毋以使下，所恶
> 于下，毋以事上；所恶于前，毋以先后；所恶于后，毋以从前；所恶

于右，毋以交于左；所恶于左，毋以交于右；此之谓絜矩之道。(《十三经古注·大学》)

之所以说平定天下要治理好自己的国家，是因为，在上位的人尊敬老人，老百姓就会孝顺自己的父母；在上位的人尊重长辈，老百姓就会尊重自己的兄长；在上位的人体恤救济孤儿，老百姓也会同样跟着去做。所以，品德高尚的人总是实行以身作则、推己及人的"絜矩之道"。如果厌恶上司对你的某种行为，就不要用这种行为去对待你的下属；如果厌恶下属对你的某种行为，就不要用这种行为去对待你的上司；如果厌恶在你前面的人对你的某种行为，就不要用这种行为去对待在你后面的人；如果厌恶在你后面的人对你的某种行为，就不要用这种行为去对待在你前面的人；如果厌恶在你右边的人对你的某种行为，就不要用这种行为去对待在你左边的人；如果厌恶在你左边的人对你的某种行为，就不要用这种行为去对待在你右边的人，这就叫作"絜矩之道"。对于现代人来说，仁德修养就是要以道德上的规范为"絜矩"，保持内心公平中正，做事中庸合德，"己所不欲，勿施于人"。

第六节　孝是一切德行的根本

一、孝的内涵

"子曰：'《书》云：孝乎惟孝，友于兄弟。'"(《论语·为政》)孔子引用《尚书》上的话说，孝就是孝敬父母，友爱兄弟。"孟懿子问孝，子曰：'无违。'樊迟御，子告之曰：'孟孙问孝于我，我对曰无违。'樊迟曰：'何谓也。'子曰：'生，事之以礼；死，葬之以礼，祭之以礼。'"(《论语·为政》)孟懿子问什么是孝，孔子说，孝就是不要违背礼。后来樊迟给孔子驾车，孔子告诉他，孟孙问我什么是孝，我回答他说不要违背礼。樊迟说，不要违背礼是什么意思呢？孔子说，父母活着的时候，要按礼侍奉他们；父母去世后，要按礼埋葬他们、祭祀他们。"孟武伯问孝，子曰：'父母唯其疾之忧。'"(《论语·为政》)孟武伯向孔子请教孝道。孔子说，父母对于子女，只为他们的疾病担忧，其他没有让父母担忧的事。能这样做就可以算是尽孝了。"子游问孝，子曰：

'今之孝者，是谓能养。至于犬马，皆能有养，不敬，何以别乎？'"（《论语·为政》）子游问什么是孝，孔子说，如今所谓的孝，只是说能够赡养父母便足够了。然而，就是犬马都能够得到饲养。如果不存心孝敬父母，那么赡养父母与饲养犬马又有什么区别呢？"子夏问孝，子曰：'色难。有事，弟子服其劳；有酒食，先生馔，曾是以为孝乎？'"（《论语·为政》）子夏问什么是孝，孔子说，当子女的要尽到孝，最不容易的就是对父母和颜悦色，仅仅是有了事情，儿女需要替父母去做，有了酒饭，让父母吃，难道能认为这样就可以算是孝了吗？现代人与圣人相比较，在对于父母的孝敬方面相距甚远，值得深思与反省。

二、行孝之道

"用天之道，分地之利，谨身节用，以养父母，此庶人之孝也。故自天子至于庶人，孝无终始，而患不及者，未之有也。"（《孝经·孝经庶人》）利用自然的季节，认清土地的高下优劣，行为谨慎，节省俭约，以此来孝养父母，这就是普通老百姓的孝道了。所以，上自天子，下至普通老百姓，不论尊卑高下，孝道是无始无终、永恒存在的，有人担心自己不能做到孝，那是没有的事情。对于现代人而言，孝敬父母，不论什么人只要真心诚意去做，都能够做到。

"子曰：'事父母几谏，见志不从，又敬不违，劳而不怨。'"（《论语·里仁》）孔子说，侍奉父母，如果父母有不对的地方，要委婉地劝说他们，自己的意见表达了，见父母心里不愿听从，还是要对他们恭恭敬敬，并不违抗，替他们操劳而不怨恨。"子曰：'父母之年，不可不知也。一则以喜，一则以惧。'"（《论语·里仁》）孔子说，父母的年纪，不可不知道并且要常常记在心里。一方面为他们的长寿而高兴，一方面又为他们的衰老而恐惧。这种对于父母的孝敬，每个人都能做到，但未必人人都做到了。

> 曾子曰："孝子之养老也，乐其心不违其志，乐其耳目，安其寝处，以其饮食忠养之孝子之身终，终身也者，非终父母之身，终其身也；是故父母之所爱亦爱之，父母之所敬亦敬之，至于犬马尽然，而况于人乎！"凡养老，五帝宪，三王有乞言。五帝宪，养气体而不乞言，有善则记之为惇史。三王亦宪，既养老而后乞言，亦微其礼，皆有惇史。（《礼记·内则》）

曾子说，孝子的养老，首先在于使父母内心快乐，不违背他们的旨意；其次才是言行循礼，使他们听起来高兴，看起来快乐，使他们起居安适，在饮食方面尽心侍候周到，直到孝子死而后已。所谓"终身"孝敬父母，不是说终父母的一生，而是终孝子自己的一生。所以，虽然父母已经去世，但他们生前所爱的，自己也要爱；他们生前所敬的，自己也要敬；就是对他们喜欢的犬马也都是如此对待，更何况对他们敬爱的人呢！对于新时代的子女来说，孝敬父母的事情说起来容易，做起来难，尤其是终其一生很难啊！

子曰："孝子之事亲也，居则致其敬，养则致其乐，病则致其忧，丧则致其哀，祭则致其严。五者备矣，然后能事亲。事亲者，居上不骄，为下不乱，在丑不争。居上骄则亡，为下而乱则刑，在丑而争则兵。三者不除，虽日用三牲之养，犹为不孝也。"（《孝经·孝经纪孝行》）

孔子说，孝子对父母亲的侍奉，在日常家居的时候，要竭尽对父母的恭敬；在饮食生活的奉养时，要保持和悦愉快的心情去服侍；父母生了病，要带着忧虑的心情去照料；父母去世了，要竭尽悲哀之情料理后事；对先人的祭祀，要严肃对待；礼法不乱。这五方面做得完备周到了，方可称为对父母尽到了子女的责任。侍奉父母双亲，要身居高位而不骄傲蛮横，身居下层而不为非作乱，在民众中间和顺相处、不与人争斗。身居高位而骄傲自大者势必要招致灭亡，在下层而为非作乱者免不了遭受刑法，在民众中争斗则会引起相互残杀。"骄、乱、争"三项恶事不戒除，即便对父母天天用牛羊猪三牲的肉食尽心奉养，也还是不孝之人啊。可见，对父母真正的孝敬，体现在子女如何做人的方方面面。

仲尼居，曾子侍。子曰："先王有至德要道，以顺天下，民用和睦，上下无怨。汝知之乎？"曾子避席曰："参不敏，何足以知之？"子曰："夫孝，德之本也，教之所由生也。复坐，吾语汝。身体发肤，受之父母，不敢毁伤，孝之始也。立身行道，扬名于后世，以显父母，孝之终也。夫孝，始于事亲，中于事君，终于立身。"《大雅》云："无念尔祖，聿修厥德。"（《孝经·开宗明义》）

孔子在家里闲坐，他的学生曾子侍坐在旁边。孔子说，先代的帝王有其至高无上的品行和最重要的道德，他们以自身高尚的德性使天下人心归顺，使人民和睦相处。人们无论是尊贵还是卑贱，上上下下都没有怨恨和不满。你知道那是为什么吗？曾子站起身来，离开自己的座位回答道，学生我不够聪敏，哪里会知道呢？孔子说，这就是孝。它是一切德行的根本，也是教化产生的根源。你回原来位置坐下，我告诉你。人的身体四肢、毛发皮肤，都是父母赋予的，不敢予以损毁伤残，这是孝的开始。人在世上遵循仁义道德，有所建树，显扬名声于后世，从而使父母显赫荣耀，这是孝的终极目标。所谓孝，最初是从侍奉父母开始，然后效力于国君，最终建功立业，功成名就。《诗经·大雅·文王》篇中说过，怎么能不思念你的先祖呢？要称赞修行先祖的美德啊！现代人对于孝越来越淡忘，且把孝仅仅看作是自己家的私事。要培养自己高尚的仁德，必须从仁德的源头做起，这个源头就是孝，孝是一切德行的根本。

三、不孝的罪过最大

> 曾子曰："甚哉，孝之大也！"子曰："夫孝，天之经也，地之义也，民之行也。天地之经，而民是则之。则天之明，因地之利，以顺天下。是以其教不肃而成，其政不严而治。先王见教之可以化民也，是故先之以博爱，而民莫遗其亲，陈之德义，而民兴行。先之以敬让，而民不争；导之以礼乐，而民和睦；示之以好恶，而民知禁。"《诗》云："赫赫师尹，民具尔瞻。"（《孝经·孝经三才》）

曾子说，太伟大了！孝道是多么博大高深呀！孔子说，孝道犹如天上日月星辰的运行、地上万物的自然生长，天经地义，乃是人类最为根本首要的品行。天地有其自然法则，人类从其法则中领悟到实行孝道是为自身的法则而遵循它。效法上天那永恒不变的规律，利用大地自然四季中的优势，顺乎自然规律对天下民众施以政教。因此，其教化不需严肃施为就可成功，其政治不需严厉推行就能得以治理。从前的贤明君主看到通过教育可以感化民众，所以，他首先表现为博爱，百姓因此没敢遗弃父母双亲的。向百姓陈述道德、礼义，百姓就起来去遵行，他又率先以恭敬和谦让垂范于百姓，于是百姓就不争斗。用礼仪和音乐引导他们，百姓就和睦相处。告诉百姓对值得喜好的美的东西和令人厌恶的丑的东西的区别，百姓就知道禁令而不犯法了。《诗经·小雅·节南山》篇中说，威严而显赫的太师尹氏，百姓都仰望着你。"子曰：'五刑之属三千，而罪莫大于不孝。要君者无上，非圣人者无法，非孝者无亲。此大乱之道也。'"（《孝经·五刑》）孔子说，五刑所属的犯罪条例有三千之多，其中没有比不孝的罪过更大的了。用武力胁迫君主的人，是眼中没有君主的存在；诽谤圣人的人，是眼中没有法纪；对行孝的人有非议、不恭敬，是眼中没有父母双亲的存在。这三种人的行径，乃是天下大乱的根源所在。对于一个人而言，是否孝敬父母，并非仅仅是个人与父母的关系，而是事关社会稳定、天下太平的大事。

四、一味遵从父母之命并不一定是孝顺

　　曾子曰："若夫慈爱、恭敬、安亲、扬名，则闻命矣。敢问子从父之令，可谓孝乎？"子曰："是何言与，是何言与！昔者天子有争臣七人，虽无道，不失其天下；诸侯有争臣五人，虽无道，不失其国；大夫有争臣三人，虽无道不失其家；士有争友，则身不离于令名；父有争子，则身不陷于不义。则子不可以不争于父，臣不可以不争于君；故当不义，则争之。从父之令，又焉得为孝乎！"（《孝经·谏诤》）

　　曾子说，像慈爱、恭敬、安亲、扬名这些孝道，已经听过了天子的教诲，我想再冒昧地问一下，做儿子的一味遵从父亲的命令，就可称得上是孝顺了吗？孔子说，这是什么话呢？这是什么话呢？从前，天子身边有七个直言相谏的诤臣，因此，纵使天子是个无道昏君，他也不会失去其天下；诸侯有直言谏诤的诤臣五人，即便自己是个无道君主，也不会失去他的诸侯国地盘；卿大夫也有三位直言劝谏的臣属，所以，即使他是个无道之臣，也不会失去自己的家园。普通的读书人有直言劝诤的朋友，自己的美好名声就不会丧失；为父亲的有敢于直言力诤的儿子，就能使父亲不会陷身于不义之中。因此，在遇到不义之事时，如系父亲所为，做儿子的不可以不劝诤力阻；如系君王所为，做臣子的不可以不直言谏诤。所以，对于不义之事，一定要谏诤劝阻。如果只是遵从父亲的命令，又怎么称得上是孝顺呢？对于现代人来说，孝敬父母并非不分对错一味地听从父母之命，真正的孝敬是要对父母之命坚持是非标准，对的要听从，错的就要在尊敬父母的前提下婉言谢绝。

第七节　道德离不开礼义

一、礼义源出于太一

是故夫礼，必本于太一，分而为天地，转而为阴阳，变而为四时，列而为鬼神。其降曰命，其官于天也。夫礼必本于天，动而之地，列而之事，变而从时，协于分艺，其居人也曰养，其行之以货力、辞让：饮食、冠昏、丧祭、射御、朝聘。故礼义也者，人之大端也，所以讲信修睦而固人之肌肤之会、筋骸之束也。所以养生送死事鬼神之大端也。所以达天道顺人情之大窦也。故唯圣人为知礼之不可以已也，故坏国、丧家、亡人，必先去其礼。(《礼记·礼运》)

礼必定源出于太一，太一一分为二，在上者为天，在下者为地，天又转变为阳，地又转变为阴，阳气变为春夏，阴气变为秋冬，于是有了四季，于是有了鬼神。圣人制礼，皆据此而颁降政令，这是取法于天的。礼一定是源出于太一和天，其次效法于地，再次效法五祀，然后效法四时，而且合乎每月行令的准则。礼在人事上也叫作义，具体表现为财货、精力、辞让、饮食、冠婚、丧祭、射乡、朝聘等项礼仪。所以说，礼义这个东西，是做人的头等大事。人们用礼来讲究信用，维持和睦，使彼此团结得就像肌肤相接、筋骨相连一样。人们把礼作为养生送死和敬事鬼神的头等大事，把礼作为贯彻天理、理顺人情的重要渠道。所以，只有圣人才知道礼是须臾不可或缺的，因此，凡是国亡家破身败的人，一定是由于他先抛开了礼，才落得如此下场。礼是法则的源头，是人的行为规范，是社会秩序的基石。对于现代人来说，礼也是一个人思想道德水平、文化修养、交际能力的外在表现，礼义是一种待人接物的行为规范，也是交往的艺术，在历史传统、风俗习惯、宗教信仰、时代潮流等因素共同作用下而形成。所以，一个人仁德的修养离不开礼义。

二、礼的内在实质和外在形式

礼器是故大备。大备，盛德也。礼释回，增美质；措则正，施则行。其在人也，如竹箭之有筠也；如松柏之有心也。二者居天下之大端矣。故贯四时而不改柯易叶。故君子有礼，则外谐而内无怨，故物无不怀仁，鬼神飨德。先王之立礼也，有本有文。忠信，礼之本也；义理，礼之文也。无本不正，无文不行。礼也者，合于天时，设于地财，顺于鬼神，合于人心，理万物者也。是故天时有生也，地理有宜也，人官有能也，物曲有利也。故天不生，地不养，君子不以为礼，鬼神弗飨也。居山以鱼鳖为礼，居泽以鹿豕为礼，君子谓之不知礼。故必举其定国之数，以为礼之大经，礼之大伦。以地广狭，礼之薄厚，与年之上下。是故年虽大杀，众不匡惧。则上之制礼也节矣。（《礼记·礼器》）

以礼为器，就可导致"大顺"的局面。而这种局面乃是盛德的表现。礼能够消除邪恶，增进本质之美，用到人身上则无所不正，用到做事上则无所不成。礼对于人来说，就好比竹箭的外表青皮，又好比松柏的内部实心。普天之下，只有竹箭和松柏有此大节，所以，才一年四季从头到尾总是郁郁葱葱，枝叶永不凋落。君子有礼，也恰是如此，他不仅能与外部的人和谐相处，而且能与内部的人相亲相爱。所以，人们无不归心于他的仁慈，连鬼神也乐于消受他的祭品。先王制定的礼，既有内在的实质，又有外在的形式。忠信是礼的内在实质，得理合宜是礼的外在形式。没有内在的实质，礼就不能成立；没有外在的形式，礼就无法施行。礼应该是上合天时、下合地利、顺于鬼神、合于人心、顺于万物的一种东西。四时各有不同的生物，土地各有不同的出产，五官各有不同的功能，万物各有不同的用途。所以，不到节令的动植物，不是当地的土特产，君子是不拿来作为祭品的，即使拿来，鬼神也是拒绝享用的。住在山里，却以水里产的鱼鳖为礼品；住在水边，却以山里产的鹿茸为礼品。这样的做法，君子认为是不懂礼。所以，一定要按照本国物产的多少，来确定其行礼用财的基本原则。礼品的多少，要看国土的大小；礼品的厚薄，要看年成的好坏。所以，即使遇到灾荒之年，民众也不恐惧，究其原因，就是由于君上在治丰时是很有分寸的。对于现代人来说，以忠信作为礼的内在实质，以得理合宜作为礼的外在形式仍然不过时。

> 故圣人作则，必以天地为本，以阴阳为端，以四时为柄，以日星为纪，月以为量，鬼神以为徒，五行以为质，礼义以为器，人情以为田，四灵以为畜。以天地为本，故物可举也；以阴阳为端，故情可睹也；以四时为柄，故事可劝也；以日星为纪，故事可列也；月以为量，故功有艺也；鬼神以为徒，故事有守也；五行以为质，故事可复也；礼义以为器，故事行有考也；人情以为田，故人以为奥也。（《礼记·礼运》）

所以，圣人制作法则，一定要取法天地以为根本，取法阴阳以为大端，取法四时以为关键，取法日星以为纲纪，取法月之圆缺以为区分，取法大地以山川为徒属，取法五行以为主体，把礼义当作耕地的工具，把人情当作田地，连"四灵"也成了家畜。因为以天地为根本，所以，万物都能包罗；以阴阳为大端，所以，人情可以察觉；以四时为关键，所以，农时不失，事功易成；以日星为纲纪，所以，做事的顺序便于安排；以月之圆缺为区限，因此，每月干啥都有条不紊；以山川为徒属，所以，人人皆有职守；以五行为主体，因此，事事皆可终而复始；把礼义作为耕具，所以，事事才能办得成功；把人情当作田地，所以，圣人就是田地的主人。现代人应慎记"礼义以为器，故行事有考也"。

> 故礼之于人也，犹酒之有蘖也，君子以厚，小人以薄。故圣王修义之柄、礼之序，以治人情。故人情者，圣王之田也。修礼以耕之，陈义以种之，讲学以耨之，本仁以聚之，播乐以安之。故礼也者，义之实也。协诸义而协，则礼虽先王未之有，可以义起也。义者艺之分、仁之节也，协于艺，讲于仁，得之者强。仁者，义之本也，顺之体也，得之者尊。故治国不以礼，犹无耜而耕也；为礼不本于义，犹耕而弗种也；为义而不讲之以学，犹种而弗耨也；讲之于学而不合之以仁，犹耨而弗获也；合之以仁而不安之以乐，犹获而弗食也；安之以乐而不达于顺，犹食而弗肥也。（《礼记·礼运》）

礼对于人来说，好比是酿酒要用的曲，君子德厚，酿成的酒也便醇厚，小人德薄，酿成的酒也便寡味。所以圣王牢持礼、义这两件工具，用来治理人情。打比方来讲，人情好比田地，圣王好比田主，圣王用礼来耕耘，把陈说义理当作下种，把讲解教导当作除草，把施行仁爱当作收获，把备乐置酒当作农夫的犒劳。可以这样说，礼是义的制度化。有些礼的条文，拿义的标准去衡量无一不合，但先王并无明文规定，这也不妨因时制宜而自我作古。义是区分是非的标准，衡量仁爱的尺度。符合标准，符合仁爱，谁做到这两条谁就强大。仁是义的基础，又是贯通天理人情的具体表现，谁能做到仁谁就会被人尊敬。所以，治国而不用礼，就好比耕田而不用农具；制礼而不源本于义，就好比耕地而不下种；有了义而不进行讲解教育，就好比下种而不除草；有了讲解教育而不和仁爱结合，就好比虽然除草而不去收获；和仁爱结合了而不配乐置酒犒劳农夫，就好比虽然颗粒归仓而不让食用；配乐置酒犒劳农夫了而没有达到自然而然的境界，就好比饭也吃了但身体却不强健。德行是礼这个曲的质量指标，德行好，曲的质量好，酿的酒就好，人就健康。对于现代人来说，培养仁德的品行成为仁者，就要有一颗爱心，仁者爱人，同时仁者也能收获爱，被人所敬爱，这就是修仁的秘诀。

三、忠信是礼之根本

"君子曰：甘受和，白受采；忠信之人，可以学礼。苟无忠信之人，则礼不虚道。是以得其人之为贵也。孔子曰：'诵《诗》三百，不足以一献。一献之礼，不足以大飨。大飨之礼，不足以大旅。大旅具矣，不足以飨帝。'毋轻议礼！"（《礼记·礼器》）君子说，甘味是五味的根本，在此基础上可以调和出百味。白色是五色的根本，在此基础上可以绘出五彩。这个道理明白了，你就知道忠信是礼的根本，只有忠信之人，才可以学礼。如果不是忠信之人，礼也不会跟着你瞎跑。由此看来，礼固然重要，而得到忠信之人更重要。孔子说，即使把《诗经》三百篇背得滚瓜烂熟，如果没有学过礼，就连简单的一献之礼也承担不了。懂得了一献之礼，如果不进一步学习，就未必能承担大飨之礼。懂得了大飨之礼，如果不再继续学习，就未必能承担大旅之礼。懂得了大旅之礼，未必就能担当祭天之礼。不要轻率地议论礼。现代人只有在忠信的基础上运用礼仪，才能使礼仪发挥真正的作用。

四、真心敬爱是礼的根本

"林放问礼之本。子曰：'大哉问！礼，与其奢也，宁俭；丧，与其易也，宁戚。'"（《论语·八佾》）林放问什么是礼的根本。孔子回答说，你问的问题意义重大，就礼节仪式的一般情况而言，与其奢侈，不如节俭；就丧事而言，与其仪式上治办周备，不如内心真正哀伤。"子曰：'教民亲爱，莫善于孝。教民礼顺，莫善于悌。移风易俗，莫善于乐。安上治民，莫善于礼。礼者，敬而已矣。故敬其父，则子悦；敬其兄，则弟悦；敬其君，则臣悦；敬一人，而千万人悦。所敬者寡，而悦者众，此之谓要道也。'"（《孝经·广要道》）孔子说，教育百姓互相亲近友爱，没有比倡导孝道更好的了。教育百姓礼貌和顺，没有比服从自己兄长更好的了。转移风气、改变旧的习惯制度，没有比用音乐教化更好的了。要使君主安心，百姓服从，没有比用礼教办事更好的了。所谓的礼，也就是敬爱而已。所以，尊敬他人的父亲，其儿子就会喜悦；尊敬他人的兄长，其弟弟就愉快；尊敬他人的君主，其臣下就高兴。敬爱一个人，却能使千万人高兴愉快。所尊敬的对象虽然只是少数，为之喜悦的人却有千千万万，这就是礼敬作为要道的意义之所在啊。对于现代人来说，行礼的根本要从真心敬爱开始。

五、道德仁义非礼不成

"子曰：'兴于诗，立于礼，成于乐。'"（《论语·泰伯》）孔子说，人的修养开始于学《诗》，自立于学礼，完成于学乐。"子曰：'不知命，无以为君子也；不知礼，无以立也；不知信，无以知人也。'"（《论语·尧曰》）孔子说，不懂得天命，就不能做君子；不知道礼义，就不能立身处世；不善于分辨别人的话语，就不能真正了解他。

道德仁义，非礼不成，教训正俗，非礼不备。分争辨讼，非礼不决。君臣上下父子兄弟，非礼不定。宦学事师，非礼不亲。班朝治军，莅官行法，非礼威严不行。祷祠祭祀，供给鬼神，非礼不诚不庄。是以君子恭敬撙节退让以明礼。鹦鹉能言，不离飞鸟；猩猩能言，不离禽兽。今人而无礼，虽能言，不亦禽兽之心乎？夫唯禽兽无礼，故父子聚麀。是故圣人作，为礼以教人。使人以有礼，知自别于禽兽。

（《礼记·曲礼上》）

道德仁义这四个抽象的概念，没有礼就落不到实处；教育训导，整饬民俗，没有礼就会顾此失彼；区别争讼的是非曲直，没有礼就无法判断；君臣、上下、父子、兄弟的名分，没有礼就无法确定。学习做官的本领和学习六艺，如果弟子侍奉老师无礼，师生之情就不会亲密。百官在朝廷上的班位，将帅的治军，官员的到任履行职务，没有礼就无法体现威严；求福之祷，谢神之祠，以及常规的种种祭祀，供给鬼神的祭品都有规定，不按照礼数来做就显得内心不诚，外貌不庄。所以，作为君子，就要用恭敬、抑制、退让的精神来显示礼。鹦鹉虽然能学人说话，但终究还是飞鸟；猩猩虽然也能说话，但终究还是禽兽。如果作为人而不知礼，虽然能说话，难道不也是禽兽之心吗？正因为禽兽不知礼，所以，才会父子共妻。所以，圣人制定了一套礼来教育人，使人人都有礼，知道自己有别于禽兽。对于一个普通人来说，懂得礼义、讲究礼义是立身处世的根本。对于一个追求道德修养的人来说，非礼不成。

六、以礼对待情义和欲望

何谓人情？喜怒哀惧爱恶欲七者，弗学而能。何谓人义？父慈、子孝、兄良、弟弟、夫义、妇听、长惠、幼顺、君仁、臣忠十者，谓之人义。讲信修睦，谓之人利。争夺相杀，谓之人患。故圣人所以治人七情，修十义，讲信修睦，尚辞让，去争夺，舍礼何以治之？（《礼记·礼运》）

什么叫作人情？喜、怒、哀、惧、爱、恶、欲，这七种不学就会的感情就是人情。什么叫作人义？父亲慈爱，儿子孝敬，兄长友爱，幼弟恭顺，丈夫守寒，妻子听从，长者惠下，幼者顺上，君主仁慈，臣子忠诚，这十种人际关系准则就叫人义。讲究信用，维持和睦，这叫作人利。你争我夺，互相残杀，这叫作人患。圣人要想疏导人的七情，维护十种人际关系准则，崇尚谦让，避免争夺，除了礼以外，没有更好的办法。"饮食男女，人之大欲存焉；死亡贫苦，人之大恶存焉。故欲恶者，心之大端也。人藏其心，不可测度也；美恶皆在其心，不见其色也，欲一以穷之，舍礼何以哉？"（《礼记·礼运》）饮食男女，是人的最大欲望所在。死亡贫苦，是人的最大厌恶所在。这最大欲望和最大厌恶，构成了人心日夜思虑的两件大事。每人都把心思藏在肚子里，深不可测。美好或丑恶的念头都深藏在心，从外表来看谁也看不出来，要想彻底搞清楚，除了礼之外恐怕也没有别的办法。不论是古人还是现代人，都有情有欲，但必须用礼义约束情欲，使情欲被控制在合理范围内，才能称得上真正意义上的人。

七、礼有分寸

故礼之不同也，不丰也，不杀也，所以持情而合危也。故圣王所以顺，山者不使居川，不使渚者居中原，而弗敝也。用水火金木，饮食必时。合男女，颁爵位，必当年德。用民必顺。故无水旱昆虫之灾，民无凶饥妖孽之疾。故天不爱其道，地不爱其宝，人不爱其情。故天降膏露，地出醴泉，山出器车，河出马图，凤凰麒麟皆在郊棷，龟龙在宫沼，其余鸟兽之卵胎，皆可俯而窥也。则是无故，先王能修礼以达义，体信以达顺，故此顺之实也。（《礼记·礼运》）

礼的最大特点就是讲究区别，礼数该少的就不能增加，礼数该多的也不能减少，只有这样，才能维系人情，和合上下而各安其位。所以，圣王顺着天时、地利、人情而制礼，不使惯于山居者徙居水旁，不使惯于居住河洲者迁居平原，这样，人们就会安居乐业。使用水、火、金、木和饮食，都要因时制宜。男婚女嫁，应当及时；颁爵晋级，应当依据德行。使用百姓要趁农闲，不夺农时，所以，就没有水旱蝗螟之灾，也没有凶荒妖孽作祟。这就造就天不吝惜其道、地不吝惜其宝、人不吝惜其情的太平盛世。于是天降甘露，地涌甘泉，山中出现现成的器皿和车辆，大河中出现龙马负图，凤凰、麒麟、神龟、蛟龙四灵毕至，或栖息在郊外的草泽，或畜养在宫中的水池。至于尾随四灵而来的其他鸟兽更是遍地做巢，与人类友好相处。它们产的卵，人们低头就可以看到；它们怀的胎，人们伸手就可以摸到。这没有别的原因，只是由于先王能够通过制礼而把种种天理人情加以制度化，又通过诚信以达到顺应天理人情的缘故。而太平盛世也不过是顺应天理人情的结果罢了。对于现代人来说，讲究礼仪很重要，但一定要有分寸，因人因时因地而异。并非礼多人不怪，行礼不当就会适得其反。

八、用礼要相称

子曰："礼，不可不省也。"礼不同，不丰、不杀，此之谓也。盖言称也。礼之以多为贵者，以其外心者也；德发扬，诩万物，大理物博，如此，则得不以多为贵乎？故君子乐其发也。礼之以少为贵者，以其内心者也。德产之致也精微，观天子之物无可以称其德者，如此则得不以少为贵乎？是故君子慎其独也。古之圣人，内之为尊，外之为乐，少之为贵，多之为美。是故先生之制礼也，不可多也，不可寡也，唯其称也。（《礼记·礼器》）

孔子说，礼，不可以不加以审察。礼有种种不同，该减少的不能增加，该增加的也不能减少。礼要相称，礼之所以有以多、大、高、文为贵者，原因就在于它是存心向外界炫耀的。王者的道德发扬，普及万物，统领的事情又千头万绪，无所不包，像这样，能不以多、大、高、文为贵吗？所以君子就乐于向外界炫耀。礼之所以有以少、小、下、素为贵者，原因就在于它是存心表示内在之德的。内在之德所具有的密致精微程度，遍观天下所有之物，没有一件可以与之匹配的，这样的话，能不以少、小、下、素为贵吗？所以君子就格外注意内心的修养。古代的圣人，既注重内心的修养，也乐于对外的炫耀，有时候以少、小、下、素为贵，有时候又以多、大、高、文为贵。所以，先王在制礼时，该少的不能让多，该多的不能让少，追求的目标就在于一个相称。现代人的礼义也只有与面对的人或事相称，才能收到理想的效果。

九、施礼要得当

子曰："臧文仲安知礼！夏父弗綦逆祀，而弗止也。燔柴于奥，夫奥者，老妇之祭也，盛于盆，尊于瓶。礼也者，犹体也。体不备，君子谓之不成人。设之不当，犹不备也。"礼有大有小，有显有微。大者不可损，小者不可益，显者不可掩，微者不可大也。故《经礼》三百，《曲礼》三千，其致一也。未有入室而不由户者。君子之于礼也，有所竭情尽慎，致其敬而诚若，有美而文而诚若。君子之于礼也，有直而

行也，有曲而杀也，有经而等也，有顺而讨也，有摭而播也，有推而
进也，有放而文也，有放而不致也，有顺而摭也。三代之礼一也，民
共由之。（《礼记·礼器》）

孔子说，所谓礼，就好比是人的身体。礼如果用得不当，就好比人体有残
疾一样。礼有时以大、以多为贵，有时以小、以少为贵，有时以高、以文为贵，
有时以素、以下为贵。以大、以多为贵者就不可随便减少，以小、以少为贵者
就不可随便增加，以高、以文为贵者就不可随便遮掩，以素、以下为贵者就不
可随便装饰和加高。所以，虽然礼的纲要有三百条，礼的细则有三千款，但它
们追求的都是一个诚字。这就像人要进屋，没有不是从门而入一样。君子对于
礼的态度，有时候是通过贵少、贵小、贵下、贵素而表达其诚，有时候是通过
贵多、贵大、贵高、贵文而表达其诚。君子在具体行礼的时候，有时是放任感
情毫不掩饰，有时是情感服从理智，有时是不分贵贱，上下一样，有时是按顺
序递减礼数，有时是取物于上而普施于下，有时是根据推理而提高规格，有时
是效法天地而文饰至极，有时是效法天地而文饰有限，有时是卑贱者袭用高贵
者之礼也不犯忌讳。现代人的礼义虽然与古人有所不同，但礼义的要求不变，
礼义要得当，要因时因地而异。

"子曰：'奢则不孙，俭则固。与其不孙也，宁固。'"（《论语·述而》）
孔子说，奢侈了就会越礼，节俭了就会寒酸。与其越礼，宁可寒酸。

礼从宜，使从俗。夫礼者所以定亲疏，决嫌疑，别同异，明是非
也。礼，不妄说人，不辞费。礼，不逾节，不侵侮，不好狎。修身践
言，谓之善行。行修言道，礼之质也。礼闻取于人，不闻取人。礼闻
来学，不闻往教。（《礼记·曲礼上》）

礼节要顺应事之所宜，出使要顺应当地的风俗。所谓礼，是用来确定人与
人之间关系的远近，判断事情的疑似难明，判别事情的何时当同何时当异，明
辨事情的得礼或失礼。依礼而言，不可随便地取悦于人，不可说做不到的话。
依礼，做事不得超过自己的身份，不得侵犯侮慢他人，也不得随便地与人套近
乎。涵养自己的德性，实践自己的诺言，这就叫作完美的品行。行合忠信，言
合仁义，这才是礼的实质。依礼，听说过纳贤人是要用他的德行来影响教化，

没听说过纳贤人只是要他当块招牌而已。依礼，听说过有学生主动来到师门拜师学艺的规矩，没有听说过老师反而到学生住处去施教的。由此可见，只有做到用礼得当，才能有效发挥礼的作用。

十、礼之用和为贵

"有子曰：'礼之用，和为贵。先王之道，斯为美。小大由之，有所不行。知和而和，不以礼节之，亦不可行也。'"（《论语·学而》）有子说，礼的应用，以和谐为贵。古代君主的治国方法，可宝贵的地方就在这里。但不论大事小事只顾按和谐的办法去做，有的时候就行不通。这是因为只是为了和谐而和谐，不以礼来节制和谐，也是不可行的。可见，礼的运用必须符合礼，道德修养离不开礼，而用礼有度，要以和为贵。

第八节　诚与顺是高尚道德

一、诚是天地的法则

"自诚明，谓之性；自明诚谓之教。诚则明矣；明则诚矣。"（《十三经古注·中庸》）由真诚而自然明白道理，这叫作天性；由明白道理后做到真诚，这叫作人为的教育。真诚也就会自然明白道理，明白道理后也就会做到真诚。

> 故至诚无息。不息则久，久则征。征则悠远。悠远，则博厚。博厚，则高明。博厚，所以载物也。高明，所以覆物也。悠久，所以成物也。博厚，配地。高明，配天。悠久，无疆。如此者，不见而章，不动而变，无为而成。天地之道，可一言而尽也。其为物不贰，则其生物不测。天地之道，博也、厚也、高也、明也、悠也、久也。今夫天斯昭昭之多，及其无穷也，日月星辰系焉，万物覆焉。今夫地一撮土之多，及其广厚载华岳而不重，振河海而不泄，万物载焉。今夫山一卷石之多，及其广大，草木生之，禽兽居之，宝藏兴焉。今夫水，一勺之多，及其不测，鼋、鼍、蛟、龙、鱼、鳖生焉，货财殖焉。（《十三经古注·中庸》）

极端真诚是没有止息的。没有止息就会保持长久，保持长久就会显露出来，显露出来就会悠远，悠远就会广博深厚，广博深厚就会高大光明。广博深厚的作用是承载万物；高大光明的作用是覆盖万物；悠远长久的作用是生成万物。广博深厚可以与地相比，高大光明可以与天相比，悠远长久则是永无止境。达到这样的境界，不显示也会明显，不活动也会改变，无所作为也会有所成就。诚才能悠远长久即长寿。天地的法则，简直可以用一个"诚"字来囊括：诚本身专一不二，所以生育万物多得不可估量。大地的法则，就是广博、深厚、高大、光明、悠远、长久。今天我们所说的大，原本不过是由一点一点的光明聚积起来的，可等到它无边无际时，日月星辰都靠它维系，世界万物都靠它覆盖。今天我们所说的地，原本不过是由一撮土一撮土聚积起来的，可等到它广博深厚时，承载像华山那样的崇山峻岭也不觉得重，容纳那众多的江河湖海也不会泄漏，世间万物都由它承载了。今天我们所说的山，原本不过是由拳头大的石块聚积起来的，可等到它高大无比时，草木在上面生长，禽兽在上面居住，宝藏在上面储藏。今天我们所说的水，原本不过是一勺一勺聚积起来的，可等到它浩瀚无涯时，蛟龙鱼鳖等都在里面生长，珍珠珊瑚等有价值的东西都在里面繁殖。对于现代人来说，只有真诚，才能做到道德高尚，厚德载物。

二、追求真诚是做人的原则

在下位不获乎上，民不可得而治矣。获乎上有道：不信乎朋友，不获乎上矣。信乎朋友有道：不顺乎亲，不信乎朋友矣。顺乎亲有道：反者身不诚，不顺乎亲矣。诚身有道：不明乎善，不诚乎身矣。诚者，天之道也。诚之者，人之道也。诚者，不勉而中不思而得：从容中道，圣人也。诚之者，择善而固执之者也。博学之，审问之，慎思之，明辨之，笃行之。有弗学，学之弗能，弗措也。有弗问，问之弗知，弗措也。有弗思，思之弗得，弗措也。有弗辨，辨之弗明，弗措也。有弗行，行之弗笃，弗措也。人一能之，己百之。人十能之，己千之。果能此道矣，虽愚必明，虽柔必强。（《十三经古注·中庸》）

在下位的人，如果得不到在上位的人信任，就不可能治理好平民百姓。得到在上位的人的信任有办法，那就是得到朋友的信任，如果得不到朋友的信任就得不到在上位的人信任；得到朋友的信任有办法，那就是孝顺父母，如果不孝顺父母就得不到朋友的信任；孝顺父母有办法，那就是真诚，如果自己不真诚就不能孝顺父母；使自己真诚有办法，那就是善良，如果不明白什么是善就不能够使自己真诚。真诚是上天的原则，追求真诚是做人的原则。天生真诚的人，不用勉强就能做到，不用思考就能拥有，自然而然地符合上天的原则，这样的人是圣人。努力做到真诚，就要选择美好的目标执着追求：广泛学习，详细询问，周密思考，明确辨别，切实实行。要么不学，学了没有学会绝不罢休；要么不问，问了没有懂得绝不罢休；要么不想，想了没有想通绝不罢休；要么不分辨，分辨了没有明确绝不罢休；要么不实行，实行了没有成效绝不罢休。别人用一分努力就能做到的，自己用一百分的努力去做；别人用十分的努力做到的，自己用一千分的努力去做。如果真能够做到这样，虽然愚笨也一定可以聪明起来，虽然柔弱也一定可以刚强起来。真诚是做人的原则，也是道德修养的基本原则。

三、大顺能守危

> 四体既正，肤革充盈，人之肥也。父子笃，兄弟睦，夫妇和，家之肥也。大臣法，小臣廉，官职相序，君臣相正，国之肥也。天子以德为车、以乐为御，诸侯以礼相与，大夫以法相序，士以信相考，百姓以睦相守，天下之肥也。是谓大顺。大顺者，所以养生送死、事鬼神之常也。故事大积焉而不苑，并行而不缪，细行而不失。深而通，茂而有间。连而不相及也，动而不相害也，此顺之至也。故明于顺，然后能守危也。（《礼记·礼运》）

四肢健全，肌肤丰满，这是一个人的身体强健。父子情笃，兄弟和睦，夫妇和谐，这是一个家庭的身体强健。大臣守法，小臣廉洁，百官各守其职而同心协力，君臣互相勉励匡正，这可以看作是一个国家的身体强健。天子把道德当作车辆，把音乐当作驾车者，诸侯礼尚往来，大夫按照法度排列次序，士人根据信用互相考察，百姓根据睦邻的原则维持关系，这可以看作是整个天下的身体强健。一个人的身体强健，一个家庭的身体强健，一个国家的身体强健，整个天下的身体强健，这些合在一起就叫作大顺。大顺，是用来养生、送死、敬事鬼神的永恒法则。达到了大顺，即使日理万机也不会有一事耽搁，两件事一齐进行也不会互相妨碍，行为虽然细小也不至于有什么闪失，尽管深奥却可以理解，尽管严密却不乏通道，既互相关联而又彼此独立，循规运动而不互相排斥，这便是顺的最高境界。由此看来，明白了顺的重要性，才能时时警惕，守住高位。

对于现代人来说，高尚的道德就是大顺，而大顺是由个人肌体和谐、家庭和谐、社会和谐和国家和谐构成的，换句话说，个人的高尚道德是构成家庭、社会和国家高尚道德的基础，而家庭、社会和国家的高尚道德又有利于个人高尚道德的涵养。

第五章

乡村社会道德风尚建设的传统文化基础

第一节　为政以德

德与政是一贯相连的，政是德所依附的力量，德是达到政的目标要求的手法。为政以德的基本内涵就是德政或者德治，即用道德来治理国家。

一、为政以德的譬如

"子曰：为政以德，譬如北辰，居其所而众星共之。"（《论语·为政》）在我国历史上，曾经有许多学者对为政以德的内涵进行了解读。什么是为政以德？"'为政以德'者，言为政之善，莫若以德。德者，得也。物得以生，谓之德。淳德不散，无为化清，则政善矣。"（何晏、邢昺《论语注疏》）有学者从字面上解读，认为是用道德来治国理政、为政以己德为主、用德行来搞政治、以德行来治理国家，等等。"为政以德"中有"为"，所以不同于老庄的"清静无为而民自正"；"为政以德"中有"以德"，所以也不同于申韩的"刑威加之而民自服"。可见"为政以德"既有别于道家的无为而治，又不同于法家的单纯以刑威加于民的为政方式，而是主张以德化民。以德治天下，则万民归心，社会运行流畅，国家秩序井然。为政以德中的"德"具有道德、德行之意，而"政"具有治理国家之意。为政以德的基本内涵就是德政或者德治，即用道德治理国家。

北辰位于上天最中间的位置，永久不动，最为尊贵，是"众星之主""众神之本"。"北辰，其星五，在紫微中。"① 马融曰："上帝，太乙神，在紫微宫，

---

① 孙星衍. 尚书今古文注疏［M］. 北京：中华书局，1986：38.

天之最尊者。""天有紫微宫，是上帝之所居也。"① 可见，天之至尊者，因为"上帝"居于其中。殷商时期的至上神"上帝"在周时期虽然经过了人文理性化改造，也并未直接消解上帝神灵的存在。而上天之至尊所具有的神圣性是孔子能够领悟到的，"天"始终是孔子心目中的"至上神"，"唯天为大。"（《论语·泰伯》）

北辰，即为"北极星"，在天的北极，天之正中。谓之辰者，无星而有其位。"辰"本指天上的星体，有具体的位置、一定的居所。太一，北辰神名。"共"为古"拱"字，译为"环绕"，"拱，可以对手抱"。东汉许慎说："拱，敛手也。"（《说文解字》）按此，"拱"也有"恭敬、顺从、归向"的意思。清代刘宝楠说："众星列峙错居，还绕北辰，若拱向之也。"（《论语正义》）

孔子说，为政者修行自己的德性以治理国家，得到民众的拥戴和归附，这就像北极星居于正中的位置，天上的群星都环绕并归向它一样。

二、为政以德的内涵

孔子以为政以德为理想模式，对此，何晏、邢昺在《论语注疏》中这样解释道，"譬如北辰，居其所而众星共之"者，譬，况也。北极谓之北辰。北辰常居其所而不移，故众星共尊之，以况人君为政以德，无为清静，亦众人共尊之也。《尔雅·释天》云："北极谓之北辰。"郭璞曰："北极，天之中，以正四时。"然则，极，中也；辰，时也。以其居天之中，故曰北极；以正四时，故曰北辰。《汉书·天文志》曰："中宫太极星。其一明者，泰一之常居也。旁三星，三公。环之匡卫十二星，藩臣。皆曰紫宫。北斗七星，所谓'璇玑玉衡，以齐七政'。斗为帝车，运于中央，临制四海。分阴阳，建四时，均五行，移节度，定诸纪，皆系于斗。"是众星共之也。

（一）北辰为天之王者

在中国古人的宇宙起源论里，北辰被当作天地中心，"北极"即"北辰"，太一乃北辰神名。北极作为天之枢星的同时还作为神的形体的象征受古人崇仰，甚至可以取代天。《鹖冠子·环流第五》载曰："斗柄东指，天下皆春；斗柄南指，天下皆夏；斗柄西指，天下皆秋；斗柄北指，天下皆冬。"② 北极位处天地中央，隐然有着指示气候、驱使四季的神力。北辰不仅是天之中心，还是至神

---

① （汉）司马迁. 史记·后汉书［M］. 北京：中华书局，2000：1091.

② 鹖冠子·百子全书5［M］. 杭州：浙江古籍出版社，1984.

的象征。《鹖冠子·泰鸿第十》云："中央者太一之位，百神仰制焉。"①《吕氏春秋·大乐》则云："万物所出，造于太一。"②屈原《九歌》中的《东皇太一》则表现了楚人对北极星神太一的膜拜之情。孔子生活的年代仍然处在先秦人崇拜北极大环境下，周王朝虽然以礼乐教化为治国之本，走出了商朝鬼神淫祀之风盛行的原始巫术氛围，但人文主义精神仍不可避免地被鬼神巫祀影响，虔守祖先和天神祭祀的规范。孔子维护周朝的礼乐制度和各种王官祭祀礼仪的规范，其人本思想里还保持着对鬼神的敬畏之情。在《礼记·表记》中孔子谈道：

> 夏道尊命，事鬼敬神而远之，近人而忠焉。先禄而后威，先赏而后罚，亲而不尊。其民之敝，蠢而愚，乔而野，朴而不文；殷人尊神率民以事神，先鬼而后礼，先罚而后赏，尊而不亲。其民之敝，荡而不静，胜而无耻；周人尊礼尚施，事鬼敬神而远之，近人而忠焉。其赏罚用爵列，亲而不尊。其民之敝，利而巧，文而不惭，贼而蔽。

孔子总结三代为政得失的基础，认为夏朝民风近人远鬼神，刑罚不威则民失于朴野；殷朝民风先鬼神而后礼则民失于不定；周朝承夏、殷两朝，尊礼而事鬼敬神而远之，但民又因过于尊礼而失于便利机巧。孔子认为，鬼神还是要敬，但要合乎温雅明礼之美，不能泛滥诡媚进而成为民众日常道德践履和文化学习的准则。"祭如在，祭神如神在"，先秦人鬼神观念中的"神"主要指天神。对鬼神，孔子虔诚以待，视中天之神北辰为天之王者。

（二）天

"天"是儒家信仰系统的终极实在，作为至上神的观念已经出现。在夏商时期，如在《尚书·甘誓》中有"今予推恭行天之罚"；在《尚书·汤誓》中有"有夏多罪，天命殛之"；在《汤诰》佚文中有"惟予小子履，敢用玄牡，告于上天后"；等等。天已作为殷人的至上神，将"天"称"帝"或"上帝"。周人以"天"代"帝"，直接以天为崇拜对象，孔子维护殷周以来传统的天神观念。著名哲学史家冯友兰先生认为，中国文字中"天"有五义：物质之天（与地相对）、主宰之天（皇天上帝）、命运之天（"富贵在天"或"若夫成功则天

---

① 鹖冠子·百子全书 5［M］. 杭州：浙江古籍出版社，1984.
② 吕氏春秋·百子全书 5［M］. 杭州：浙江古籍出版社，1984.

也"）、自然之天（"牛马四足，是谓天"）、义理之天（"天命之谓性"）①。
在《论语》中作主宰之天有 23 次，而物质之天 24 次，命运之天 1 次，义理之
天 1 次，天或天命乃儒家的终极实在。

（三）天命

"为政以德，譬如北辰，居其所而众星共之"体现了孔子敬天尊神的观点，
影响着孔子的人文德治思想。在《论语》中相关的论述如下。子曰："吾十有五
而志于学，三十而立，四十而不惑，五十而知天命，六十而耳顺，七十而从心
所欲，不逾矩。"（《论语·为政》）可以看出，孔子以"天"为统领万物的至
圣者，明确表达对天命的崇敬，强调含天命在内的命运对人的制约。孔子对
"天"存有极大的敬畏之情，他崇信的"天"带有人格化的主观意志，人的命
运与天的意旨紧密相关，天不语而威，不可随意亵渎怠慢，否则必为之厌弃，
行遭厄运。"仰以观于天文，俯以察于地理，是故知幽明之故。原始反终，故知
死生之说。"（《周易·系辞上》）

孔子崇敬天命，形成了"政必本于天"的观点。

> 孔子侍坐于哀公，哀公曰："敢问人道谁为大？"孔子愀然作色而
> 对曰："君之及此言也，百姓之德也，固臣敢无辞而对。人道政为大。"
> 公曰："敢问何谓为政？"孔子对曰："政者正也。君为正，则百姓从政
> 矣。君之所为，百姓之所从也。君所不为，百姓何从？"公曰："敢问
> 为政如之何？"孔子对曰："夫妇别，父子亲，君臣严，三者正，则庶
> 物从之矣。"（《礼记·哀公问》）

孔子的"三者正"实际上是在"为政"中实行严格的礼法等级制度。而礼
"先王以承天之道，以治人之情"（《礼记·礼运》）。政和天实际上也是一种法
象关系，因而孔子明确提出"是故夫政必本于天，殽以降命"。执掌中天的北极
象征着天命神符，施令于人间中央之位的国君则"临天受命"，和北极形成了宇
宙空间位象上的相循相因关系。孔子"政本于天"的思想很自然地赋予了为政
者追随中天北极的角色。

西周时期，"天"主要是一个命运的主宰，它对统治者的德业进行鉴察、仲

---

① 单纯. 宗教哲学［M］. 北京：中国社会科学出版社，2003：112.

裁。"天"对人的德性要求是以"天命之"的形式出现的,"天命""天敕""天明""天监"都带有命令的意味,人对天命则是奉命行事。"天叙有典,敕我五典五惇哉!天秩有礼,自我五礼有庸哉!同寅协恭和衷哉!"(《尚书·皋陶谟》)典要纲常、礼法秩序是"天"以显示、晓告的方式下达的,人对此则是领受的姿态。在春秋时期,把"天"直接视为礼的根源而不是礼的赐予、晓告者,这个"天"就是天道,也就是价值的源头了。"君人执信,臣人执共,忠信笃敬,上下同之,天之道也。"(《左传·襄公二十二年》)"吉也闻诸先大夫子产曰:'夫礼,天之经也,地之义也,民之行也。'天地之经,而民实之。""哀乐不失,乃能协于天地之性,是以长久。"(《左传·昭公二十五年》)孔子视"天"为价值源头、天道义理。王孙贾问孔子:"与其媚于奥,宁媚于灶,何谓也?"孔子回答说:"不然,获罪于天,无所祷也。"(《论语·八佾》)王孙贾是当时权贵,他说"与其媚于奥,宁媚于灶",是以时俗语暗示孔子与其自结于君,不如亲附于他,孔子说"获罪于天,无所祷也",天不是一个可以取媚的对象,而是价值的源头。朱熹解曰:"天,即理也","逆理,则获罪于天矣"(《论语集注》)。

孔子的天命观是从"受命"的天命观到"知天命"的天命观的超越。他将周初天命观的"受命"意识安顿到个体身上,转化为"知天命",产生了人的内在道德反省。孔子通过生命的践履与体验,来证悟天命与人之自由的关系。孔子始终"不怨天,不尤人"(《论语·宪问》),并以"发愤忘食,乐以忘忧,不知老之将至"(《论语·述而》)的心态,坦然地面对人生中的一切遭遇。在孔子看来,天对人除了禀赋包括命限这种自然而又实然的规定和限制之外,还另有道德性的赋予。孔子对天人关系的领悟落实于"天"与任何可能的个体之间,而"天"作为价值本体,自然成为关涉个体的德性的普遍性根据。孔子非常重视"天命",认为君子应该"知天命""畏天命"(《论语·季氏》)。只有"知天命"才可能成为君子。"不知命无以为君子"(《论语·尧曰》)。孔子所谓"君子"是德性而非身份地位。《论语·子路》记载,子贡问"士",孔子首称"行己有耻,使于四方,不辱君命",次称"宗族称孝焉,乡党称弟焉",再称"言必信,行必果,硁硁然小人",至子贡问:"今之从政者何如?"夫子答曰:"噫!斗筲之人,何足算也。"孔子将小人置于士之序次的第三等,而认为当时的从政者根本没有资格列于士之次。可知,"小人"一词在孔子那里并无特别的贬义,只是德小之称。所以从原则上讲,下层百姓通过进德修业一样可以成为君子,而贵族统治者如果德业不修,连小人也算不上。孔子曾对子夏说:

"女为君子儒，无为小人儒。"（《论语·雍也》）又可见，也不是说成了儒者就一定是君子，君子只与德性相关，而与身份无关。从这个意义上讲，"知天命"实则是孔子针对任何个体实现人性修养、安身立命的教诲与要求，君子人格则是他对每一个进德修业者的期许。

（四）主宰之天

1. 唯天为大

《论语》中"天"字单独出现时，几乎都为主宰之天。子曰："大哉，尧之为君也！巍巍乎！唯天为大，唯尧则之。荡荡乎！民无能名焉。巍巍乎！其有成功也；焕乎，其有文章！"（《论语·泰伯》）子曰："莫我知也夫！"子贡曰："何为其莫知子也？"子曰："不怨天，不尤人。下学而上达。知我者，其天乎！"（《论语·宪问》）天具有至上的主宰性。孔子曰："君子有三畏：畏天命，畏大人，畏圣人之言。小人不知天命而不畏也，狎大人，侮圣人之言。"（《论语·季氏》）天作为命运之天在《论语》中仅出现一次。"司马牛忧曰：'人皆有兄弟，我独亡。'子夏曰：'商闻之矣：死生有命，富贵在天。君子敬而无失，与人恭而有礼。四海之内，皆兄弟也。君子何患乎无兄弟也？'"（《论语·颜渊》）命与天并列，天乃命运之决定者，死生富贵本乎命，本乎天。天作为义理之天在《论语》中也仅出现一次。"子贡曰：'夫子之文章，可得而闻也；夫子之言性与天道，不可得而闻也。'"（《论语·公冶长》）

殷商时期浓厚的祭祀文化，源于他们的"自然宗教"信仰，把自然的力量看作一个不可理解的存在，相信自然本身就是超自然的神灵创造和支配的，并将其人格化和对其顶礼膜拜。认为在这个可见的世界背后肯定有一个无形的主宰者操纵着每一个人的命运、决定世间的祸福。这个主宰者就是"帝"，具有最高的权威，无所不能。"帝"这一概念，到了西周时期，就转换成了"天"。"天"与"帝"并无本质的不同，殷商时期对"天"（"帝"）的看法其实就是"主宰之天"，一种至高无上的存在，它决定世间的一切。此时的"天"（"帝"）虽然是全能的，但不是全善的。只能依靠"帝"的心情好坏来决定事情的吉凶，与人们的德性并无太大关系，殷人对自身命运的看法就是"命定论"和"宿命论"，人们将自己之前所遭遇的一切、未来所要面临的祸福都归因为上天之命令，对自身命运的把握无能为力，只好将自身的命运交由上天主宰，人们能做的只能是祈求上天赐福于己。

2. 天决定着政权转移和文明的兴衰

《论语》引述尧的话说："咨！尔舜！天之历数在尔躬，允执其中。四海困穷，天禄永终。"（《论语·尧曰》）这是尧传位给舜时所言，表明舜的即位来自天命，要求舜允执厥中，永保天命。孔子曾经感叹："大哉尧之为君也！巍巍乎！唯天为大，唯尧则之，荡荡乎，民无能名焉。"（《论语·泰伯》）这是形容尧德之深远广大，就像天一样，难以用言辞形容。孔子赴陈国途中在匡地被拘时说："文王既没，文不在兹乎？天之将丧斯文也，后死者不得与于斯文也；天之未丧斯文也，匡人其如予何？"（《论语·子罕》）孔子对天命的坚定信赖，相信周文之存亡绝续，以及他本人在其中可能发挥的作用，皆取决于天命而不是匡人的意志，他在困顿穷厄的人生关头依旧保持着超然而又坚定的心态。"天不生仲尼，万古长如夜"，孔子成了中华民族的精神偶像，但孔子本人却是向来谦虚的，他将自己的德归之于天，即"以德配天"。当太宰问子贡"夫子圣者与？何其多能也？"时，子贡回答："固天纵之将圣，又多能也。"（《论语·子罕》）正是天使夫子成为圣者，且多才多能的。

3. 天是一切自然现象的决定力量

颜渊死后，孔子连连叹曰："天丧予！天丧予！"（《论语·先进》）孔子还说："获罪于天，无所祷也。"（《论语·八佾》）如果得罪了上天，祷告也没用。天主宰着个体的人生命运。孔子曾说"予欲无言"，子贡不解，问："子如不言，则小子何述焉？"孔子说："天何言哉？四时行焉，百物生焉，天何言哉！"（《论语·阳货》）上天虽然不言不语，但是，四时之更替，万物之生长，却莫非决定于天。天尽管无言，然四时运行，万物生化，各得其所，正表明天意之神妙莫测。天决定着自然万物的生长与更替，而宇宙万物的运行规律则体现了天的力量。

4. 天不可欺

"子疾病，子路使门人为臣。病间，曰：久矣哉！由之行诈也！无臣而为有臣，吾谁欺？欺天乎？且予与其死于臣之手也，无宁死于二三子之手乎？且予纵不得大葬，予死于道路乎？"（《论语·子罕》）孔子不是大夫，按照周朝的礼制，死后不应由家臣来料理丧事。可是在孔子一次病重之际，子路等人却悄悄做了类似的安排，这自然是出于对老师的尊重。对于这种欺天之举，孔子病情减缓之后就痛责了子路，欺天之罪是孔子最为忌惮的。

5. 敬畏天命

"君子有三畏，畏天命，畏大人，畏圣人之言。小人不知天命而不畏。"

（《论语·季氏》）孔子一向敬畏天命，进而尊重与同情穿丧服的人、盲人以及背负图籍的人，敬畏生命和文化。孔子"见齐衰者，虽狎，必变。见冕者与瞽者，虽亵必以貌。凶服者式之，式负版者。有盛馔必变色然，迅雷风烈必变"（《论语·乡党》）。"居处恭，执事敬，与人忠，虽之夷狄不可弃也。"（《论语·子路》）孔子身体力行"貌思恭""言思忠""事思敬"（《论语·季氏》），"温良恭俭"（《论语·学而》），这与孔子对于天的信仰和对于天命的敬畏分不开。

6. 与天相知相依

古时，人们通过"仰观天象"来把握上天实在。孔子认为，天人之间的沟通十分重要，始终与上天保持一种双向互动的关系。"天"是意志之天，具有人格神的力量，通过自然的有序性、规律性来表达天命意志，为人者必须遵守和服从。孔子运用其"超验直觉"，透过自然之天，领悟到天所具有的非经验层面所能参悟的超验性。在孔子看来，"天"是超越自然、超越人的经验和认知，是不可言说的最高存在，需要神秘的感通和领悟。孔子一生都是在对上天的感悟、与上天的沟通中前行。

（五）大德受命

在先秦人的思想中，有德之人被认为是受命而降，"德"也具有了昭示天命的内涵。"惟尹躬暨汤，咸有一德，克享天心，受天明命……惟吉凶不僭在人，惟天降灾祥在德。"（《尚书·咸有一德》）孔子提出"大德者必受命"的观点：

> 舜其大孝也与，德为圣人，尊为天子，富有四海之内，宗庙飨之，子孙保之。故大德必得其位，必得其禄，必得其名，必得其寿……诗曰："嘉乐君子，宪宪令德，宜民宜人，受禄于天。保佑命之，自天申之。"故大德者必受命。（《十三经古注·中庸》）

"大德"的天命授受色彩表明无德之人纵然是国君也不得天命民心，更不能同执掌中天的北极星相提并论。国君只有行德政，才能感应天命所召，才能像北辰一样，居其所而众星共之。孔子认为，地上王国的有德之君为政严明，天空世界的日月星辰顺而有秩，整个天地自然人神和谐井然，这是真正的清明世界。

古代的天人合一思想使政德与星象关系密切，古人往往以星象占验天事灾祥。《左传》载僖公五年，卜偃为晋国灭虢占星，昭公十七年，申须以彗星暗示"除旧布新"，梓慎以火星联系人间火灾。而"德"的厚薄与否也同天命授受联系在一起，将国君之德和星象联系在一起分析天事人治，如晏子云："是故天地四时，和而不失。星辰日月，顺而不乱。德厚行广，配天象时，然后为帝王之君，神明之主。"（《晏子·内篇谏上》）东汉时，有"德星"一语："天精而见景星。景星者，德星也。其状无常，常出于有道之国。"（《史记·天官书》）"其秋，有星荮于东井。后十余日，有星蒂于三能……有司言曰：'陛下建汉家封禅，天其报德星云。'"（《史记·孝武本纪》）"德星"表明，君有道与否被东汉人直接同具体的星象对应起来。

三、为政以德的本质与核心

"为政以德"的本质是"民本"。"德唯善政，正在养民。"（《尚书·大禹谟》）为了国家和社会的有效治理，就要实施德政，而德政的基础在于民众。"民可近，不可下；民唯邦本，本固邦宁。"（《尚书·五子之歌》）民众在社会治理中具有重要地位，治理者认识到民众的重要性才是社会有效治理的前提。孔子"为政以德"的思想，本质就是将民众放在治理的基础地位上来看待。治理者在实施德政，维护爱护民众的同时，也达到了治理的目的，拉近了治理者与民众的距离。民众原本就期望获得治理者的重视和爱护，而治理者实行"德政"正好契合了民众的需求。可见，"德政"就是治理者与民众之间建立和谐关系的重要桥梁。

"为政以德"的核心是"仁爱"。"仁"是儒家思想的核心。"仁者爱人"（《孟子·离娄下》），"仁，亲也，从人二"（《说文》）。"仁"的基本形式是人们彼此之间相爱，要求人们将人作为人来对待，强调对人的尊重和关爱，其实质体现的是以人为本。"古之为政，爱人为大。不能爱人，不能有其身；不能有其身，不能安土；不能安土，不能乐天；不能乐天，不能成其身。"（《礼记·哀公问》）"仁爱"要求不论是治理者还是民众，都应从心底培养有"仁爱"的德性修养。

四、"为政以德"对为政者的要求

（一）以德化人

为政以德就是道德化治理，所谓道德化治理，就是注重正义秩序和正义原则，养成道德品质或美德，目的在于导善，形成人们发自内心地遵从正义秩序的自觉性。美德能够感发人们的共情想象，产生情感上的响应，能够入人也深，化人也速，有助于人们在道德上成人。孔子认为，为政的关键是以善教人，以德化人，在上则美政，在下则美俗。有人问孔子说："子奚不为政？"子曰："书云：'孝乎惟孝、友于兄弟，施于有政。'是亦为政，奚其为为政？"（《论语·为政》）对政治秩序的促进，并不只是要直接参与政事，如果能够谨行孝悌之道，就会对政事产生积极影响，这也是在为政。

（二）"政者，正也"

政治治理的本质是人伦关系上的正常和道德品质上的正直，使人们的行为归于一种良好的秩序。"政者，正也。子帅以正，孰敢不正？"（《论语·颜渊》）正，即正名。孔子认为"正名"是为政者的首要任务，就是找准在家庭和社会中的位置，承担所应该担负的职责和义务，各安其位、各司其职。这既是社会道德伦理的基本要求，也是政治活动所遵循的行为准则。找准在人伦关系中所处的位置，形成伦理义务意识，建立正常的"君君、臣臣、父父、子子"的人伦秩序，遵守人伦职分而不僭越。"名不正，则言不顺；言不顺，则事不成；事不成，则礼乐不兴；礼乐不兴，则刑罚不中；刑罚不中，则民无所措手足。故君子名之必可言也，言之必可行也。君子于其言，无所苟而已矣。"（《论语·子路》）人伦秩序是道德文明的基础和前提，也是日常政治行为的基准。正名使言得以顺，事得以成，礼乐得以兴，刑罚得以中，生活行为才能有秩序。

1. 正身

能够公正不偏，依照正常的人伦秩序处理各种问题，为政者品行中正，即所谓"正身"。孔子认为正直美德是不能违背亲情伦理的，不破坏亲情秩序，符合人伦纲常。品质的"正"就是中正，如宽、恭、信、敏、惠、庄、孝、慈、公等品质都被称作美德。子曰："临之以庄则敬，孝慈则忠，举善而教不能则劝。"（《论语·为政》）"宽则得众，信则民任焉，敏则有功，公则说。"（《论语·尧曰》）孔子认为，居上位者只要身正，则必能正人，这是为政者必须遵循的总纲。

2. 孝悌

孝悌是一种自然而然的道德性情感，它有天然合理性，无须论证，它成为一切道德情感的根基。自然血缘亲情是人伦情感的基本事实，是各种美德之根源。如果修身以孝悌，则修身必能齐家。"弟子入则孝，出则弟，谨而信，泛爱众，而亲仁。行有余力，则以学文。"（《论语·学而》）"其为人也孝弟，而好犯上者，鲜矣；不好犯上，而好作乱者，未之有也。君子务本，本立而道生。孝弟也者，其为仁之本与！"（《论语·学而》）培养尊敬和友谊的情感品质，形成家庭伦理秩序感，在社会生活中不至于犯上作乱。

3. 遵守礼制

礼制，是制度的结构。遵守礼制，是孔子政治治理的基本办法，使人们具备行礼的应有心态，则是爱敬。"能以礼让为国乎？何有？不能以礼让为国，如礼何？"（《论语·里仁》）孔子认为，如果居上位者为所有人都树立榜样、准则和模式，以礼让治国，那么国家就一定能够治理好。如果不能以礼让治国，则百姓无所措其手足。治理国家的君子应该以德化民，与百姓密切相关的是利益，君子应该树立榜样，建立规则，这样百姓在争取利益时就有所遵循。"君子怀德，小人怀土；君子怀刑，小人怀惠。"（《论语·里仁》）礼制虽然严分等级尊卑秩序以及各种职分，但是以爱敬为本。礼制的运用，目的是使处于各种等级的人们之间能和谐相处。"礼之用，和为贵。先王之道斯为美，小大由之，有所不行。知和而和，不以礼节之，亦不可行也。"（《论语·学而》）可见，礼的有效运用，是人们和谐相处的基础，但如果为和而和，不讲原则，也是不可取的。

4. 正义

子曰："有国有家者，不患寡而患不均，不患贫而患不安。盖均无贫，和无寡，安无倾。夫如是，故远人不服，则修文德以来之。既来之，则安之。"（《论语·季氏》）公平正义相对于财富来说是有着优先地位的。如果财富分配制度基本公正，则财富必定会充足起来，人们也会和谐起来，并且可以安居乐业。"礼以行义，义以生利，利以平民"。（《左传·成公二年》）作为为政者，要处理好礼、义、利、民之间的关系，社会治理要以民为本。

5. 仁政

"季康子问政于孔子：'如杀无道，以就有道，何如？'孔子对曰：'子为政，焉用杀？子欲善，而民善矣。君子之德风，小人之德草。草上之风，必偃。'"（《论语·颜渊》）仁政的根本在于爱人，就是尊重、保护人民生命、财产，育民德，醇化风俗，以善导民。

6. 戒贪欲

对治理者来说，一旦追求贪欲的满足，就必定置民众的生活于不顾，这就不是仁。治理者掌握着赋税、徭役等聚集财富的权力，如果贪欲膨胀，就会无所不用其极，将导致民众的灾难；一味聚敛财富，则将导致官逼民反，甚至会引起暴乱、杀人越货等社会乱象。治理者必须节制自己的欲望，慎用民力，使民众能够正常从事物质生产，形成醇厚的民德和行己有耻的民风。子曰："苟子之不欲，虽赏之不窃。"（《论语·颜渊》）治理者能够克制物欲，则百姓将不误农时，不会因为治理者的靡费而陷入生活困顿，就会安分守己，不胡作非为。

7. 取信于民

信主要是指在赋税、徭役方面的合情合理，不能搜刮民财，扰乱民众的正常生产。"子曰：'足食。足兵。民信之矣。'子贡曰：'必不得已而去，于斯三者何先？'曰：'去兵。'子贡曰：'必不得已而去，于斯二者何先？'曰：'去食。自古皆有死，民无信不立。'"（《论语·颜渊》）立信，是获得民众信任的根本办法。上下互信，则能社会秩序井然，并能够富国强兵。施行仁政要保持族群文化身份的认同，实施礼乐之治，使百姓均能安居乐业，社会和睦，民风淳朴。仁政的本质是爱护民众，并能保民生，育民德，博施于民而能济众。

（三）病无能焉

子曰："不患无位，患所以立。不患莫己知，求为可知也。"（《论语·里仁》）子曰："君子病无能焉，不病人之不己知也。"（《论语·卫灵公》）为政者要治理国家并取得成效（有所立），不仅要有良好的品德，而且需要有相应的知识和才能，为政者要随时看到自己在品德及才能方面的不足之处，而不计较名气大小和地位的高低。要不断地老老实实学习，使自己的才能适应治理国家的需要。"知之为知之，不知为不知，是知也。""学而不思则罔，思而不学则殆"（《论语·为政》）。为政者要勤于学习和思考，这是"为政以德"对为政者的基本要求。孔子认为德的修养必须与勤学善思结合起来，这样才更有成效。"好仁不好学，其蔽也愚""好信不好学，其蔽也贼"。（《论语·阳货》）德的修养固然重要，但如果知识浅薄，德就缺乏相应的基础，是不可能巩固的。"诵《诗》三百，授之以政，不达；使于四方，不能专对；虽多，亦奚以为？"（《论语·子路》）"攻乎异端，斯害也已。"（《论语·卫灵公》）可见，为政者不仅要学习正确的东西使自己不断提升，也要研究错误的东西以避其害。

1. 以道事君

孔子强调为政者要有选择、有原则地做到"臣事君以忠"，不能无原则地去做愚忠之臣。"所谓大臣者，以道事君，不可则止。"（《论语·先进》）"邦有道，谷。邦无道，谷，耻也。"（《论语·宪问》）"谷"者，本意是以粟为食禄的官吏，即为政者。为政者要到政治清明、讲究道德的邦国去做事；在无道德的邦国做官是可耻的。又曰："笃信好学，守死善道。危邦不入，乱邦不辱。天下有道则见，无道则隐。邦有道，贫且贱焉，耻也；邦无道，富且贵焉，耻也。"（《论语·泰伯》）为政的首要原则是"邦有道"，即国家政治清明，讲究道德。邦有道，不出来为政是可耻的，到"无道"的危邦、乱邦去为政，同样是可耻的。在有道之邦为政，要"守死善道"，即使不为政也要尽量用道德去影响当政者，不因君威而叛道。"事君，敬其事而后其食。"（《论语·卫灵公》）"子路问事君，子曰：'勿欺也，而犯之。'"（《宪问》）君臣之间没有人身依附关系，臣不是为事君而事君，而是为了行道而事君。当君上有道的时候，就"敬其事"，事之以忠，而不计较给多少俸禄；当君上有错误的时候，就"犯之"即向他犯颜直谏；如果君主不接受意见，就干脆辞官隐退。

2. 敬事而信

"子曰：'道千乘之国，敬事而信，节用而爱人，使民以时。'"（《论语·学而》）为政者要有强烈的敬业精神，讲信义，无论对上对下，均能诚信不欺。"君子名之必可言也，言之必可行也，君子于其言，无所苟而已矣。"（《论语·子路》）"子张问行。子曰：'言忠信，行笃敬，虽蛮貊之邦，行矣。言不忠信，行不笃敬，虽州里，行乎哉?'"（《论语·卫灵公》）为政者要不苟其言、言而有信，言行一致者走遍天下，言行不一者则寸步难行。

3. 临之以庄

子曰："临之以庄则敬。"（《论语·为政》）待人接物时要保持不卑不亢、庄重肃穆的风度，即"泰而不骄""威而不猛"（《论语·尧曰》）。待人，无论其人多人少、职位高低，都不敢轻慢。大小一视，众寡平等，于人不骄，而自己心里也就泰然了。随时保持自己的风度和内心的操守，做到衣冠正、瞻视尊。人望之俨然而可畏，故有威仪，不以恶言恶色凌人。"君子敬而无失，与人恭而有礼"（《论语·颜渊》）。对待工作要严肃认真，不出差错；对待别人要态度恭谨，合乎礼节。"出门如见大宾，使民如承大祭；己所不欲，勿施于人；在邦无怨，在家无怨。"（《论语·颜渊》）为政者要把自己的任何工作都视为非常庄重而神圣的事情，出门办事像接待贵宾一样庄重，对待百姓要像主持盛大的祭礼一样严肃而谦恭。

4. 以道得利

"无欲速，无见小利，欲速，则不达，见小利，则大事不成。"（《论语·子路》）对于为政者来说，"无见小利"就是要正确对待权力及物质利益。"富与贵，是人之所欲也，不以其道得之，不处也；贫与贱，是人之所恶也，不以其道得之，不去也。君子去仁，恶乎成名？君子无终食之间违仁，造次必于是，颠沛必于是。"（《论语·里仁》）富裕的生活和显贵的地位，必须"以其道得之"，不能"违仁"，无论是在仓促匆忙的时候，还是在颠沛流离的时候，都要与仁德同在。子曰："鄙夫可与事君也与哉？其未得之也，患得之。既得之，患失之。苟患失之，无所不至矣。"（《论语·阳货》）斤斤计较荣辱进退、患得患失的人是"鄙夫"，是不能与之共事的。

5. 和而不同

子曰："君子矜而不争，群而不党。"（《论语·卫灵公》）为政者要庄矜而不争执，和群而不搞宗派。这与"君子周而不比，小人比而不周"（《论语·为政》）有相近的意思。子曰："君子和而不同，小人同而不和。"（《论语·子路》），为政者处理相互之间关系时，要坚持原则，不是无原则地盲从和附和，要团结，不是相互利用和勾结，不搞宗派，不结党营私。

第二节　道之以德

一、道之以德的内涵

"道之以政，齐之以刑，民免而无耻。道之以德，齐之以礼，有耻且格。"（《论语·为政》）孔子的道则是社会生活中的道，是治理国家的道，或者说他是把自然之道迁移到了社会生活和国家治理之中。孔子的道"是人类社会的最高原理和法则，因而对人和社会具有统摄和决定意义"。[1]

（一）"道"

"道"是治理的意思，也有人把它看成是"导"字，引导的意思。[2] 南宋朱熹《论语集注》："道，犹引导，谓先之也。"按"道"是"导"的假借字，此处译为"诱导""教导""引导""指导"均可。把"道"解释为治理之道，道之以政和道之以德，就是以"政刑"为治国之道和以"德礼"为治国之道。如果把"道"理解为引导的导，"道之以政，齐之以刑"和"道之以德，齐之以

---

[1]　陈晓芬，徐儒宗. 论语大学中庸译注［M］. 北京：中华书局，2011：16.

[2]　杨伯峻. 论语译注［M］. 北京：中华书局，1980：12.

礼"，就被解释为"用政令引导民众，用刑罚制约民众"和"用道德引导民众，用礼教规范民众"。"道之以政，齐之以刑"和"道之以德，齐之以礼"，是两种治国之道的体现。以政刑来引导民众还是以德礼来引导民众，无论采取哪种引导的治国实践，实质上都是属于治国之道的范畴。道之以政和道之以德的道，是治国之道。作为为政者要选择德礼兼治的为政之道，道之以德，齐之以礼。

1. "先王之道"

有子说"先王之道"是"礼之用，和为贵"（《论语·学而》），把"道"是治国之道的"道"说得更加直接具体明确。用礼为道来治理国家，追求的是和谐，礼有使社会和谐的功能，因而过去圣明的君主使用礼来治理国家，在这里，礼成为治国之道的道。子夏说"君子学以致其道"（《论语·子张》），子游说"君子学道则爱人"（《论语·阳货》）。君子学的道是"礼乐之道"，而礼乐之道是治理国家的一种道。孔子所说的道，从一定意义上说，就是治理国家的道。治理国家之道包括仁、礼、道和君子四个概念，"道"的概念具有统摄意义。"颜渊问仁，子曰：'克己复礼为仁。一日克己复礼，天下归仁焉。'"（《论语·颜渊》）这是对仁和礼的关系最精要的解读，在孔子看来，约束自己的行为合于礼，这就是仁，违背礼就是不仁，仁是以礼为标准的，并且仁的目的也是实现礼。孔子认为礼的最终目标是道。"齐一变，至于鲁，鲁一变，至于道。"（《论语·雍也》）齐国如果进行社会变革，就能达到鲁国有礼的程度，而鲁国一旦进行变革，就能达到道的程度。这里的至于道，就是西周以礼制治国之道。有道的国家，就是用礼制来治理的国家，礼和道形成了统一的关系。按照礼的规定做事，就符合道的规定，礼是治国之道的体现，孔子论域中的道，就是治国之道的道。

2. 君子之道

孔子所言的君子是立志成为圣人并有所事功的人，或者是志道、弘道、修己安人、内圣而外王的人，通过修身成为道德典范。君子之道就是不断学习、自觉修养，从而能独善其身、依靠道德来安身立命。得志时不忘形，忧患时不退志，安之若素，独善其身，进退相宜，穷达皆义。人必须通过学习才能获得道，孔子的"君子学道"，是礼乐之道，是治国之道。孔子善于学习，热爱学习。"入太庙，每事问。"（《论语·八佾》）"敏而好学，不耻下问。"（《论语·公冶长》）孔子也陶醉于好学："十室之邑，必有忠信如丘者焉，不如丘之好学也。"（《论语·公冶长》）淳朴诚信的人不少，但都不如孔子我好学啊。卫国的公子朝问子贡，孔子的学问是从哪学到的？子贡告诉他是从现实生活中学的。"文武之道，为坠于地，在人。贤者识其大者，不贤者识其小者。莫不有文武之道焉。夫子焉不学？而亦何常师只之有？"（《论语·子张》）君主、诸侯、大夫和他的弟子就周礼和治国之道请教他，既说明他是好学，学有所成，又说明他所学的内容就是治国之道。孔子学习道是为了实践道，他的"修己以敬""修己以安人""修己以安百姓"（《论语·宪问》），就体现了他学道的目的，是为了修身、齐家、治国、平天下。

孔子坚守道，还表现在："道不同，不相为谋。"（《论语·卫灵公》）"无友不如己者。"（《论语·学而》）"鄙夫可与事君也与哉？"（《论语·阳货》）"辟人之士也。"（《论语·微子》）他坚持与自己不同道的人不共事。在处理人际关系上，孔子"一以贯之"的道是"忠恕而已矣"（《论语·里仁》），而"其恕乎！己所不欲，勿施于人"（《论语·卫灵公》），"夫仁者，己欲立而立人，己欲达而达人"（《论语·雍也》）。在朝为官、教书授徒抑或日常生活与人交往，总要坚守一贯坚持的道。在处理利益关系上，"君子谋道不谋食"，"君子忧道不忧贫"（《论语·卫灵公》）；"君子喻于义，小人喻于利"（《论语·里仁》）。当君子为官的时候，他谋求和忧虑的是如何把国家治理好的问题，而不是通过任上之事获得利益，这也是义的表现。君子追求的是公利，是道，小人追求的是私利。君子的所得必须符合道义精神，就是礼制的规定。"富与贵，是人之所欲也；不以其道得之，不处也"（《论语·里仁》）。"义然后取，人不厌其取。"（《论语·宪问》）关心国家命运，心系天下。君子有知识，有文化，懂治国之道，关心国家前途，这是应有的精神境界。君子要有良好的精神状态，一是要有庄严的外表。"有君子之道四焉：其行己也恭，其事上也敬，其养民也惠，其使民也义。"（《论语·公冶长》）"君子所贵乎道者三：动容貌，斯远暴慢矣；正颜色，斯近信矣；出辞气，斯远鄙倍矣。"（《论语·泰伯》）"君子道者三，我无能焉：仁者不忧，知者不惑，勇者不惧。"（《论语·宪问》）君子要有庄严的外表，无论是平时的生活还是在任上，都是如此。子夏说："君子有三变：望之俨然，即之也温，听其言也厉。"（《论语·子张》）君子有良好的外表，会影响到他人。遇到危难，要保持定力。君子不忧不惧，内在根由是做事按照规矩去做，所以内心坦荡。

3. 天下之道

是以政刑为治国之道还是以德礼为治国之道的选择，是天下有道和天下无道之间的取舍。"天下有道，则礼乐征伐自天子出；天下无道，则礼乐征伐自诸侯出。"（《论语·季氏》）天下无道时君不像君，臣不像臣，父不像父，子不像子；是臣弑君，子杀父；是"礼崩乐坏，天下失序"。靠政刑为治国之道来治理国家，虽然政刑的强制性权威性，能够收到暂时的效果，但不是基于内心的服从，因而不会长久；以德礼为治国之道，依靠道德的引导教化，会发自内心地道德自觉地遵守社会规范，进而耻于犯罪和罪恶，社会就能得到有效的治理。

治国之道的道是礼制，礼是社会生活的规范和准则，民众如果按照礼制的规定，社会就会呈现出和谐的局面。"礼德"即礼制为治国之道，天下有道就是国家靠礼制来治理，以礼制为治国之道，严格按照礼制的规约办事，而天下无道则是违背礼的行为或者就是不以礼制来治理国家的行为。

（二）"政""耻""格""德"

1. "政""耻"

"道之以政，齐之以刑，民免而无耻。"（《论语·为政》）"政"，亦即政令、政法，也就是用法令、刑律来整肃民众。孔子认为，治政可以在强有力之刑律的整肃下，使民众畏刑而服法，但只能使民众"免而无耻"，即民众虽侥幸逃脱刑罚，却不觉羞愧，虽不敢为恶，却未忘为恶之心。① "耻"解读为"有耻"，即民众在不得已而为恶之后的羞愧之心。

2. "格"

历代学者对"格"字有多种解读。东汉何晏《论语集解》："格，正也。"东汉郑玄《论语注》："格，来也。"南宋朱熹《论语集注》："格，至也。"《礼记·缁衣篇》："夫民，教之以德，齐之以礼，则民有格心；教之以政，齐之以刑，则民有遁心。"这可以看作孔子此言的最早注释。此处"格心"和"遁心"相对成文，"遁心"，逃避的意思，逃避的反义是亲近、归服、向往，所以"格心"可以译为"人心归服"。② 程树德《论语集释》："汉碑作'恪'，当出《齐》《古》。《尔雅释诂》：'恪，敬也。'《汉书·货殖传》：'于是在民上者道之以德，齐之以礼，故民有耻而且敬。'"

3. "德"

"道之以德，齐之以礼，有耻且格。"（《论语·为政》）其中"德"与施政对象"民"相对，是为政者的君主之德；"正己垂范"之德，也就是执政者应用自身之"德"来对民众加以引导。孔子认为，执政者应该用自身之懿德率先垂范、教化天下。"上好礼，则民莫敢不敬；上好义，则民莫敢不服；上好信，

① 朱熹. 四书集注 [M]. 陈成国，标点. 北京：中华书局，2011：62.
② 杨伯峻. 论语译注 [M]. 北京：中华书局，1980：12.

则民莫敢不用情。"（《论语·子路》）"上老老而民兴孝，上长长而民兴弟，上恤孤而倍。"（《十三经古注·大学》）这也对执政者的个人道德修养提出了很高的要求。强调要礼重于法、教化先于刑治。"刑肃而俗敝，则民弗归也，是谓疵国。"（《礼记·礼运》）。在孔子看来，"德礼"方为治政之根本，而严刑峻法虽会有一时成效，却只能塑造民心有损的缺陷之国。荀子认为："礼者，治辨之极也，强国之本也，威行之道也，功名之总也。王公由之，所以得天下也；不由，所以陨社稷也。"（《荀子·议兵》）在当时秦国军力强盛、慑服诸侯的情势下，荀子对弟子断言，强秦兵行不义、德礼不修，实为"末世之兵"，未可久长，后来秦国二世而亡，一夫作难而七庙隳。孔子"道之以德，齐之以礼""尚礼轻刑"的治政理念重民心之教而轻刑民之政，以德礼化治为本、辅刑吏威慑为翼。

二、"道之以德"与"齐之以礼"的关系

（一）德服人者，中心悦而诚服

"以力假仁者霸，霸必有大国；以德行仁者王，王不待大——汤以七十里，文王以百里。以力服人者，非心服也，力不赡也；以德服人者，中心悦而诚服也，如七十子之服孔子也。《诗》云：'自西自东，自南自北，无思不服。'此之谓也。"（《孟子·公孙丑上》）"天下不心服而王者，未之有也。"（《孟子·离娄下》）儒家"道之以德"所致力的，就是这种使人"心服"的目标。

"故惠（一本作'德'）者，政之始也。政不正，则不可教也；不习，则民不可使也。故君子欲言之见信也者，莫若先虚其内也；欲政之速行也者，莫若以身先之也；欲民之速服也，莫若以道御之也。故不先以身，虽行必邻矣，不以道御之，虽服必强矣；故非忠信，则无可以取亲于百姓矣；外内不相应，则无可以取信者矣。四者治民之统也。"（《大戴礼记·子张问入官》）在儒家看来，道德教化是国家治理的前提，要想使政治措施迅速推行，治理者就要以身作则；要想使广大民众真正心悦诚服地接受治理，治理者就要道之以德。

（二）国正于礼

《礼记·礼运》上说："今大道既隐，天下为家，各亲其亲，各子其子，货力为己，大人世及以为礼，城郭沟池以为固，礼义以为纪，以正君臣，以笃父子，以睦兄弟，以和夫妇，以设制度，以立田里，以贤勇知，以功为己。"礼的重要作用在于对上可以正君臣，对下使平民百姓家庭和睦。如果治理国家离开

了礼义，就如同双目失明，陷于混乱之中。《孔子家语·问礼》篇有孔子对于哀公问礼的回答，孔子说：

> 丘闻之，民之所以生者礼为大，非礼则无以节事天地之神，非礼则无以辨君臣上下长幼之位焉，非礼则无以别男女父子兄弟婚姻亲族疏数之交焉。是故君子以此为之尊敬，然后以其所能教顺百姓，不废其会节。既有成事，然后治其雕镂文，以别尊卑上下之等，其顺之也。而后言其丧祭之纪，宗庙之序，品其牺牲，设其豕腊，修其岁时，以敬祭祀，别其亲疏，序其昭穆。而后宗族会宴，即安其居，以缀恩义，卑其宫室，节其服御，车不雕镂，食不二味，心不淫志，以与万民同利。古之明王行礼也如此。（《孔子家语·问礼》）

由孔子的这段话可以看到，"礼义"对于维护社会秩序具有重要作用。

荀子指出："礼之于正国家也，如权衡之于轻重也，如绳墨之于曲直也。故人无礼不生，事无礼不成，国家无礼不宁。君臣不得不尊，父子不得不亲，兄弟不得不顺，夫妇不得不欢。少者以长，老者以养。故天地生之，圣人成之。"（《荀子·大略》）因此，荀子认为："国无礼不正。礼之所以正国也，譬之犹衡之于轻重也，犹绳墨之于曲直也，犹规矩之于方圆也，既错之而人莫之能诬也。《诗》云：'如霜雪之将将，如日月之光明；为之则存，不为则亡。'此之谓也。"（《荀子·王霸》）这里，荀子把礼比作覆盖大地的瑞雪那样普遍，像普照大地的日月那样光明，实行礼治国家就存在，不实行礼治国家就会灭亡。

（三）礼"下庶人"

尽管儒家提倡"礼不下庶人，刑不上大夫"（《礼记·曲礼》），但儒家又认为，国家治理者带头遵守礼义，就可以对民众起到示范和引导作用，这样，礼就成为维护整个社会秩序的有效工具，所以，礼又是可以"下庶人"的。正如荀子所说："礼之生，为贤人以下至于庶也。"（《荀子·大略》）孔子所谓"齐之以礼"，其对象即普通民众。

《礼记·仲尼燕居》托孔子的话说："礼者何也？即事之治也。君子有其事，必有其治。治国而无礼，譬犹瞽之无相与，伥伥乎其何之？譬如终夜有求于幽室之中，非烛何见？若无礼则手足无所措，耳目无所加，进退揖让无所制。"这里所谓"即事之治"，就是把礼当作处理一切事务使之具有秩序的控制手段。如果社会生活不用礼来约束，就会混乱无序。人们好像无人搀扶的盲人或者在黑暗中摸索的人，手足失措，进也不是，退也不是，不知如何是好了。因此，礼作为一种控制手段，其本质就在于规范各种各样的社会关系，使整个社会联为一体。

（四）"齐之以礼"与"道之以德"互为表里

礼作为一种控制规范，其本质就在于调整各种社会关系，使整个社会联为一体。儒家十分重视礼在国家治理中的作用，礼是执政者修养的标准、治理的标志、治国的依据。礼在国家治理活动中的作用，就相当于权衡之于轻重，绳墨之于曲直，规矩之于方圆。礼既具有某种强制性的色彩，具有某种抑制性的作用，又带有某种道德的感化作用。"先王之立礼也，有本有文。忠信，礼之本也；义理，礼之文也。无本不立，无文不行。"（《礼记·礼器》）"礼"，是一种道德性的规范，仁义忠信等道德原则是礼的本质，礼义规范不过是礼的外表。没有道德，礼义规范则无从树立；没有礼义，道德原则也无法推行。因此，"齐之以礼"与"道之以德"互为表里，二者密不可分。

三、"为政以德"与"依法治国"的关系

刑、政具有外在的威慑力量，德、礼却可以感召人们从内心里认同等级、人伦秩序。虽然孔子推崇德、礼，但是政、刑也不可偏废，所以，孔子主张先礼后刑、先教后杀。孔子将刑罚作为德政、礼治的必要补充。在《左传·昭公二十年》中，子产转述孔子的话道："仲尼曰，政宽则民慢，慢则纠之以猛；猛则民残，残则施之以宽。宽以济猛，猛以济宽，政是以和。"治理者首先应该以道德为引导，感化民众并使其自觉遵守国家的社会规范。与此同时，辅以法律的强制力，矫正越轨的行为，维护正常的社会秩序。"礼以道其志，乐以和其声，政以一其行，刑以防其奸。礼、乐、刑、政，其极一也，所以同民心而出治道也。"（《礼记·乐记》）刑、政是儒家治平天下的一以贯之的手段。早期的儒家主张"德治与教化并用"，而到了荀子则主张"治之经，礼与刑，君子以修百姓宁。明德慎罚，国家既治四海平"（《荀子·成相》），都是主张礼与刑相互结合，要做到德法并重，德礼兼治。

儒家的德治思想并不排除法的作用，而是注重二者的融合。"法"是稳定社会秩序的利器，有关法的记录最早出现在《左传》中："夏有乱纪，而作禹刑。"在尧舜禹的时代制定"法"，用于整顿纲纪和维持社会秩序稳定与国家统治。在《史记》中提到黄帝命令皋陶制定刑法。德治与法治相辅相成，不能进行单一的实施，只有德法结合、法礼兼用，才能稳定社会的秩序。一个社会如果没有道德自觉基础上的自我约束，仅仅依靠法律难以形成整个社会的公序良俗，一个社会如果没有高尚的道德信仰，完全依靠法律调节，绝不可能有效解决各种问题。道德和法律各自具有局限性，两者之间互补相济十分必要，正如孟子所说："徒善不足以为政，徒法不足以自行"（《孟子·离娄上》）。"为政以德"依据的是人的精神性，追求崇高价值；"依法治国"依据的是人的社会性，追求正义价值。"为政以德"与"依法治国"之间不是非此即彼的关系，也不是孰优孰劣的关系，二者的作用不可或缺，不可偏废，也不能相互取代，而应当互补相济，应有机结合。

　　道德和法律的作用不同，德治依赖对法律的敬畏进行犯罪的规避，趋利避害；法治通过强制力的实施对社会的不法现象进行惩罚和限制。德治和法治应该融为一体，共同作用，以促进国家的稳定和社会的和谐。

第六章

乡村社会道德风尚建设中传统道德教育

第一节　传统道德教育的基本含义

一、传统道德教育概说

我国从古至今，一直有道德教育的优良传统。"天下明德自尧舜始"，尧舜时代使契为司徒布五教，即以父义、母慈、兄友、弟恭、子孝为内容施教于民。先秦时期，孔子在前人道德认知的基础上，提出并实施了儒家道德教育，形成了中国传统文化道德教育思想，正如《十三经古注·中庸》所说："故君子尊德性而道问学，致广大而尽精微，极高明而道中庸。温故而知新，敦厚以崇礼。"这就是中国传统文化道德教育，所谓"尊德性而道问学"就是为了趋善的目的而尊道，尊崇道德理性；所谓"极高明而道中庸"就是通过道德教育尽力认识宏深的为人之道，在行为上中庸适度，遵守社会的仁义道德，知善、行善。

道德教育是以传播道德信条及道德规范为主的规范性教育，对受教育者施以道德影响，提高道德认识，陶冶道德情操，确立道德信念，养成良好道德行为习惯，培养个人的优良道德品质。一种良好的道德教育，使受教育者能自觉按照社会发展对品性的要求来实施道德行为，使其行为合乎道德原则和规范，去做善的或有道德的事情。道德教育是培育理想人格、造就内在道德品质、调节社会行为、形成良好社会道德风尚的重要手段。道德教育，一般认为就是诚实、勇敢、勤奋、公正、节制、仁爱、热爱祖国等的教育，即道德规范教育或品德教育，又称美德教育、品格教育、德性教育、人格教育等。道德教育是在一定社会范围内，教育者有目的、有计划地对被教育者的思想、道德等方面施加影响的活动，使受教育者的思想和行为符合社会发展要求，成为人格健全、具有高尚品德及才学智慧的人。

道德教育是整个社会教育的有机组成部分和重要内容，是在家庭、学校、社会以及个人的共同努力下，对道德意识、情感、意志和道德行为进行培养的过程。孔子创立的儒家道德教育思想，是以"存亡继绝"为己任，建立以"德政""礼治"为核心内容，以"导之以德，齐之以礼"为主要方法、途径，以"修己安人"为宗旨的思想道德教育思想体系。道德教育是人的教育，是人之道即人之为人的生命准则。未经文明教化，任何人类个体都不会自动成长为人。孟子强调："人之有道也，饱食、暖衣、逸居而无教，则近于禽兽。圣人有忧之，使契为司徒，教以人伦。"（《孟子·滕文公上》）人之道即人自我完善的准则、目标，对人教育的目的，就是使人之道逐步转化为人的生命准绳，使人作为人而成为人。所以，道德中的道，并不仅仅是指伦理道德现象的本质、规律，而是指人之道，即人之为人的生命准则，同时也是人的不变之理、当然之则。道德中的德，指人对人之道的领悟与践行。人永远需要人的教育，人的教育永远以道德教育为根本。

二、传统道德教育的类型及其相互关系

儒家道德教育的实施渗透在传统中国社会的各个方面，从家庭、学校到社会，道德教育都是其教育内容的核心，可谓整个社会道德教育无所不在。传统意义上的道德教育，可以分为两种类型。

（一）品德教育

品德教育就是进行道德规范教育或道德品质教育或称美德教育、品格教育等。品德教育是为了社会的存在和稳定，教育其社会成员必须具备的最低限度的品德、最基本的行为规范。

（二）知性道德教育

知性道德教育就是道德知识教育、知性德育、认知德育、理性德育、思维德育、价值澄清教育、智慧德育等。知性道德教育强调道德认识、道德思维、道德推理、道德判断、道德选择、理智、智慧等的培养，道德知识、道德理论、道德真理、道德规律等的学习和掌握，是对人们在道德方面的启蒙与解放，能够培养个体道德的独立意志和独立人格，培养道德智慧。

（三）两种道德教育之间的关系

我国古代教育基本上是以道德教育为主，包括两大层次：小学和大学。小

学道德教育以第一类道德教育为主，大学道德教育以第二类道德教育为主。"小学者，学其事；大学者，学其小学所学之事之所以。""小学是事，如事君、事父兄等。大学是发明此事之理。"（《朱子语类·第七》）现代教育一般划分为三个层次：初等教育、中等教育、高等教育。小学以第一类道德教育为主，第二类道德教育为次；大学以第二类道德教育为主，第一类道德教育为次；中学则二者兼重，是小学与大学之间的过渡类型。道德教育培养良好的品德即"品格德行"等道德品质，让道德在个体身上得以体现，个人按社会规范行动，且具有稳定的态度，以社会公德为准绳和标杆加以积极地内化，形成知善、爱善和行善的行为模式或行为习惯，在集体生活和人际交往中，做出合适的行动，合理解决各种利益和价值冲突。

三、传统道德教育与公民教育

（一）传统道德教育与公民教育的区别

公民教育是强调对国家历史、政体结构和政治生活过程等的认识，通过公民道德、公民价值观、公民知识和公民参与技能的教育，使公民在知识与理解、技能与态度、价值与性向等各个方面，有足够的能力真正行使公民的职责。公民道德包括仁爱、宽容、感恩、诚信；公民价值观包括自由、平等、人权、民主、法治、正义等；公民知识包括国家与政府、民主政治、政党制度、司法公正等；公民参与技能主要是指公民参与公共生活的基本能力，如与人沟通、演讲、讨论、组织活动、参与选举、处理纠纷、维护权益、向责任部门或媒体反映问题和提出建议等。

公民教育不是简单的道德教育的现代形式，道德教育与公民教育之间有着各自的发展史，不能简单地相互代替。道德教育是关于人际关系、人与自然关系的善恶、公正、对错等的规范调整活动，道德教育的立足点和观察点是"人与他人、人与自然"这两大关系，道德教育包括公共道德和环境道德两大方面。公共道德通常是使公共领域里的活动能够进行下去，公共的善能够得到维护的德性或道德，诸如公正、自由、平等待人、诚实守信、宽容谦让、遵纪守法、维护公共财物、公共卫生等道德原则和道德价值观。环境道德指保护生态、绿色环保等。而公民教育的着力点则是正确处理"人与国家政府、人与民族"之间的关系。公民教育是教人处理好公共权力与个体人权、公民权利与公民义务等的矛盾关系，公民可以利用法律武器和道德权利来捍卫自己的生命、财产、自由等基本人权，公民有切实履行参政权和参与社会服务、追求社会公平正义等公民权利及义务。

（二）传统道德教育与公民教育的联系

道德教育是处理人际和谐和天人和谐关系的价值引导，广义上的公民教育是指公共生活教育，把社会个体培养成"公众人物"，使其维护自我的公众形象，维护公共秩序、公共安全和公共利益。道德教育培养的"公道人"和公民教育培养的"国家主人"，无疑都有利于社会生活和社会秩序的良性发展。公民教育、道德教育都是广义的社会教育，概括起来讲，是教会公民如何"与人和睦相处"的生活教育。

四、公民道德教育与公民教育

（一）公民道德教育

公民道德教育在于培养公民道德，公民道德包括"社会公德"和"国民公德"。社会公德内容包括遵纪守法、维护社会正义、维护社会公共秩序、爱护公共财物和设施、维护公共卫生与安全、保护环境、服务社会等。国民公德包括热爱祖国、捍卫宪法和民主制度、维护国家利益和安全、热爱人民、维护民族尊严和民族团结、热爱和维护和平等，即爱国主义教育。[①] 公民道德教育和普通道德教育在个体参与公共生活和政治生活所应当具有的道德素养方面是一致的。

（二）公民教育

公民教育内容一般包括国家意识、民族意识等公民共同体意识的培养，法治精神的熏陶，权利义务观念的习得和公民道德的养成。公民教育的公民知识教育包括政治知识、法律知识、道德规范等。可见，公民道德教育是公民教育内容的一个维度、公民道德教育也是公民教育的重要推手。公民道德教育的重心在"道德"，道德包括合理利己、慈爱和宽恕，而公民教育的内核在"权责意识"、公民维权。

---

① 肖群忠. "公民道德基本规范"新探［J］. 南昌大学学报（人社版），2004，35（3）：1-4.

第二节 传统道德教育的人格目标

一、培养"圣人"人格

(一)"圣人"道德

大哉圣人之道!洋洋乎,发育万物,峻极于天。优优大哉,礼仪三百威仪三千。待其人而后行。故曰:"苟不至德,至道不凝焉。"故君子尊德性,而道问学,致广大,而尽精微,极高明,而道中庸。温故而知新,敦厚以崇礼。是故居上不骄,为下不倍。国有道,其言足以兴;国无道,其默足以容。诗曰:"既明且哲,以保其身。"其此之谓与?(《十三经古注·中庸》)

圣人之道是伟大啊!浩瀚无边,生养万物,与天一样崇高;充足有余,礼仪三百条,威仪三千条。这些都有待于圣人来实行。所以说,如果没有极高的德行,就不能成就极高的道。因此,君子尊崇道德修养而追求知识学问;达到广博境界而又钻研精微之处;洞察一切而又奉行中庸之道;温习已有的知识从而获得新知识;诚心诚意地崇奉礼节。所以,身居高位不骄傲,身居低位不自弃,国家政治清明时,他的言论足以振兴国家;国家政治黑暗时,他的沉默足以保全自己。《诗经》上说,既明智又通达事理,可以保全自身。大概就是说的这个意思吧!

(二)"圣人"人格为理想道德的至高目标

"圣人吾不得而见之矣,得见君子者,斯可矣。"(《论语·述而》)"如有博施于民而能济众,何如?可谓仁乎?子曰:何是于仁,必也圣乎?尧舜其犹病诸!"(《论语·雍也》)孔子认为"圣"是比"仁"更高层次的道德,圣人人格是极为崇高的,成圣不是轻而易举的,"若圣与仁,则吾岂敢"(《论语·述而》),即使尧舜都没成为圣人,这是一个理想道德目标。"规矩,方圆之至也;圣人,人伦之至也。"(《孟子·离娄上》)孔子确信塑造一个人的高尚人格极其重要,德才兼备、以仁德为主的圣人君子是治理国家的贤能之才。正如杨伯峻在《论语译注》中所说的："孔子治学，把做人摆在第一位，把求知识摆在第二位。"①"子曰：所谓圣者，德合于天地，变通无方，穷万事之终始，协庶品之自然。'"（《孔子家语·五仪解》）孟子认为"圣人"代表了人们道德的极致，圣人是最高的道德表率和模范。孟子认为孔子是充满仁爱又十分有智慧的"圣人"，即"仁且智，夫子既圣矣"（《孟子·公孙丑上》）。与孔子主张不同的是，孟子认为圣人人格是可以达到的，通过改造自身，使自己成为"仁且智"的人，就能成为"圣人"。"圣人与我同类者。"（《孟子·告子上》）可见，圣人人后弥高，但只要自身不懈努力，也会取得非凡成效。

(三) 学为圣贤

圣人通晓天地万物，具有"至善"的道德人格，是最合乎人性本质的道德人格，是值得追求的"最好的"特质。孟子曰："圣人之于民，出乎其类，拔乎其萃。"（《孟子·公孙丑上》）北宋邵雍说："人也者，物之至者也，圣也者，人之至者也。"（《皇极经世·观物篇四十二》）古人赋予圣人以人格上的极致性乃至神秘性。孟子曰："充实之谓美，充实而有光辉之谓大，大而化之之谓圣。"（《孟子·尽心下》）朱熹注曰："大而能化，使其大者泯然无复可见之迹，则不思不勉，从容中道，而非人力之所能为矣。"（《孟子章句集注·尽心章句下》）可见，圣人具有"至善"的道德人格，这种道德人格需要通过不懈的努力才能取得。

> 唯天下至圣，为能聪明睿知，足以有临也；宽裕温柔，足以有容也；发强刚毅，足以有执也；齐庄中正，足以有敬也；文理密察，足以有别也。溥博渊泉，而时出之。溥博如天，渊泉如渊。见而民莫不敬，言而民莫不信，行而民莫不说。是以声名洋溢乎中国，施及蛮貊；舟车所至，人力所通；天之所覆，地之所载，日月所照，霜露所坠；凡有血气者，莫不尊亲，故曰配天。（《十三经古注·中庸》）

只有天下至圣之人，才能够聪明睿智，足以亲近百姓，治理天下；宽厚柔和，足以容纳众人；奋发坚毅，足以坚持不懈；端庄公正，足以获得敬仰；析理细密，足以辨别是非。圣人之德广博而深厚，适时表现出来。像高天一般的广博，像深渊一样深厚。他一出现，百姓没有不尊敬的；他说的话，百姓没有

---

① 杨伯峻. 论语译注 [M]. 北京：中华书局，2004：127.

不信服的；他行的事，百姓没有不喜悦的。因此，他的名声广泛流传在中原地区，并且传播到边远地区。凡是车船所能抵达、人力所能通往、天所能覆盖、地所能承载、日月所能照耀、霜露所能降临的地方，凡是有血气的生灵，没有不尊重和不亲近他的，所以说圣人的美德能与天匹配。这种才德完备、富有魅力的理想人格，是历代士子孜孜以求的终极目标。

二、培育"君子"人格

孔子所追求的圣人标准是"博施于民而能济众"①，对大多数人而言，圣人的道德目标难以企及。"圣人，吾不得而见之矣；得见君子者，斯可矣。"② 圣人只是人们追求的理想人格境界，而"君子"是现实的道德人格，在社会生活中相对容易达到。

（一）"君子"人格乃现实道德榜样

儒家的"君子"人格是对"圣人"人格的有效补充，是现实的道德榜样、学习楷模、奋斗目标。把人培养成道德高尚的"君子"是孔子的道德教育目标，在《论语》中有许多关于"君子"人格论述的内容，子曰："君子道者三，我无能焉。仁者不忧，智者不惑，勇者不惧。"③ 孔子感慨自己没有做到身为君子所应该做到的三件事，即有仁德的人不感到忧愁，有智慧的人不感到困惑，勇敢的人不感到惧怕。孔子认为"君子"是德才兼备、智勇双全、兼具"仁者、智者、勇者"等多方面品质的人。孔子认为君子"修己""安人"，具备"仁""智""勇"的品质，以"仁"为核心，以"仁"为"君子"人格的最高道德境界和必须遵循的道德准则。孔子提出："君子去仁，恶乎成名？无终食之间违仁，造次必于是，颠沛必于是。"（《论语·里仁》）无论是仓促急迫还是颠沛流离，君子须臾不能违背仁德要求，必须时刻坚持仁德。除了"仁"这种内在的道德修养，孔子认为君子还应当遵守礼，做到"孝悌"和"忠恕"。孟子认为君子"明人伦"，且"富贵不能淫，贫贱不能移，威武不能屈"（《孟子·滕文公下》）。"其为气也，至大至刚，以直养而无害，则塞于天地之间。"（《孟子·公孙丑上》）荀子认为："君子隘穷而不失，劳倦而不苟，临患难而不忘细席之言，岁不寒无以知松柏，事不难无以知君子。无日不在是。"（《荀子·大

---

① 杨伯峻. 论语译注·雍也 [M]. 北京：中华书局，2006：72.
② 杨伯峻. 论语译注·述而 [M]. 北京：中华书局，2006：83.
③ 杨伯峻. 论语译注 [M]. 北京：中华书局，2006：175.

略》）君子怀道处世，虽在穷困中也不为所动，疲倦的时候，也不苟免，临难之际，也不忘平生之言，德行如松柏一般永不凋零。儒家以"圣人"和"君子"为道德教育的理想人格，这两种人格相互补充。"圣人"人格是至善至美的道德层次，而"君子"人格则是与人们的生活实践活动紧密结合，为道德实践提供了切实可行的方法指导。孔子以"君子"作为道德教育的理想目标，最终目标就是使为政者具有仁德之心以维护社会的道德秩序，实现国家的长治久安。孔子将仁爱精神贯穿于其道德教育的始终，通过培养为政者高尚的道德品质，克制欲望，使所作所为能够符合礼的要求，社会的秩序得到恢复，这样可使民众安居乐业，社会和谐安定。

（二）"君子"之德

"子曰：'君子不器。'"（《论语·为政》）孔子说，君子不像器具那样，只有某一方面的用途。"子曰：'君子周而不比，小人比而不周。'"（《论语·为政》）孔子说，君子合群而不与人勾结，小人与人勾结而不合群。"仲尼曰：'君子中庸（中和）；小人反中庸。'君子之中庸也，君子而时中。小人之反（有书作'小人之反中庸也'，也有书作'小人之中庸也'）中庸也，小人而无忌惮也。"（《十三经古注·中庸》）孔子说，君子中庸，小人违背中庸。君子之所以中庸，是因为君子随时做到适中，无过无不及；小人之所以违背中庸，是因为小人肆无忌惮，专走极端。"子曰：'君子贞而不谅。'"（《论语·卫灵公》）孔子说，君子固守正道，而不拘泥于小信。"子曰：'君子喻于义，小人喻于利。'"（《论语·里仁》）孔子说，君子明白大义，小人只知道小利。孔子认为，利要服从义，要重义轻利。"子曰：'君子欲讷于言而敏于行。'"（《论语·里仁》）孔子说，君子说话要谨慎，而行动要敏捷。

1. "君子"文质彬彬

"子曰：'质胜文则野，文胜质则史。文质彬彬，然后君子。'"（《论语·雍也》）孔子说，质朴多于文采，流于粗俗。文采多于质朴，就流于虚伪、浮夸。只有质朴和文采配合恰当，才是个君子。"子曰：'知之者不如好之者，好之者不如乐之者。'"（《论语·雍也》）孔子说，懂得它的人，不如爱好它的人；爱好它的人，又不如以它为乐的人。孔子在这里没有具体指懂得什么，看来是泛指，包括学问、技艺等。"子曰：'君子坦荡荡，小人长戚戚。'"（《论语·述而》）孔子说，君子心胸宽广，小人经常忧愁。"子曰：'君子食无求饱，居无求安，敏于事而慎于言，就有道而正焉，可谓好学也已。'"（《论语·学而》）孔子说，君子，饮食不求饱足，居住不要求舒适，对工作勤劳敏捷，说话却小心谨慎，到有道的人那里去匡正自己，这样可以说是好学了。对于君子的道德要求，现代人也要努力做到孔子认为的那样，做一个有道德的人，不应过多地讲究自己的饮食与居处，在工作方面应当勤劳敏捷，谨慎小心，而且能经常检讨自己。

2．"君子"和而不同

"子曰：'君子和而不同，小人同而不和。'"（《论语·子路》）孔子说，君子讲求和谐而不同流合污，小人只求完全一致，而不讲求协调。不同的东西和谐地配合叫作和，各方面之间彼此不同。相同的东西相加或与人相混同，叫作同，各方面之间完全相同。"子曰：'君子泰而不骄，小人骄而不泰。'"（《论语·子路》）孔子说，君子安静坦然而不傲慢无礼，小人傲慢无礼而不安静坦然。"子曰：'君子矜而不争，群而不党。'"（《论语·卫灵公》）孔子说，君子庄重而不与别人争执，合群而不结党营私。"子曰：'君子不以言举人，不以人废言。'"（《论语·卫灵公》）孔子说，君子不凭一个人说的话来举荐他，也不因为一个人不好而不采纳他的好话。作为现代人，要学习君子"和而不同"的交往准则，在日常工作和生活中求同存异，团结一致。

3．"君子"三畏九思

"子曰：'君子有三畏：畏天命，畏大人，畏圣人之言。小人不知天命而不畏也，狎大人，侮圣人之言。'"（《论语·季氏》）孔子说，君子有三件敬畏的事情：敬畏天命，敬畏地位高贵的人，敬畏圣人的话。小人不懂得天命，因而也不敬畏、不尊重地位高贵的人，且常常轻侮圣人之言。"子曰：'君子有九思：视思明，听思聪，色思温，貌思恭，言思忠，事思敬，疑思问，忿思难，见得思义。'"（《论语·季氏》）孔子说，君子有九种要思考的事：看的时候，要思考看清与否；听的时候，要思考是否听清楚；自己的脸色，要思考是否温和，容貌要思考是否谦恭；言谈的时候，要思考是否忠诚；办事要思考是否谨慎严肃；遇到疑问，要思考是否应该向别人询问；愤怒时，要思考是否有后患，获取财利时，要思考是否合乎义的准则。孔子所谈的"君子有九思"，把人的言行举止的各个方面都考虑到了，他要求自己和学生们一言一行都要认真思考和自我反省，这里包括个人道德修养的各种规范，如温、良、恭、俭、让、忠、孝、仁、义、礼、智等，所有这些，是孔子关于道德修养学说的组成部分。在社会交往中要做到九思，非常必要，但要真正达到并不容易。"子夏曰：'君子有三变：望之俨然，即之也温，听其言也厉。'"（《论语·子张》）子夏说，君子有三变：远看他的样子庄严可怕，接近他又温和可亲，听他说话语言严厉不苟。君子的言行贯穿着生活的每个细节，现代人需处处效仿君子，潜心修行，才能成为品行高尚的人。

4."君子"三戒

"子曰：'君子有三戒：少之时，血气未定，戒之在色；及其壮也，血气方刚，戒之在斗；及其老也，血气既衰，戒之在得。'"（《论语·季氏》）孔子说，君子有三种事情应引以为戒：年少的时候，血气还不成熟，要戒除对女色的迷恋；等到身体成熟了，血气方刚，要戒除与人争斗；等到老年，血气已经衰弱了，要戒除贪得无厌。"子夏曰：'大德不逾闲，小德出入可也。'"（《论语·子张》）子夏说，大节上不能超越界限，小节上有些出入是可以的。"子贡问君子。子曰：'先行其言而后从之。'"（《论语·为政》）子贡问怎样做一个君子，孔子说，对于你要说的话，先实行了，再说出来，这就能体现出君子的风范了。对于一个人来说，做到言必信、行必果就十分困难了，但如果仅仅停留在这个水平上，就不是孔子认为的君子作为，而是小人的举动。孔子注重"信"的道德准则，但信必须以"道"为前提，即服从于仁、礼的规定。

5."君子"真诚而安分守己

"诚者自成也，而道自道也。诚者，物之终始。不诚无物。是故君子诚之为贵。诚者，非自成己而已也。所以成物也。成己仁也。成物知也。性之德也，合外内之道也。故时措之宜也。"（《十三经古注·中庸》）真诚是自我的完善，道是自我的引导。真诚是事物的发端和归宿，没有真诚就没有了事物。因此君子以真诚为贵。不过，真诚并不是自我完善就够了，而且还要完善事物，把该做的事情做好。自我完善是仁，完善事物是智。仁和智是出于本性的德行，是融合自身与外物的准则。

> 君子素其位而行，不愿乎其外。素富贵，行乎富贵；素贫贱，行乎贫贱；素夷狄，行乎夷狄；素患难，行乎患难。君子无入而不自得焉。在上位，不陵下；在下位，不援上；正己而不求于人则无怨。上不怨天，下不尤人。故君子居易以俟命，小人行险以徼幸。子曰："射有似乎君子。失诸正鹄，反求诸其身。"（《十三经古注·中庸》）

君子安于现在所处的地位去做应做的事，不生非分之想。处于富贵的地位，就做富贵人应做的事；处于贫贱的状况，就做贫贱人应做的事；处于边远地区，就做在边远地区应做的事；处于患难之中，就做在患难之中应做的事。君子无论处于什么情况下都是安然自得的。处于上位，不欺侮在下位的人；处于下位，不攀缘在上位的人。端正自己而不苛求别人，这样就不会有什么抱怨了。上不抱怨天，下不抱怨人。所以，君子安居现状来等待天命，小人却铤而走险妄图获得非分的东西。孔子说，君子立身处世就像射箭一样，射不中，不怪靶子不正，只怪自己箭术不行。道德修身在于日常生活的点点滴滴，无论身处何种环境，只要按照君子的标准真诚地修身养性，安分守己，就能达到修身的效果。

6."君子"忠恕

> 子曰："道不远人。人之为道而远人，不可以为道。"诗云："伐柯伐柯，其则不远。"执柯以伐柯，睨而视之。犹以为远。故君子以人治人，改而止。忠恕违道不远。施诸己而不愿，亦勿施于人。君子之道四，丘未能一焉：所求乎子，以事父，未能也；所求乎臣，以事君，未能也；所求乎弟，以事兄，未能也；所求乎朋友，先施之，未能也。庸德之行，庸言之谨；有所不足，不敢不勉；有余，不敢尽。言顾行，行顾言。君子胡不慥慥尔。（《十三经古注·中庸》）

孔子说，道并不排斥人。如果有人实行道却排斥他人，那就不可以实行道了。《诗经》说，砍削斧柄，斧柄的式样就在眼前。握着斧柄砍削斧柄，应该说不会有什么差异，但如果你斜眼一看，还是会发现差异很大。所以，君子总是根据不同人的情况采取不同的办法治理，只要他能改正错误实行道就行。一个人做到忠恕，离道也就差不远了。什么叫"忠恕"呢？自己不愿意的事，也不要施加给别人。君子的道有四项，孔子认为自己连其中的一项也没有能够做到：作为一个儿子应该对父亲做到的，我没有能够做到；作为一个臣民应该对君王做到的，我没有能够做到；作为一个弟弟应该对哥哥做到的，我没有能够做到；作为一个朋友应该先做到的，我没有能够做到。平常的德行努力实践，平常的言谈尽量谨慎。德行的实践有不足的地方，不敢不勉励自己努力，言谈却不敢放肆而无所顾忌。说话符合自己的行为，行为符合自己说过的话，这样的君子怎么会不忠厚诚实呢？对于现代人来说，在仁德修养过程中最需要做的就是自己不愿意的事，也不要施加给别人，这是最简单的事，也往往是最难做到的事。

7. "君子"有敬有德

《曲礼》曰："毋不敬，俨若思，安定辞。"安民哉！敖不可长，欲不可从，志不可满，乐不可极。贤者狎而敬之，畏而爱之。爱而知其恶，憎而知其善。积而能散，安安而能迁。临财毋苟得，临难毋苟免。很毋求胜，分毋求多。疑事毋质，直而勿有。若夫，坐如尸，立如齐。（《十三经古注·礼记·曲礼上》）

《曲礼》上说：一个有德之人，心中时刻都要有个"敬"字，外表要端庄，像是俨然若有所思的样子，说话要态度安详，句句在理。做到这三点，才会使人们安宁啊！傲慢之心不可产生，欲望不可放纵无拘，志气不可自满，享乐不可无度。对于道德、才能胜于己者，要亲近和尊敬他，畏服并爱戴他。对于自己所喜爱的人，不可只知其优点，而不知其缺点；对于自己所憎恶的人，不可只知其缺点，而不知其优点。自己有了积蓄，要分给贫穷的人。居安思危，能够及时改变处境。面对财物，不可苟且据有；面对危急，不可苟且逃避。在小事上争讼，不可求胜；分配财物，不可求多。对自己不懂的事情不可装懂，对自己已经搞懂的东西，回答别人时，要归功于师友，不可据为自己的发明。至于坐的样子，要端重；立的样子，要像斋戒时的人那般恭敬。对于现代人来说，要成为有德之人，心中就要永远装着"敬"字，就是时时刻刻敬畏大自然，尊敬身边的所有人，敬重自己所从事的一切工作。

"子曰：'见贤思齐焉，见不贤而内自省也。'"（《论语·里仁》）孔子说，见到贤人，就应该向他学习、看齐，见到不贤的人，就应该自我反省有没有与他相类似的错误。对于现代人来说，有效的个人道德修养方法之一，就是见贤思齐，见不贤内自省。这样做就是取别人之长补自己之短，同时又以别人的过失为鉴，不重蹈别人的旧辙。

8. "君子"格物致知

致知在格物。物格而后知至，知至而后意诚，意诚而后心正，心正而后身修，身修而后家齐，家齐而后国治，国治而后天下平。自天子以至于庶人，壹是皆以修身为本。其本乱，而末治者否矣。其所厚者薄，而其所薄者厚，未之有也。（《十三经古注·大学》）

获得知识的途径在于认识、研究万事万物。通过对万事万物的认识、研究后才能获得知识，获得知识后意念才能真诚，意念真诚后心思才能端正，心思端正后才能修养品性，品性修养后才能管理好家庭和家族，管理好家庭和家族后才能治理好国家，治理好国家后天下才能太平。上自国君，下至平民百姓，人人都要以修养品性为根本。若这个根本被扰乱了，家庭、家族、国家、天下要治理好是不可能的。不分轻重缓急，本末倒置却想做好事情，也同样是不可能的！对于现代人来说，要成为仁德之人，就要修养自身的品性，而修养自身品性的有效途径就是"格物致知"。

9．"君子"远小人之德

"子曰：'君子而不仁者有矣夫，未有小人而仁者也。'"（《论语·宪问》）孔子说，君子中没有仁德的人是有的，而小人中有仁德的人是没有的。"子曰：'君子上达，小人下达。'"（《论语·宪问》）孔子说，君子向上，通达仁义；小人向下，追求名利。"子曰：'君子求诸己，小人求诸人。'"（《论语·卫灵公》）孔子说，君子求之于自己，小人求之于别人。"子曰：'君子不可小知而可大受也，小人不可大受而可小知也。'"（《论语·卫灵公》）孔子说，君子不能让他们做那些小事，但可以让他们承担重大的使命。小人不能让他们承担重大的使命，但可以让他们做那些小事。"在陈绝粮，从者病，莫能兴。子路愠见曰：'君子亦有穷乎?'子曰：'君子固穷（固守穷困，安守穷困），小人穷斯滥矣。'"（《论语·卫灵公》）孔子一行在陈国断了粮食，随从的人都饿病了。子路很不高兴地来见孔子，说道，君子也有穷得毫无办法的时候吗? 孔子说，君子虽然穷困，但还是坚持着；小人一遇穷困就无所不为了。"子夏说：'小人之过也必文。'"（《论语·子张》）子夏说，小人犯了过错一定要掩饰。现代人在生活中都不喜欢小人，但现实生活中确实有小人，为了成为一个有良好道德的人，就要效仿有仁德的君子，不做小人，远离小人。要学习君子，无论遇到何种困境，都能坚守心中的仁德。

第三节　传统道德教育内容

传统道德教育的基本内容涉及日常伦理生活的各个方面，是促进人伦关系和谐和人伦秩序建构的基本内容。

一、"四教"

为达到培养和塑造君子型理想人格的目标，使人养成良好的道德品质，孔子提出了一整套以"仁"为核心的道德教育内容，即"子以四教：文、行、忠、信"（《论语·述而》）。孔子以四项内容来教导学生：文化知识、践履所学之道、忠诚、守信。

（一）"文"与"行"

"文"则指从历史文献中学习文化知识、言行举止和仪态风貌。"行"指道德实践或道德践履，强调学习做人的道德要身体力行，使儒家道德教育思想具有浓郁的实践性与实用性。"力行近乎仁。"（《十三经古注·中庸》）在孔子看来，将道德认识付诸实践，在行为选择中切实遵循道德规范和道德原则的要求，就算接近"仁"了。"听其言而观其行。"（《论语·公冶长》）道德教育要求言行一致，"言必信，行必果"（《论语·子路》）。既有高尚的道德意识，又能把这种道德意识转化为切实的行动，做一个身体力行的"躬行君子"（《论语·述而》）。"弟子入则孝，出则弟，谨而信，泛爱众，而亲仁，行又余力，则以学文。"（《论语·学而》）在道德教育中道德实践具有重要意义，年轻人在父母身边要孝顺父母，离开家里就要敬爱兄长，做事要谨慎，说话要诚实，要爱护众人，亲近有仁德的人，同时还要去学各种文化知识，以充实自身。一个人的知识虽多但没有良好的品德修养，是不足以被人称道的，有道德知识一定要付诸实践。只有长期身体力行，在生活实践中切实遵循道德原则和道德规范要求，才是孔子心目中的君子所必须具备的品德。

（二）"忠"与"信"

"忠"即真心实意、忠诚老实、诚心待人，即"己欲立而立人，己欲达而达人"（《论语·雍也》）。在《论语》中，孔子多次谈到"忠"，如对人要"忠告"要"忠诲""与人忠"等。从本质上看，"忠"是"仁"的进一步发挥和具体体现，是儒家道德教育的一项重要内容。"居处恭，执事敬，与人忠。虽之夷狄，不可弃也。"（《论语·子路》）孔子认为"忠"是即使到了夷狄之邦也不能丢弃忠的德性，"忠"在道德教化中的重要地位及其对于人格完善的重要性可见一斑。

"信"即讲究信用、诚信。对人对事都要诚实不欺，要讲究信用。"与朋友交，言而有信"；"敬事而信"；"谨而信"（《论语·学而》）。"子曰：'言忠信，行笃敬，虽蛮貊之邦，行矣。言不忠信，行不笃敬，虽州里，行乎哉？立则见其参于前也，在舆则见其倚于衡也，夫然后行。'"（《论语·卫灵公》）说话要忠信，行事要笃敬，即使到了蛮貊地区，也可以行得通。说话不忠信，行事不笃敬，就是在本乡本土，能行得通吗？站着，就仿佛看到忠信笃敬这几个字显现在面前，坐车，就好像看到这几个字刻在车辕前的横木上，这样才能使自己到处行得通。"子曰：'人而无信，不知其可也。大车无輗，小车无軏，其何以行之哉？'"（《论语·为政》）一个人不讲信用，是根本不可以的，就好像大车没有輗、小车没有軏一样，它靠什么前行呢？"自古皆有死，民无信不立。"（《论语·颜渊》）孔子治邦强国之政，不可使民无信，民信则为本。把"信"作为朋友相交和立足的根本，"上好信，则民莫敢不用情"（《论语·子路》）。为官者重视诚信，老百姓就自然而然动真情说真话。可见，"忠""信"是人立身之本、交往之要。

二、"人伦"

孟子把道德教育的重心落实为"明人伦"，就是做人的规矩、人之所以为人之道、人之为人的内在规定性。"设为庠序学校以教之：庠者，养也；校者，教也；序者，射也。夏曰校，殷曰序，周曰庠，学则三代共之，皆所以明人伦也。人伦明于上，小民亲于下。有王者起，必来取法，是为王者师也。"（《孟子·滕文公上》）开办庠、序、学、校以教育民众。所谓庠，意思是培养；所谓校，意思是教导；所谓序，意思是有秩序地陈述。夏朝时叫校，殷商朝时叫序，周朝时叫庠；这个"学"是三代都有的，都是教育民众懂得人与人之间的伦理关系。人与人之间的伦理关系为上层所懂得，小民百姓则能亲和于上层。如果有贤明的君王兴起，必然会来学这个办法，因为这是为王者所效法的。由此可以看出，孟子所主张的教育的核心就是道德教化。对民众进行人与人关系的"人伦"教育，父子之间要相互关爱，君臣之间要讲大义，夫妇之间要有内外之别，尊长爱幼，朋友之间讲究信用。

（一）"父子有亲"

孟子所提倡的"五伦"，实际上是维护社会秩序应遵循的道德规范。孟子继承了孔子重父子之伦的思想，把父子之伦放在众伦之首，而"父子有亲"中的"亲"字具有丰富的内涵。"亲"的反义词就是不孝，不孝有许多种类型。

世俗所谓不孝者五：惰其四支，不顾父母之养，一不孝也；博弈好饮酒，不顾父母之养，二不孝也；好货财，私妻子，不顾父母之养，三不孝也；从耳目之欲，以为父母戮，四不孝也；好勇斗狠，以危父母，五不孝也。（《孟子·离娄下》）

孟子说，社会上所说的不孝有五种情况：四肢懒惰，不管父母的赡养，是第一种不孝。喜欢赌博又好酗酒，不管父母的赡养，这是第二种不孝。喜欢财物，偏爱妻子，不管父母的赡养，这是第三种不孝。放纵耳朵和眼睛的欲望，给父母带来羞辱，这是第四种不孝。逞能显勇而斗狠，危及连累到父母，这是第五种不孝。父母与子女之间如何才能"亲"？道德教育十分重要。孟子曰：

势不行也。教者必以正；以正不行，继之以怒；继之以怒，则反夷矣。"夫子教我以正，夫子未出于正也。"则是父子相夷也。父子相夷，则恶矣。古者易子而教之。父子之间不责善。责善则离，离则不祥莫大焉。（《孟子·离娄上》）

孟子说，这在情势上是不行的，教育必须要用正确的规范；用正确的规范没有成效，执教者就会发怒。怒气一产生，倒反伤害了小孩。父亲用严格的规范来要求我，可您自己并不按正确的规范行事。这样父子之间就伤害了感情。父子之间伤害了感情，关系就恶化了。古时候的人们交换儿子来进行教育，父子之间不以善来互相责备。以善来互相责备就会使隔阂产生而互相分离，造成互相分离的结果就不好了。

（二）"君臣有义"

君臣是一种因政治、利益联结起来的主从关系，要以"义"来规范君臣之伦。所谓"君臣有义"就是为君者要遵守君的义，为臣者要遵守臣的义。孟子曰："规矩，方员之至也；圣人，人伦之至也。欲为君尽君道，欲为臣尽臣道，二者皆法尧舜而已矣。不以舜之所以事尧事君，不敬其君者也；不以尧之所以治民治民，贼其民者也。"（《孟子·离娄上》）孟子说，圆规和曲尺，是方与圆的准则；圣人的作为，是人与人之间关系的准则。想要做君主，就要走君主的道路；想要做臣子，就要走臣子的道路。这二者不过是效法尧、舜罢了。不以舜侍奉尧的作为来侍奉君主，就是不敬奉自己的君主；不以尧的作为来治理民众，就是残害自己的百姓。"君之视臣如手足；则臣视君如腹心；君之视臣如犬马，则臣视君如国人；君之视臣如土芥，则臣视君如寇雠。"（《孟子·离娄下》）孟子告诉齐宣王说，君主看待臣子如同看待自己的手足，臣子就会把君主看待如同心腹；君主看待臣子如同犬马，臣子就会把君主看待如同常人；君主看待臣子如同尘土草芥，臣子就会把君主看待如同强盗仇敌。这就是孟子对"君臣有义"伦理原则的论述。君臣要和谐相处，须做到君臣有义。

（三）"夫妇有别"

"夫妇有别"的伦理，是指夫妇之间既要有"别"，即名分、职责、礼义等诸多方面的差别，同时又要有"和"与"敬"。

1. 夫妇同体

先秦儒家倡导夫妇同尊卑，夫妇同体。"婿揖妇以入，共牢而食，合卺而酳，所以合体同尊卑以亲之也。"（《十三经古注·礼记·昏义》）在婚礼上婿向妇作揖，请她一同进门。进入婿之寝室，婿与妇共食同一俎中的牲肉，瓠之两瓢，又各执一瓢以饮酒，这里不分尊卑，夫妻彼此相亲相爱，夫妇一体（齐体），结伴而生。

夫妇同体，在后世又称为夫妇一体，不仅仅表现在婚礼上，更要贯穿在今后夫妇生活，夫妇双方都是构建完整家庭的必要元素，他们是命运的共同体，缺一不可，而家庭美好的荣誉和和谐的氛围也由夫妇双方共同去创造和维护。夫妇是荣辱、地位的共同体。"夫妇一体，荣耻与共。"（班固《白虎通义·谏净》）夫妇是个经济共同体。"会计有无，兄弟之道焉。"（班固《白虎通义·谏净》）夫妇像兄弟一样，共同合计、管理家产。侍奉父母方面，夫妇也是个共同体。"妇人学事舅姑，不学事夫者，示妇与夫一体也。"（班固《白虎通义·谏净》）妻子要学习侍奉父母，丈夫当然也要侍奉父母，夫妇是侍奉父母的共同体。

既然夫妇同体，妇对于夫就有"谏"的义务和责任。"妻得谏夫者，夫妇一体，荣耻与共。"（班固《白虎通义·谏净》）妻子劝谏丈夫如果起到积极作用，可以帮助丈夫致力于家业兴旺。"人怀五常，故知谏有五。其一曰讽谏，二曰顺谏，三曰规谏，四曰指谏，五曰陷谏。"（班固《白虎通义·谏净》）对这五种"谏"中哪一种适合，取决于妻子的智慧。

讽谏者，智也。知祸患之萌，深睹其事，未彰而讽告焉。此智之性也。顺谏者，仁也。出词逊顺，不逆君心。此仁之性也。规谏者，礼也。视君颜色不悦，且却，悦则复前，以礼进退。此礼之性也。指谏者，信也。指者，质也。质相其事而谏。此信之性也。陷谏者，义也。恻隐发于中，直言国之害，励志忘生，为君不避丧身。（班固《白虎通义·谏净》）

在这五种"谏"中，大概"讽谏"是最好的形式，故孔子曰："谏有五，吾从讽之谏。"

2. 夫妇和

"婚姻者合二姓之好，上以事宗庙，下以继后世。"（《十三经古注·礼记·昏义》）"合二姓之好，以继先圣之后，以为天下宗庙社稷之主，君何谓已重焉？""天地不合，万物不生。大婚，万世之嗣也，君何谓已重焉？"（刘乐贤《孔子家语·大婚解》）夫妇关系的维护与长期稳定是关系到古代宗族社会立国、立家之本的根本大计。"父子笃，兄弟睦，夫妇和，家之肥。"（《十三经古注·礼记·礼运》）"夫妇和"是家庭稳定与发展、和睦与幸福的基础。只有"夫妇和"，夫妻关系才能稳定，才能白头偕老。要做到夫妇和，孔子主张夫妻要以礼义相待，以和为贵。孔子提出：

古之政，爱人为大；所以治爱人，礼为大；所以治礼，敬为大；敬之至矣，大婚为大；大婚至矣，冕而亲迎。亲迎者，敬之也。是故君子兴敬为亲，舍敬则是遗亲也。弗亲弗敬，弗尊也。爱与敬，其政之本与？

昔三代明王，必敬妻子也，盖有道焉。妻也者，亲之主也。子也者，亲之后也。敢不敬与？是故，君子无不敬。敬也者，敬身为大。身也者，亲之支也，敢不敬与？不敬其身，是伤其亲；伤其亲，是伤其本也；伤其本，则支从之而亡。（刘乐贤《孔子家语·大婚解》）

夫妻之间要互相敬重。要做到夫妇和，孔子还主张夫妇之间要相敬如宾。"初，臼季使过冀，见冀缺耨，其妻盍之。敬，相待如宾。"（《左传·僖公三十三年》）臼季出使途中路过冀国，看到冀缺在锄田除草，他妻子给他送饭，很恭敬，彼此像待客人一样。夫妻间相处得真是相敬如宾，像对待客人一样，相亲相爱，彼此尊重，这样的夫妻关系一定会长久。自古以来，相敬如宾一直被认为是夫妻间相处的最佳模式，像对待客人一样，相亲相爱，彼此尊重，夫妻之间才能和。夫妇和就能在夫妇之间产生一种融洽和谐的欢乐关系。

常棣之华，鄂不韡韡。凡今之人，莫如兄弟。死丧之威，兄弟孔怀。原隰裒矣，兄弟求矣。脊令在原，兄弟急难。每有良朋，况也永叹。兄弟阋于墙，外御其务。每有良朋，烝也无戎。丧乱既平，既安且宁。虽有兄弟，不如友生？傧尔笾豆，饮酒之饫。兄弟既具，和乐且孺。妻子好合，如鼓瑟琴。兄弟既翕，和乐且湛。宜尔室家，乐尔妻帑。是究是图，亶其然乎？（《小雅·常棣》）

夫妻亲密无间志同道合，就好比婉转悠扬琴瑟协奏，这种如同弹奏琴瑟的夫妇关系，多么密切，多么和谐，又是多么重要。"风雨凄凄，鸡鸣喈喈，既见君子。云胡不夷？风雨潇潇，鸡鸣胶胶。既见君子，云胡不瘳？风雨如晦，鸡鸣不已。既见君子，云胡不喜？"（《郑风·风雨》）只有美好婚姻关系的夫妻，当久别重逢后才能喜乐无限。"君子阳阳，左执簧，右招我由房，其乐只且！君子陶陶，左执翿，右招我由敖，其乐只且！"（《王风·君子阳阳》）只有夫妻志趣相投，才能陶醉在其乐融融之中。夫妻和顺是美满幸福的基础。

3. 夫义妇顺

先秦儒家倡导夫义妇顺，就是指丈夫要主动为家庭负责，要讲情义、恩义、道义，妻子对待丈夫要和顺、柔顺，但这里所说的"顺"绝不是毫无根据地、一味地遵从。这里强调夫妻之间道德义务和责任的对等性、相互性，而不是单一体现为妻子对丈夫的顺从。"何谓人义？父慈、子孝、兄良、弟弟、夫义、妇听、长惠、幼顺、君仁、臣忠十者，谓之人义。"（《礼记·礼运》）在"十义"中，对夫妇的要求是"夫义妇听"，这里没有男主女从，而是首先夫对妇的"义"，然后才是妇对夫的"听"和"顺"，这样夫妇才能实现和睦相处，才能为营造稳定、和谐的家庭关系创造条件。

（四）"长幼有序"

"长幼有序"伦理是父子伦理的引申。"朋友切切偲偲，兄弟怡怡。"（《论语·子路》）朋友之间互相督促勉励，兄弟之间相处和和气气。孔子认为兄弟之间，应该和睦相处。孟子主张："仁人之于弟也，不藏怒焉，不宿怨焉，亲爱之而已矣。亲之欲其贵也，爱之欲其富也。封之有庳，富贵之也。身为天子，弟为匹夫，可谓亲爱之乎？"（《孟子·万章上》）仁人对于弟弟，不隐藏心中的愤怒，也不留下怨恨，只是亲他爱他而已。亲近他，是想要他尊贵；爱护他，是想要他富裕。封他到有庳国，正是要使他尊贵和富裕。本身是天子，弟弟却是平民，能够称之为亲近和爱护吗？孟子还主张："老吾老，以及人之老；幼吾幼，以及人之幼。"（《孟子·梁惠王上》）孟子认为把孝亲敬兄之心推广开来，施于整个天下，既善待自己的老人，也善待他人的老人，既疼爱自己的幼弟，又疼爱他人的幼弟，可以构建和谐的人际关系。做到长幼有序，推己及人，是构建和谐人际关系的基础。

（五）"朋友有信"

"与朋友交，言而有信。"（《论语·学而》）同朋友交往，说话诚实恪守信用。子曰："忠告而善道之，不可则止，毋自辱也。"（《论语·颜渊》）子贡问怎样对待朋友，孔子说，忠诚地劝告他，恰当地引导他，如果不听也就罢了，不要自取其辱。朋友之间讲求一个"信"字，这是维系双方关系的纽带。但对待朋友的错误，要开诚布公地劝导他，推心置腹地讲明利害关系，如果他坚持不听，也就作罢。如果别人不听，你一再劝告，就会自取其辱。这是交友的一个基本准则，就是承认和尊重别人。"子曰：'可与言而不与之言，失人；不可与言而与言，失言。知者不失人，亦不失言。'"（《论语·卫灵公》）孔子讲，可以同他谈的话，却不同他谈，这样就会失掉朋友；不可以同他谈的话，却同他谈，这样就会说错话。有智慧的人会做到既不失去朋友，又不说错话。孔子曰："益者三友，损者三友。友直，友谅，友多闻，益矣。友便辟，友善柔，友便佞，损矣。"（《论语·季氏》）孔子说，有益的交友有三种，有害的交友有三种。同正直的人交友，同诚信的人交友，同见闻广博的人交友，这是有益的。同惯于走邪道的人交朋友，同善于阿谀奉承的人交朋友，同惯于花言巧语的人交朋友，是非常有害的。

孟子认为朋友相交，贵在同道同德。"不挟长，不挟贵，不挟兄弟而友。友也者，友其德也，不可以有挟也。"（《孟子·万章下》）不要挟强迫长辈，不要挟强迫尊贵的人，不要挟强迫兄弟，要与有德行的人交往，互助合作。所谓互助合作，是看其人生德行，因此不可以有要挟强迫的因素在里面。"仁之实，事亲是也；义之实，从兄是也。智之实，知斯二者弗去是也；礼之实，节文斯二者是也；乐之实，乐斯二者，乐则生矣；生则恶可已也，恶可已，则不知足之蹈之、手之舞之。"（《孟子·离娄下》）建立人与人相互亲爱的关系的实质内容，是侍奉亲人。选择最佳行为方式的实质内容，是跟从兄长。用智慧行事的实质内容，是懂得这两点而不违背它。社会行为规范的实质内容，是节制文化中的这两点。快乐的实质内容，是喜欢这两点，快乐就会产生。快乐产生了丑恶的就可以停止了，丑恶的可以停止，人就会在不知不觉间高兴得手舞足蹈。"为人臣者怀利以事其君，为人子者怀利以事其父，为人弟者怀利以事其兄。是君臣、父子、兄弟终去仁义，怀利以相接，然而不亡者，未之有也。"（《孟子·离娄上》）当臣子的心怀利害关系以侍奉国君，作为儿女心怀利害关系以侍奉父母，作为弟弟心怀利害关系以侍奉兄长。君臣、父子、兄弟之间最终舍弃相互亲爱的关系和最佳行为方式，心怀利害关系的目的来交往，这样的交往最后不消亡，是没有的事。

儒家博大精深的道德教育体系以"明人伦"为道德教育的基本内容，"五伦"对新时代我国道德教育和道德实践仍然有积极的影响，并具有一定的借鉴价值。

三、"化性起伪"

荀子把"化性起伪"作为道德教育的基本内容。"性也者，吾所不能为也，然而可化也。积也者，非吾所有也，然而可为也。"（《荀子·儒效》）本性，不是我们后天所能造成的，但是本性却可以加以改变；积累，不是我们先天所有的，却可以造就。

（一）传统文化道德教育就是用礼义教化

"可化"就是可改造的意思，礼义道德虽"非吾所以也，然而可为也"，就是所谓的"化性起伪"之说。"凡贵尧禹君子者，能化性，能起伪，伪起而生礼义。然则圣人之于礼义积伪也，亦犹陶埏而为之也。"（《荀子·性恶》）人们之所以推崇尧、禹为君子，就在于他们能教化改变自己的本性，能做出人为的努力，人为的努力的结果就产生了礼义。所以，圣人为后人创作了礼义，这就好比陶匠和泥制瓦一样。

> 人有师有法，而知则速通，勇则速畏，云能则速成，察则速尽，辩则速论。故有师法者，人之大宝也；无师法者，人之大殃也。人无师法，则隆性矣；有师法，则隆积矣。而师法者，所得乎积，非所受乎性。性不足以独立而治。性也者，吾所不能为也，然而可化也。积

也者，非吾所有也，然而可为也。注错习俗，所以化性也；并一而不
二，所以成积也。习俗移志，安久移质。并一而不二，则通于神明，
参于天地矣。（《荀子·儒效》）

有了老师的教导，如果懂得法度，具有智慧，就能很快显达；如果有勇气，
就能很快变得威武；如果有才能，就能很快取得成功；如果能明察，就能很快
通晓事理；如果善辩，就能很快判断是非。所以，有老师的教导和有法度，就
是人们最大的财富；反之，没有老师的教导和没有法度，就会成为人们的灾祸。
没有老师的教导，不懂得法度，人就会任性而为；如果有老师教导，懂得法度，
就会重视学习的积累；而老师的法度本身也是通过学习的积累得来的，不是先
天具有的，它不能独立地治理自己。本性，不是我们后天所能造成的，但是本
性却可以加以改变；积累，不是我们先天所有的，却可以造就。风俗习惯可以
改变人的思想，长久地受风俗习惯的影响，就会改变人的本性。只要专心致志，
不三心二意，就能通于神明，与天地相参同了。

（二）传统道德教育在于日积月累

荀子认为人性是可以改化的，通过后天的努力改造而变化为善。"可学而
能，可事而成之在人者，谓之伪。"（《荀子·性恶》）又说："心虑而能为之动
谓之伪；虑积焉，能习焉，而后成谓之伪。"（《荀子·正名》）礼义等思想道
德不是上天安排的，不是人先天固有的，起源于圣人在后天的作为，通过教育
而普及于民众。道德教育使人性所具有的发展潜能变成现实的知识、思想和能
力，体现人性的美德，通过人为的努力可以化恶为善。从"化性起伪"的基本
观点出发，人人皆可以成为圣人。"百姓，积善而全尽，谓之圣人。彼求之而后
得，为之而后成，积之而后高，尽之而后圣，故圣人也者，人之所积也。人积
耨耕而为农夫，积斲削而为工匠，积反货而为商贾，积礼义而为君子。"（《荀
子·儒效》）普通百姓积累善行，达到完美的程度就可以成为圣人。那些必须
努力才能有所收获，不断实践才会成功，不断积累才能提高，最终达到完美就
能成为圣人。所以，圣人就是普通人的善行日积月累的结果啊！人们积累锄草
耕田的经验就能成为农夫，积累起砍削的经验就能成为木匠，积累贩卖货物的
经验就能成为商人，积累礼义的经验就能成为君子。

从日常生活需要出发，培养适应现实伦理需要的完美的圣人，是传统儒家
道德教育内容体系的基本要义。

第四节 传统道德教育的方法途径

传统文化道德教育方法分为自身修养和面授教育以及社会实践等多种方法。

一、自身修养法

自身修养就是受教育者在教育者的指导下，通过自己的修学促进形成优良道德品质的方法。

（一）立志有恒，见贤思齐

自修始于立志，立志是道德教育的开始，没有志向也就没有道德教育的方向和动力。"吾十有五而志于学。"（《论语·为政》）孔子在十五岁就立志要做学问，并有了理想和抱负。"苟志于仁矣，无恶也。"（《论语·里仁》）孔子认为，要想成为"仁"者，必须有"仁"的志向，具有"磨而不磷""涅而不缁"（《论语·阳货》）的精神，即磨了以后不变薄，染了以后不变黑，意志坚定，不会受环境影响的精神。"三军可夺帅也，匹夫不可夺志也。"（《论语·子罕》）可见，立志是道德教育的前提。

孔子认为立志就要立恒志，要坚守这个志向，不强调过多的物欲追求。"士志于道，而耻恶衣恶食者，未足与议也。"（《论语·里仁》）如果立志于仁，但又以穿破旧衣、吃粗糙的饭食为耻，这种人就不值得和他谈论道德了。立志容易，守志难。坚守自己的志向需要经过长期而艰苦的努力过程，要有持之以恒的意志，同时还要用知识来不断丰富自己以实现其志向，日常生活中要做到学无常师，人皆为师。要经常对自己的思想和行为进行检查、反省。子曰："三人行，必有我师焉。择其善者而从之，其不善者而改之。"（《论语·述而》）和三个人同行，其中一定能找到值得自己学习的人，找出他们的优点，作为自己学习的榜样；找出他们的缺点，看看自己有没有，如果有就要改正。"见贤思齐焉，见不贤而内自省也。"（《论语·里仁》）见人之贤就学，见人之不贤就要引以为戒，反省一下自己并加以改正。"盖有不知而作之者，我无是也。多闻，择其善者而从之，多见而识之，知之次也。"（《论语·述而》）大概有自己不懂却凭空造作的人吧，我没有这样的毛病。多听，选择其中好的加以学习；多看，全记在心里，这样的知，是仅次于"生而知之"的。孔子强调要靠多闻多见来学习、获得知识，靠辨别来去伪存真，提高自己的道德修养。

（二）自省改过

孔子道德教育中重视发挥人在道德修养方面的自觉性。强调"自省"。"为仁由己，而由人乎哉？"（《论语·颜渊》）实行仁德，在于自己，难道还在于别人吗？提高道德境界，必须通过自己的努力，为仁是自觉的行为，不要强调客观条件。要敢于面对并正确地认识自己的过错。子曰："躬自厚而薄责于人，则远怨矣。"（《论语·卫灵公》）对自身厚责，对别人薄责，平日里对自己要经常反省、检讨。孔子要求学生要勇于自省、勤于自省，增强自律性，使自己在自省中提高，进而达到"慎独"。要经常做自我批评，"吾日三省吾身"（《论语·学而》），"见其过而内自讼"（《论语·公冶长》）。自我反省，经常审视自己，要敢于承认自己的错误，并且，对待自己的错误要有改过自新的精神。犯了错误不去改正，才是真正的犯错，"过则勿惮改"（《论语·学而》）。"过而不改，是谓过矣"（《论语·卫灵公》），有错不改才是最大的错。就像子贡说的："君子之过也，如日月之食焉。过也，人皆见之；更也，人皆仰之。"（《论语·子张》）君子也会有过错，就像日月之食，他的过错大家都会看到，但只要改掉，大家还会尊重他，就像光明被遮盖，只是暂时的，黑暗过去，大家还是仰视其明。孔子称赞颜回说："不迁怒、不贰过。"（《论语·雍也》）不拿别人撒气，闻过必改，绝不再犯同样的错误。自省改过，是成就道德高修为的必要条件。允许自己犯错误，懂得改错，并且时刻警醒自己不再犯同样的错误，也是道德修养的必经阶段。正确看待他人的过错，对于他人的过错要宽宏大量，不要因为他犯过错误就否定他的一生，要给人以改过自新的机会，这样一步步才能达到"仁"的境界。

（三）"思""学""行"兼顾

"子曰：'吾尝终日不食，终夜不寝，以思，无益，不如学也。'"（《论语·卫灵公》）在道德教育中要把握好思考与学习的关系，只思考不学习并不能很好地获益，要"学"与"思"并重。"学而不思则罔，思而不学则殆。"（《论语·为政》）只是学习却不思考就会望文生义，迷惑而无所得，只是思考却不学习就会精神疲倦而无所得。学就是学知识、学经验，这是一个积累过程；思则是把知识与经验进行消化理解。"学而不思"只能被蒙蔽或迷惑，而不得其解，会越学越糊涂。"思而不学"会使人疑惑而更加危险。学与思是相互促进、相辅相成的，应该把学与思结合起来，不可偏废。在学习与思考的基础上，积极参加实践活动，就是"行"。"知"与"行"是同一体的两方面，是相互制约的。"诵《诗》三百，授之以政，不达；使于四方，不能专对。虽多，亦奚以为?"（《论语·子路》）读书是为了从政，如果背过三百篇《诗》，还不会活学活用，再多有什么用呢?"知"与"行"不可分割，知离不开行，"知""行"是相互统一的。一个人的道德修养，既要掌握道德理论知识，又要将知识转化为实际行动，并且行为要合乎道德规范。

二、学校讲授法

讲授法主要指在私学、公学或者书院里，先生或者教师对学生进行道德教育使用的方法。在私学教育中，孔子创造了一整套行之有效的道德教育方法，堪称儒家经典。孔子创办私学，开创了平民化教育的先河，讲学授课40多年。"孔子以诗、书、礼、乐教，弟子盖三千焉，身通六艺者七十有二人。""故所居室、弟子内，后世因庙，藏孔子衣冠琴车书。"（《史记·孔子世家》）孔子讲学授课有自己特定的教材，虽然弟子众多，但有讲学的"堂"和弟子居住的"内"，规模相当可观。

（一）启发引导

"子曰：不愤不启，不悱不发，举一隅不以三隅反，则不复也。'"（《论语·述而》）愤，即苦思冥想而仍然领会不了的样子。悱即想说又不能明确说出来的样子。孔子说，教导学生，不到他想弄明白而不得的时候，不去开导他；不到他想出来却说不出来的时候，不去启发他。教给他一个方面的东西，他却不能由此而推知其他三个方面的东西，那就不用再教他了。

对于学习者具有渴望知识的欲望，并能主动提出问题，孔子则给予提点，这就是"发"，是授之以渔。例如："孟懿子问孝，子曰：'无违。'樊迟御，子告之曰：'孟孙问孝于我，我对曰无违。'樊迟曰：'何谓也。'子曰：'生，事之以礼；死，葬之以礼，祭之以礼。'"（《论语·为政》）对于鲁国的大夫孟懿子问什么是孝，孔子回答说："孝就是不要违背礼。"后来孔子的弟子樊迟给孔子驾车，孔子告诉他："孟孙问我什么是孝，我回答他说不要违背礼。"樊迟接着追问说："不要违背礼是什么意思呢?"孔子说："父母活着的时候，要按礼侍奉他们；父母去世后，要按礼埋葬他们、祭祀他们。"对于孟懿子的求教，孔子只是给予简单的回答，而对于樊迟的追问，孔子则予以仔细的讲解。这就是启发式教育要抓准时机并要有针对性。孔子在回答弟子们的提问时并不多说，而是希望弟子主动思考,有疑问来求解答,他才回答,这样的教学效果必定是事半功倍。

（二）因材施教

孔子针对不同的教学对象而采取不同的教育方法,是因人而异的,即"因材施教"。"子曰:'中人以上,可以语上也;中人以下,不可语上也。'"（《论语·雍也》）具有中等以上才智、能力的人,可以给他讲授高深的学问;在中等水平以下的人,不可以给他讲高深的学问。根据学生智力水平的高低来决定教学内容和教学方式,对我国教育学的形成和发展做出了积极贡献。

当两个不同水平的学生请教同一个问题时,孔子的回答因人而异。"子路问:'闻斯行诸?'子曰:'有父兄在,如之何其闻斯行之?'冉有问:'闻斯行诸?'子曰:'闻斯行之。'公西华曰:'由也问闻斯行诸,子曰,有父兄在;求也问闻斯行诸,子曰,闻斯行之。赤也惑,敢问。'子曰:'求也退,故进之;由也兼人,故退之。'"（《论语·先进》）子路问:听到了就行动起来吗?孔子说:有父兄在,怎么能听到就行动起来呢?冉有问:听到了就行动起来吗?孔子说:听到了就行动起来。公西华说:仲由问"听到了就行动起来吗?"您回答说"有父兄健在",冉求问"听到了就行动起来吗?"您回答"听到了就行动起来"。我被弄糊涂了,敢再问个明白。孔子说:冉求总是退缩,所以我鼓励他;仲由好勇过人,所以我约束他。这是孔子把中庸思想贯穿于教育实践中的一个具体事例。在这里,他要自己的学生不要退缩,也不要过头冒进,要进退适中。所以,对于同一个问题,孔子针对子路与冉求的不同情况做了不同回答。同时也生动地反映了孔子教育方法的一个特点,即因材施教。

关于什么是"仁"的问题,针对不同的弟子询问,孔子的回答同样是因人而异。"司马牛问仁。子曰:'仁者,其言也讱。'曰:'其言也讱,斯谓之仁已乎?'子曰:'为之难,言之得无讱乎?'"（《论语·颜渊》）面对话多且又性格浮躁的司马牛问怎样做才是仁,孔子说,仁人说话是慎重的,其实,就是告诫他平时说话要小心谨慎。司马牛说,说话慎重,这就叫作仁了吗?孔子说,做起来很困难,说起来能不慎重吗?当已经为政的仲弓问仁时,孔子说:"己所不欲,勿施于人。"（《论语·颜渊》）要他为政以德,对民众要推己及人;而子贡问仁时,针对这位政治才能非凡、通事达理的弟子,孔子则说:"工欲善其事,必先利其器。居是邦也,事其大夫之贤者,友其士之仁者。"（《论语·卫灵公》）在这里,孔子是让子贡结交上层人物,然后做对国家有益的事,达到仁的目标；对于热衷于从政的子张问仁，孔子则从道德修养方面来给予回答，即"恭、宽、信、敏、惠"（《论语·阳货》）。孔子就是这样根据弟子们的特点，对于同一个问题从不同角度给予回答。

朱熹对"因材施教"进行了注解：

> 草木之生，播种封植，人力已至而未能自化，所少者，雨露之滋耳。及此时而雨之，则其化速矣。教人之妙，亦犹是也，若孔子之于颜曾是已。有成德者，有达财者，财，与材同。此各因其所长而教之者也。成德，如孔子之于冉闵；达财，如孔子之于由赐。有答问者，就所问而答之，若孔孟之于樊迟、万章也。有私淑艾者。艾，音义。私，窃也。淑，善也。艾，治也。人或不能及门受业，但闻君子之道于人，而窃以善治其身，是亦君子教诲之所及，若孔孟之于陈亢、夷之是也。孟子亦曰："予未得为孔子徒也，予私淑诸人也。"此五者，君子之所以教也。（《孟子集注·卷十三》）

"如时雨化之者"，就是一种潜移默化的教育方法，凭借的就是教师一言一行的影响。人的成长犹如草木之生，如得及时雨，便能迅速变化生长，依照每个人的特点，进行教育引导，也能使其迅速成长。"圣贤施教，各因其材，小以成小，大以成大，无弃人也。"（《孟子集注·卷十三》）即材有大小，教育的任务是根据材的不同，而使其小成小材，大成大材，都能成材。根据不同类型的人，施以不同的教育，以达到不同的培养目标。

朱熹对孔子在《论语》中将其十大弟子分为"德行""言语""政事""文学"四科，进行了因材施教法的解读。"德行：颜渊，闵子骞，冉伯牛，仲弓。言语：宰我，子贡。政事：冉有，季路。文学：子游，子夏行，去声。弟子因孔子之言，记此十人，而并目其所长，分为四科。孔子教人各因其材，于此可见。"（《论语集注·卷六》）根据受教育者的特点，分科目进行不同的教育。朱熹还根据受教育者的年龄，将教育分为"小学"和"大学"两个阶段，不同阶段有不同的教育目标和教育任务，这就是朱熹的因材施教方法。

（三）言传与身教

孔子主张道德教育中"有言之教"与"无言之教"结合进行，善于"言传"与"身教"的教育方法，有的时候身教比言教更具渗透力，是最直接的示范作用。"子曰:'其身正,不令而行;其身不正,虽令不从。'"(《论语·子路》)孔子认为,假如自己身正影端,那么即使不发布什么命令,也会有人追随你;假如自己的行为不端正,那么即使再三命令,也不会有人信服。"身教示范"是教育者本人的示范,对受教育者起到熏陶和潜移默化的作用。"苟正其身矣,于从政乎何有不能正其身,如正人何?"(《论语·子路》)万世师表的孔子,为人师表、以身作则,身体力行,处处体现出"温、良、恭、俭、让"的风范。通过行为活动来表现出道德规范,是道德品质的升华,能使教育内容真正地内化。

（四）既褒又贬

孔子在道德教育中,经常使用表扬和批评相结合的方法。子曰:"贤哉回也,一箪食,一瓢饮,在陋巷,人不堪其忧,回也不改其乐。贤哉回也。"(《论语·雍也》)孔子说:"颜回的品质是多么高尚啊!一箪饭,一瓢水,住在简陋的小屋里,别人都忍受不了这种穷困清苦,颜回却没有改变他好学的乐趣。颜回的品质是多么高尚啊!"颜回是被孔子称赞为好学的人,表扬颜回的勤奋和努力,以带动其他弟子奋发学习,孔子就是这样用表扬来鼓励弟子不断进步。当然,针对弟子们的缺点或者错误,孔子也使用批评和惩罚的方法予以启发教育。

"子曰:'非吾徒也。小子鸣鼓而攻之可也。'"(《论语·先进》)孔子说:"他不是我的学生了,你们可以大张旗鼓地去攻击他吧!"冉求任季氏家臣,为季氏敛财,对此孔子非常愤怒,说冉求不再是他的学生,要大家去声讨他。孔子对冉求的惩罚相当严厉,这样批评的根本目的是道德教育,让犯错误的人认识到错误并改正错误。"子曰:'由之瑟奚为于丘之门?'门人不敬子路。"孔子说:"仲由弹瑟,为什么在我这里弹呢?"由于孔子批评,弟子们因此都不尊敬子路。子曰:"由也升堂矣,未入于室也。"(《论语·先进》)见此情景,孔子便说:"仲由嘛,他在学习上已经达到升堂的程度了,只是还没有入室罢了。"孔子先是用责备的口气批评子路,当其他门人都不尊敬子路时,他便改口说子路已经登堂尚未入室,这是就演奏乐器而言的。孔子对弟子持有客观的态度,有成绩就表扬,有过错就反对,让学生认识到自己的不足,同时又树立起信心,争取更大的成绩。孔子说子路的水平还可以,这句话安慰了子路,也是为了不让同学看低子路,对弟子们也是一种教育。孔子在道德教育中,根据情况将表扬与批评相结合,促进学生道德水平的提高。

（五）《诗》《乐》熏陶

孔子重视诗歌、音乐教育,以诗歌、音乐辅助道德教育。"诗三百,一言以蔽之，曰'思无邪。'"(《论语·为政》)《诗经》三百篇，可以用一句话来概括它，就是"思想纯正"。"诗，可以兴，可以观，可以群，可以怨。迩之事父，远之事君；多识于鸟兽草木之名。"(《论语·阳货》) 为什么不学习《诗》呢？学《诗》可以激发志气，可以观察天地万物及人间的盛衰与得失，可以使人懂得合群的必要，可以使人懂得怎样去讽谏上级。近可以用来侍奉父母，远可以侍奉君主；还可以多知道一些鸟兽草木的名字。还有助于提高个人道德修养，使思想纯正，鉴往知来；有助于从政治国。"不学诗，无以言。"(《论语·季氏》) 不学诗，就不懂得怎么说话，不会与人交流。

《诗》与《乐》是相伴相生的关系。孔子认为，《乐》是比《诗》更高级的一种道德的表现形式，音符、节奏可以传递美好的道德品质，可以修身养性。"子曰：'兴于诗，立于礼，成于乐。'"(《论语·泰伯》) 人的修养开始于学《诗》，自立于学礼，完成于学乐。可以通过音乐领悟至善至美的"道"。"子在齐闻《韶》，三月不知肉味。曰：不图为乐之至于斯也！"(《论语·述而》) 孔子在齐国听到了《韶》乐，有很长时间尝不出肉的滋味，他说，想不到《韶》乐的美达到了这样迷人的地步。《韶》是以仁治天下的舜乐，在孔子心目中是尽善尽美的。通过正声雅音，熏陶培养人的品格，消除邪秽，成就理想的道德人格。

（六）书院教化

1. 化民成俗

书院以儒家思想为主导，通过各种途径和方式，对生徒进行德行陶冶和风俗训导等。书院的师长与生徒们不管为官、为绅还是一介布衣，都执着于以教育来化民成俗。秉承儒家仁政德治的思想，强调道德教育以及对民众的教化，向士民宣讲圣贤之学，敦亲睦族而稳定乡里。正如钱若水在《东佳书堂》诗里赞扬的那样：

> 居处东佳对白云，义风深可劝人伦。儿童尽得诗书力，门巷偏多车马尘。楼上落霞粘笔砚，池边怪石间松筠。乡闾岂独民迁善，阶砌兼闻犬亦驯。朱实垂庭红橘熟，清香袭座药畦春。他年好卜为邻住，悔茸秀庐洛水滨。（《同治德安县志》）

从这首诗中可以看出东佳书院对当地民众的深远影响。古代书院通过对儒家传统德性价值的继承与发挥、普及与创新，使抽象的社会道德规范与价值观念得以具体化、生动化和形象化，进而转化为个体内在稳定的道德品质，为社会培养出了一批又一批德明行修的优秀人才。

2. 提高入仕为官品质

书院生徒以"修身、齐家、治国、平天下"为己任，"尊师重道爱国"，强调道义为重，以诚相见，这极大地提高了生徒入仕为官的品质。"当年长沙之陷，岳麓诸生荷戈登陴，死者什九，惜死者姓名多不可考。山长辟谷举家自焚。"（《宋元学案·丽泽学案》）南宋岳麓书院生徒把抗金救国、挽救时艰、治国安邦等主张与研治理学结合起来。在长沙城被元兵攻破之时，岳麓书院生徒们毅然领导民众抗元，其崇高的民族意识与爱国热情，在中国书院史上写下了光辉的一页。书院的社会教化使士民们入官为仕后，能以国家和民族利益以及百姓生活为重，积极为国家和百姓谋福利，有效提升了入仕的品质。

三、家庭教育法

我国家庭道德教育源远流长，是古代儒家道德教育的主体之一。"家"不仅是社会经济结构、政治秩序的基础，也构成了社会精神文化的堡垒，成了人们道德生活的价值根源，以血缘关系为基础、以亲情感化为纽带、"家""国"结合、政教合一，形成了一系列伦理道德规范，形成了一整套以"家国一体"为基础的以"长老训教"为特色的道德教育模式及方法，家族中的长老就是当然的教师。

（一）"以祀礼教敬"

《周礼》中所记载的西周时期家庭道德教育规范，奠定了我国古代家教的基础。《周礼》规定对百姓进行社会教化的第一条，就是"以祀礼教敬"。"以祀礼教敬，则民不苟。"（《周礼·大司徒》）用祭祀之礼教民尊敬，民众就不会马虎随便。祭祀祖先，是"祀礼"的重要方面。认为这可以"教民反古复始，不忘其所由生也"（《礼记·祭义》）。教导民众不但要缅怀远祖，而且要祭祀父母，不要忘掉自己是从哪里来的，也就是通过祭祖培育崇敬祖先的孝心，加强家庭的亲情，形成良好的家风。

（二）"以阴礼教亲"

在《周礼》中规定用婚姻进行道德教育，"以阴礼教亲，则民不怨"（《周礼·大司徒》）。用婚礼那样的阴礼来教民相亲，民众就不会相互怨恨。"阴礼"是指婚姻之礼，借婚礼阐明相亲之义，以建立和睦的家庭，使天下无怨妇旷夫。这促使民众对婚姻秉持严肃态度，重视家庭人伦道德的建设。

（三）"以世事教能"

在西周时期业已形成的子继父业的家学，"以世事教能，则民不失职"（《周礼·大司徒》）。用世间技艺之事教民技能，民众就不会失业。通过家族世业的继承与传习，使百姓学有所能，使家业不致失传。

（四）家教

一个人的文化教养、习惯养成、理想抱负在很大程度上取决于家庭教育的好坏。家长对子女进行关于道德、礼节的教育就是"家教"；"孟母三迁"是历史上有名的家教佳话之一。

> 昔孟子少时，父早丧，母仉氏守节。居住之所近于墓，孟子学为丧葬，躄，踊痛哭之事。母曰："此非所以居子也。"乃去，遂迁居市旁，孟子又嬉为贾人炫卖之事，母曰："此又非所以居子也。"舍市，近于屠，学为买卖屠杀之事。母又曰："是亦非所以居子矣。"继而迁于学宫之旁。每月朔望，官员入文庙，行礼跪拜，揖让进退，孟子见了，一一习记。孟母曰："此真可以居子也。"遂居于此。（刘向《列女传》）

从前，孟子小的时候和母亲住在墓地旁边。孟子就和邻居的小孩一起学着大人跪拜、哭嚎的样子，玩起办理丧事的游戏。孟子的母亲看到了，就皱起眉头："不行！我不能让我的孩子住在这里了！"孟子的母亲就带着孟子搬到市集，就去靠近杀猪宰羊的地方住。到了市集，孟子又和邻居的小孩，学起商人做生意和屠宰猪羊的事。孟子的母亲知道了，又皱皱眉头："这个地方也不适合我的孩子居住！"于是，他们又搬家了。这一次，他们搬到了学校附近。每月夏历初一的时候，官员到文庙，行礼跪拜，互相礼貌相待，孟子见了之后都学习记住。孟子的母亲很满意地点着头说："这才是我儿子应该住的地方呀！"于是居住在了这个地方。孟母高度重视外因对幼小的孟子耳濡目染、潜移默化的作用力，她积极预防不良环境中的各种不利因素对孟子的影响，防止对孟子心灵产生积习成性的作用力。幼儿的生命期是先天无为的阶段，心灵如同白纸一张，学习模仿接受能力极强，如果居住在墓地旁，孩子学的就是哭丧，如果居住在文庙旁，孩子学的就是礼仪，家教要针对少年儿童的关键年龄期实施相应的教育。

"曾子杀猪"是历史上另一个有名的家教佳话。"曾子之妻之市，其子随之而泣。其母曰：'汝还，顾反为汝杀彘。'妻适市来，曾子欲捕彘杀之。妻止之曰：'特与婴儿戏耳。'曾子曰：'婴儿非与戏也。婴儿非有知也，待父母而学者也，听父母之教，今子欺之，是教子欺也。母欺子，子而不信其母，非所以成教也！'遂烹彘也。"（《韩非子·外储说左上》）

曾子的夫人到集市上去赶集，她的孩子哭着也要跟着去。曾子的夫人对孩子说，你先回家待着，待会儿我回来杀猪给你吃。曾子的夫人从集市上回来，就看见曾子要捉猪去杀。曾子的夫人就劝阻曾子说，我只不过是跟孩子开玩笑罢了。曾子说："夫人可不能开玩笑啊！孩子不知道你在和他开玩笑。孩子没有思考和判断能力，要向父母亲学习，听从父母亲给予的正确的教导。现在你在欺骗他，这就是教育孩子骗人啊！母亲欺骗孩子，孩子就不会再相信自己的母亲了，这不是教育孩子的正确方法啊。"于是曾子把猪给杀了，煮了之后把猪肉给孩子吃掉了。曾子用自己的行动教育孩子要言而有信，诚实待人。成人的言行对孩子影响很大，待人要真诚，不能欺骗别人，否则会将自己的子女教育成一个待人不真诚的人。

（五）家规和家训

1. 家规

家庭或家族中治家的规矩叫家规，是家人所必须遵守的规范或法度，是长辈为后代子孙所制定的立身处世、居家治生的原则和教条。家规塑造了家风的形象。

2. 家训

家训是家庭或家族中先辈对后辈、兄辈对弟辈所做出的某种训示、教诫；教诫的内容，既可以是教诫者自己制定的，也可以是教诫者取材于祖上的遗言和族规、族训、俗训或乡约中的有关条款。尽管我国传统家训在不同时期有着不同的内容和形式，但它们都是家庭教育的手段，凝聚着先辈丰富的人生经验，表达了长辈们对后代子女在言行举止、道德修养、人生追求等各方面的期盼和要求。家训强调尊祖宗、孝父母、和兄弟、训子弟、睦宗族、厚邻里、勉读书、崇勤俭、尚廉洁。倡导兄友弟恭，清正节俭，勤奋上进。不同家族的家训内容虽然各有侧重，但是其核心思想是与整个国家的主流价值观互通的，家族的家训也体现了国家主导的价值观，同时，各个家族所倡导的家训，形成一种社会氛围，又影响着整个社会的主流意识。家训具有向善性，家族先辈将对后辈的要求和期望凝结于家训，希望通过家训约束教育后辈。因此，在历史上广为流传下来的家训，内容都是积极向上的，既有利于个人形成良好品格，又有利于家族团结、社会和谐。

（六）家书与家学

1. 家书

家书是一种以书信形式来告诫子孙的家训之作。历史上有名的是曾国藩的家书，它告诉其子孙后代做人、治家、修养、为学、交友等多方面的道理。《傅雷家书》凝聚着作者对祖国和子女深厚的爱，教导子女做人要不骄不躁，要谦虚严谨，要树立正确的人生观、价值观和婚恋观等。在这些经典家书中，处处体现着先辈对后人的殷切期盼与教诲之情。

2. 家学

家学是家中世代相传的学问，包括人生观、价值观、世界观的培养和做人做事的道理。《汉书韦贤传》说，"遗子黄金满赢，不如一经"，给孩子留一筐黄金，不如教他学会一部经书。好学，读书，可以使家族后辈成为品德高尚、学识渊博、功成名就、有能力帮助他人的人，这就是家学的价值标准与不懈追求。

（七）蒙养教育

孔子说："少成若天性，习惯如自然。"（贾谊《治安策》）要教育子女成为有道德的人，应当从婴孩抓起。颜之推认为儿童处在智能发展的最初阶段，思想感情处在变化之中，最容易受熏染感化，对子女的教育越早越好。"凡庶纵不能尔，当及婴稚识人颜色、知人喜怒，便加教诲，使为则为，使止则止，比及数岁，可省笞罚。父母威严而有慈，则子女畏慎而生孝矣。"（《颜氏家训·教子》）普通老百姓家纵使不能如此，也应在婴儿识人脸色、懂得喜怒时，就加以教导训诲，什么该做，什么不该做，等长到几岁时，就可省免鞭打惩罚。只要父母既威严又慈爱，子女自然敬畏谨慎而有孝行了。小时候如不抓紧教育，待长大染上坏毛病，即使是"捶挞至死"，也难改过。

第五节　传统文化道德教育的特点

一、传统文化道德教育深入到生活实践中

孔子的道德教育都是基于生活而进行的，关心和探讨的内容都是与人生紧密相连的。孔子教育学生脚踏实地，从身边、家庭教育开始，对待兄弟、长辈恭敬顺从，从最基本的生活开始，做好身边的每一件小事。做到"能近取譬"（《论语·雍也》），推己及人，能够做到把自己的想法与身边人的想法做比较。孔子认为，家庭是道德教育启蒙的基础。

二、传统文化道德教育方法丰富多样

孔子实施道德教育的方法多种多样，不拘泥于某一种形式。孔子秉承只有平等，才有真诚的原则，使受教育者完全处于主体的地位，让参与、接受、实践等成为一种自发的状态。孔子不是单纯地将知识简单传授，而是对学生进行启发式教育，并与学生形成良性互动。他深知兴趣是最好的导师，"知之者不如好之者，好之者不如乐之者"（《论语·雍也》）。懂得它的人，不如爱好它的人；爱好它的人，又不如以它为乐的人。孔子教育学生时善于"启发诱导""举一反三"，形成教学相长的理想教学与学习状态。孔子还根据不同教育对象的心理特点和认知水平，灵活地安排教育活动的内容和形式，这就是著名的"因材施教"法。孔子通过自身所具有的道德品质、能力等人格魅力来对学生进行潜移默化的感染、熏陶，润物细无声，不断提高学生们的道德修养；孔子善用"言传"，更加注重"身教"，以庄重而又谦和的仁者形象，用仁爱之心教育每一个人，使学生始终在关爱、和谐的环境中快乐学习、健康成长。

三、传统道德教育学以致用

孔子认为，学习的宗旨是为了有效应用于现实生活中。孔子注重道德修养的塑造，在引导意识层面的道德修养的同时，将道德认知应用到实践中。"君子耻其言而过其行"（《论语·宪问》）；"其言之不怍，则为之也难"（《论语·宪问》）；"听其言而观其行"（《论语·公冶长》）；"言必信，行必果"（《论语·子路》），"敏于事而慎于言"（《论语·学而》）；"先行其言而后从之"

（《论语·为政》）。学习的目的在于有效地运用，为了实际需要而学，言行一致，且要着重于行，身体力行，才能真正成为道德高尚的人。

四、传统道德教育载体多种

孔子对弟子们进行道德教育的载体是丰富多样的。他采用的教学用书是"六经"，即《诗》《书》《礼》《乐》《易》《春秋》，从文、行、忠、信四个方面教育学生，是我国教育史上第一个实行分科教学的人。在道德教育中包含了德、智、体、美、劳等内容，他将艺术作为教育的手段，重视文娱活动。颜渊喟然叹曰："仰之弥高，钻之弥坚，瞻之在前，忽焉在后。夫子循循然善诱人，博我以文，约我以礼，欲罢不能。即竭吾才，如有所立卓尔。虽欲从之，末由也已。"（《论语·子罕》）颜渊感叹地说："（对于老师的学问与道德）我抬头仰望，越望越觉得高；我努力钻研，越钻研越觉得不可穷尽。看着它好像在前面，忽然又像在后面。老师善于一步一步地诱导我，用各种典籍来丰富我的知识，又用各种礼节来约束我的言行，使我想停止学习都不可能，直到我用尽了我的全力。好像有一个十分高大的东西立在我前面，虽然我想要追随上去，可就是没有办法追上去。"

第七章

新时代乡村社会道德风尚建设的重要载体

第一节 新时代乡村社会思想政治教育

一、乡村社会思想政治教育的含义

思想政治教育是指社会或社会群体用一定思想观念、政治观念、道德观念，对其成员施加有目的、有计划、有组织的影响，并促使其自主地接受这种影响，从而形成符合一定社会一定阶级所需要的思想品德的社会实践活动。① 从广义上说，一切对人的思想和行为施加影响的实践活动，都可以称为思想政治教育。乡村思想政治教育就是对广大乡村农民进行政治信念、国家意识形态的教育。乡村广大农民在乡村社会实践活动中，形成了世界观、人生观、价值观、政治观、教育观等，这些观念反过来又指导乡村农民的生产、生活实践。乡村农民的世界观、人生观、价值观是否正确至关重要，乡村思想政治教育是为了解决乡村农民的思想政治意识问题，在广大乡村社会形成共同理想和精神支柱。从根本上说，乡村思想政治教育就是用马克思主义的立场、观点和方法去改造乡村农民的思想观念，坚定他们对共产主义、社会主义和集体主义的信念。

二、道德教育离不开思想政治教育

（一）乡村思想政治教育与道德教育的辩证关系

乡村道德教育也是乡村农民的思想政治素质与思想道德素质教育。思想政治与思想道德既有联系又有区别，一个人具有良好的思想道德不等于具有坚定

---

① 陈万柏，张耀灿. 思想政治教育学原理［M］. 北京：高等教育出版社，2015：4.

的政治信念，但一个人具有良好的思想道德，则有助于其树立正确的政治观念，当然，正确的政治观念也是形成良好思想道德的基础。所以，在乡村既要加强农民的思想政治教育，又要注重思想道德教育，要反对只强调思想政治教育，不重视思想道德教育的倾向。在乡村思想政治教育中，要防止政治高于一切，把政治绝对化、极端化的做法。坚持既有坚定正确的政治信念，又有良好的思想道德，这才是新时代农村社会主义理想人格的思想政治教育目标。重视乡村思想政治教育，同时加强道德教育，历来是我们党和国家具有战略意义的指导思想，道德教育是乡村思想政治教育的重要组成部分。在乡村要深入持久地开展社会主义道德教育，引导教育村民做有良好品质、高尚道德的新农民，使道德教育在思想政治教育中发挥基础性作用。

（二）道德教育与乡村社会思想政治教育内容的一致性

道德教育与乡村社会思想政治教育在内容上具有高度的一致性。乡村社会思想政治教育的内容主要包括世界观教育、政治观教育、人生观教育、法治观教育、道德观教育。而道德教育内容中的孝亲敬长、睦亲齐家、治家谨严、勤劳节俭，正是乡村社会思想政治教育中的家庭道德观教育；道德教育中诚实守信、克己奉公则是思想政治教育中职业道德的教育；道德教育中救难济贫、助人为乐、宽厚谦恭等也都是乡村社会思想政治教育的重要内容。道德教育是乡村农民日常生活中的思想政治教育和隐性思想政治教育，处处存在，与乡村社会思想政治教育的内容有高度的契合性。

（三）道德教育与乡村社会思想政治教育的要求具有一致性

道德教育是思想政治教育的有机组成部分。在新时代，我国思想政治教育的根本目的是提高人们的思想道德素质，促进人的全面发展，激励人们为建设中国特色社会主义，为最终实现共产主义而奋斗。用马克思列宁主义、毛泽东思想、邓小平理论、"三个代表"重要思想、科学发展观和习近平新时代中国特色社会主义思想教育广大人民群众，培养和造就有理想、有道德、有文化、有纪律的社会主义新人是思想政治教育的根本任务。在思想政治教育中培养良好的道德品质是道德教育的目标和任务。

乡村家庭是乡村社会的有机组成部分，因此，乡村道德教育与乡村社会思想政治教育具有一致性。乡村道德教育的目标是家庭成员的社会化，使乡村家庭成员适应乡村社会的要求，具备在乡村社会生存所应有的思想品德与行为准则，在乡村社会中实现个人的价值，成为符合社会主义核心价值观的新型农民。

乡村道德教育与乡村社会思想政治教育都是人的全面发展的教育，体现的都是社会主导意识形态的要求。单靠狭义的思想政治教育过程难以实现其教育效果的有效性，而道德教育是一条有效的途径，在实现思想政治教育目的和完成思想政治教育任务方面具有重要作用。

三、乡村道德教育与社会思想政治教育的建设

（一）重树"立德"理念

当"好人不能得到好报"，"坏人"反而坐享其成，社会中自私自利、道德败坏的事件屡见不鲜，"食品造假""坑蒙拐骗"的社会现象出现后，在乡村社会中有些人对立德兴家的理念开始动摇。一些人不再敬畏"德"，使得道德水准日益下降，不再坚守立德兴家、立德于世的理念。"太上有立德，其次有立功，其次有立言，虽久不废，此之谓不朽。"（《左传·襄公二十四年》）立德，不仅是修身之本，也是兴家之道，立德即树立德业。德行完美立于世是儒家道德一直追求的价值理念，因为一个人能在社会上立身处世，靠的是德性与德行。儒家认为立德是家庭兴旺与绵延的根本与保证，德与福是相伴相生的。为了家庭的幸福与兴旺，在现代乡村社会，要重新树立立德理念，鼓励乡村广大农民积德行善。

（二）强化"诚信"品德

诚信即待人处事诚实、不欺不瞒，信守承诺。诚信是高贵的道德品质，也是高尚的思想政治品质，诚实守信是社会主义核心价值观的基本要求，也是我国现行法律的重要基本原则，违反诚实守信法律原则将承担一定的法律责任和法律后果。儒家道德要求人们讲信用，为人必须做到言而有信，才能取信于人，才能生活在这个世界上。在现代社会，一个人如果言而无信，就无法立足社会；一个企业如果不讲诚信，则难以生存与发展；一个社会如果没有诚信，则整个社会就会人人自危；一个政府如果不讲信用，则其政府权威不立，无法实施有效管理。"诚者，天之道也，思诚者，人之道也。"（《孟子·离娄上》）孟子认为，诚实是天地之大道、天地之根本规律，追求诚信，是做人的根本原则。诚信是人生的命脉，是一切价值的根基。在一些乡村出现的道德缺失，首先是诚信的缺失。强化诚信品德教育，是当前乡村社会亟须解决的道德教育和思想政治教育问题，诚实守信要从家庭教育开始，从小事做起，只要人人具有了良好的诚信品德，在乡村社会就能建立起人与人之间的信任、信赖关系，有效促进

乡村社会的和谐稳定。

（三）提倡以"和"为贵

"礼之用，和为贵。"（《论语·学而》）"和也者，天下之达道也。"（《中庸》）"夫德莫大于和，而道莫正于中。"（《春秋繁露·循天之道》）"和"既指协调、和谐，也指适中、恰到好处。在儒家道德中对"和"高度重视，贵"人和"，就是个人与个人、个人与群体、群体与群体保持和谐协调的关系；乡村道德建设与思想政治教育的主要目标，是构建新时代和谐社会主义新农村，这也是《公民道德建设实施纲要》中提出的公民道德建设的基本要求。因此，在乡村必须大力提倡儒家"和"的道德思想。友善是一种待人如己的道德要求，是一种高尚的儒家道德情感。"和"与团结友善是相通的，团结是指在乡村社会中，农民之间彼此和睦相处，互敬互爱，互谦互让，从而形成一种融洽的乡村社会氛围。

（四）弘扬"勤俭""宽厚""孝敬"美德

1. 勤俭

勤俭是广大乡村社会的传统美德，勤是开源，即对物质财富的创造，也就是创造性劳动，是对人的本质的实现；俭是节流、节制，即对有限资源的节制使用，是对人的欲望的控制。勤和俭的有机统一，才能维持好乡村社会人与自然的和谐关系，勤和俭作为人之美德，二者缺一不可。在现代乡村社会，由于农业科学技术、信息技术和机械化的普及程度越来越高，大大解放了乡村农民的生产力，体力劳动强度显著下降，显然，"勤"的内涵更加丰富了，不能再将勤简单地理解为体力劳动和体力劳动的多少、长短。在新时代，"勤"的内涵必然包括勤劳与智力相结合、勤劳与效率相统一，勤既是创新又是效率。在乡村生活领域，"勤俭"的内涵也发生了变化，由"勒紧裤腰带节衣缩食"，演变为理性消费、适度消费。勤俭就是不奢侈无度、不恣意浪费，既要注重物质消费，也要提高文化消费。勤俭实际上是处理好新时代乡村劳动、消费与提高生活质量关系的道德观。在农业生产领域，"勤俭"就是既要发扬艰苦奋斗、勤劳生产的优良传统，又要节俭利用乡村有限的资源，使有限的资源可以持续使用，从这个意义上理解，"勤俭"又是一种可持续发展、可持续生存的良好道德。

2. 宽厚

"宽厚"是乡村农民需要具备的美德。宽即宽以待人，就是对他人的理解和宽容。厚即厚道，就是对人忠厚善良、不欺不瞒的品格。一个人在做到"宽厚"

的同时，就会谦恭，这是内在品德和修养的真实体现，具备这种道德品质的人，在日常工作生活中表现为谦虚谨慎，不骄傲自大，尊重他人，宽厚待人，允许别人有不同的观点、意见，因而善于谅解、宽恕别人的错误，有仁爱之心、为人着想、对他人尊重。

3. 孝敬

"孝敬"就是孝老敬老，这是中华民族的优良传统，是儒家道德的基础，也是儒家以仁爱为核心的道德精神。在现代乡村社会要大力弘扬中华传统孝文化。今天的乡村孝文化具有新时代特征，是在现代民主家庭条件下的孝文化。子女在与父母的平等相处中实现关爱父母与赡养老人，子女的孝顺不再是对父母的言听计从或是绝对地服从，子女对父母的关爱与赡养不仅在物质上保障生活宽裕，而且在精神上给予父母以体贴入微的关怀、安慰，在孝老的过程中，竭心尽力，关心备至。

（五）乐于助人

"己欲立而立人，己欲达而达人。"（《论语·雍也》）自己要立世，也要让别人立世，自己要腾达，也要让别人腾达。这是儒家道德思想中"仁"的具体体现，即仁爱之人以"博施济众"为己任，乐善好施。乐于助人、乐善好施就是不自私，在没有任何预期回报的情况下，乐于帮助他人的道德品质，是我国传统的思想美德。乐于助人的人就会平等待人，平等待人是对他人以及对自己人格的尊重，因而，一个有道德、正直的人一定会平等待人。平等待人是发自内心的、真心诚意的，在乡村社会生活中，既要在待人接物中于礼节上尊重人，又要尊重别人的人格、职权，尊重别人的意见、劳动，尊重别人的成功、喜悦。在乡村家庭中，乐于助人、平等待人还体现在夫妻之间、亲子之间关系的平等和谐，相互关心关爱。

（六）爱国情怀

激励人们热爱伟大的祖国、热爱养育自己的乡村、热爱自己的家庭，这是乡村道德建设和社会主义思想政治教育的核心内容。家是最小国，国是千万家，没有国，哪有家。祖国是人民幸福的保障，爱国不仅是每一个乡村农民应该具有的道德品质，也是每一个乡村农民应尽的义务。爱国是对中华文化具有的认同感、尊严感和归属感。对于一个普通的乡村农民而言，敬业则是爱国的具体体现。集体主义是社会主义思想道德领域中最基本的价值导向，与全心全意为人民服务共同构成了共产主义道德的范畴。集体主义以为人民服务为核心，正确处理个人与集体和社会利益之间的关系，个人利益要服从集体利益、局部利益要服从全局利益、眼前利益要服从长远利益。集体主义体现的是有国才有家的"家国情怀"。

第二节　新时代乡村学校道德教育

乡村学校是弘扬传统文化、传承经典的重要阵地，加强思想政治与道德教育成为乡村道德风尚建设的重要组成部分。现在的乡村学校包括幼儿园、小学和中学，一个乡村的孩子从幼儿园到中学，有许多时间是在学校里度过的，因此，学校的教师、课程、同学、校园文化对乡村孩子的道德品质和思想政治品质都有重要的影响。

一、以优秀传统文化培育乡村学生德育价值观

中华民族具有稳定形态的优秀传统文化，包括思想观念、思维方式、价值取向、道德情操、生活方式、礼仪制度、风俗习惯、宗教信仰、文学艺术、教育科技等丰富内容。它负载着中华民族的价值观，影响着中华民族的生活方式，聚拢着中华民族自我认同的凝聚力。传统文化道德教育作为一种历史的积淀，影响着一代又一代中国人的成长进步。在大力弘扬传统文化的新时代，传统文化中的儒家道德教育对乡村学生德育价值观养成的作用应引起关注和重视。

（一）乡村学生德育价值观的养成

儒家道德教育倡导对人以爱、推己及人的人际关系。在儒家道德体系中，"仁"是贯穿始终的，也是其全部道德规范的核心和最高要求。儒家创始人孔子对"仁"的表述有很多种，如"能行五者为天下为仁矣"。"五者"即恭、宽、信、敏、惠。再如孔子的弟子樊迟问仁，孔子说，爱人。孟子进一步阐述了孔子的"爱人"思想，"亲亲，仁也""亲亲而仁民，仁民而爱物"（《孟子·尽心上》），这些都强调不仅要爱自己的亲人，而且还要爱百姓，爱万物。董仲舒继承了孟子这种"仁民""爱物"的学说，他提出"质于爱民，以下至于鸟兽昆虫莫不爱"（董仲舒《春秋繁露》），董仲舒将"仁"的思想发展到了爱天下万物。儒家经典里面，关于"仁"的表述还有待人接物、处理人际关系的"己所不欲，勿施于人"（《论语·雍也》）和"己欲立而立人，己欲达而达人"（《论

语·卫灵公》），这些都体现了爱人、利人、助人的思想道德意识；将心比心，尽力为他人着想的立场；严于律己，宽以待人的优良作风；爱天下一切人与物的精神。正是这种仁爱思想，才使世人能正确处理人际关系，承担起应尽的责任和义务。归根结底，"仁者爱人"是仁的最原始、最本质的含义，也是孔子"仁"学的出发点和核心，就是爱人，就是人与人之间都本着一颗仁爱的心，你中有我，我中有你，体现了人与人之间真挚的情感原则。孔孟所讲的仁爱是相互之爱，而相互之爱又是一种人道主义之爱。在青少年思想道德教育中应该提倡互爱。教育青少年要以谦卑的胸怀去待人，以忠信的态度去交友，这样才能获得真挚的友情。培养青少年树立正确的交友观念，养成关爱他人、忠信不欺、修身、克己、重感情、讲德义的传统美德。与他人建立和谐的人际关系，和同龄人一同感受阳光下的温暖，健康成长，和谐发展，为走向社会奠定良好的交际基础。当代青少年多数为独生子女，唯我独尊的意识使他们对周围的一切变得比较冷漠，缺乏爱心与同情心，有的甚至错误地认为，人与人之间的交往就是利益的交往。培养青少年的"仁爱"之心，就要教会他们在辨别事物真假的前提下学会"爱人"。爱人，要从身边最亲近的人做起，亲人和朋友便是起点，然后再逐步升级，把血亲之爱推广到一切人和物身上，使得他们对社会万事万物都具有一片真诚的"爱心"。

（二）乡村学生礼仪观的塑造

中国是一个具有五千多年历史的文明古国，历来以"礼仪之邦"著称。儒家认为，"礼"是重要的美德，是处世的瑰宝，小至个人发展、家庭和睦，大到社会国家稳定，它都发挥着至关重要的作用。孔子说："不学礼，无以立。"（《论语·季氏》）若一个人不学习礼仪，不懂得礼仪，就很难在社会上立足。他还进一步阐释了学礼的重要性："无礼，则手足无所措，耳目无所知，进退揖让无所制。"（《礼记·仲尼燕居》）孟子说："君子所以异于人者，以其存心也。君子以仁存心，以礼存心。仁者爱人，有礼者敬人。爱人者人恒爱之，敬人者人恒敬之。"（《孟子·离娄下》）荀子在其《修身篇》中也说道："人无礼则不生，事无礼则不成，国无礼则不宁。"由此可以看出，儒家不仅把"礼"看成是一个人生存的必修课程，而且从为人处世、成就事业和治理国家的高度强调了"礼"的重要性。具体来说，"礼"作为伦理制度和伦理秩序，叫作"礼制""礼教"；作为待人接物的形式，叫作"礼节""礼仪"；作为个体修养涵养，叫作"礼貌"；用于处理与他人的关系，叫作"礼让"。总之"礼"根源于人们的恭敬之心、辞让之心，出于对道德准则的恭敬和对长辈、兄弟、朋友甚至陌生人的尊敬、辞让之心。孔子特别强调"文质彬彬"，即内在道德品质和外在礼仪恰当配合带来的美感，这对当代青少年不乏深刻的启发作用。人们通常认为不能对学生要求过于细致，担心"适得其反"，事实上，这种担心是没有必要的。文雅的举止、礼貌的言行体现了一个人应具备的素养。人心向善，绝大多数青少年学生是很乐于接受这些东西的。当习惯养成后，青少年学生不会再觉得这是一种负担，而是成为一种自然的习惯。中华民族自古被称为礼仪之邦，礼仪反映了中国的文化、文明和时尚。把礼仪教育作为青少年德育工作中的一项主要内容，无可非议。文明礼貌教育要从小开始，使他们与人交往讲求礼仪，养成良好的言行习惯，对其以后的发展至关重要。当今社会是一个开放的社会，学校教育也注重青少年个性的发展。但是，由于受到一些不良习俗的影响，有一些青少年对"个性"的理解存在偏差。在他们眼里，个性变成了行为中的张狂、服饰上的怪异、装扮上的与众不同、对传统价值观的反叛、对基本规范和纪律的抵制等。在现实生活中，从整体上给人一种浮躁、虚华和叛逆的感觉，许多自诩"我有个性"的青少年事实上可用"无礼、没规矩"来形容。个性实质上是一种内在稳定的心理特征，与文明礼貌并不冲突。一些青少年对"个性"缺乏正确的认识和理解，不讲礼貌、不重礼仪，其实是一种道德的残缺，是缺乏修养的反映。用儒家尚"礼"的思想来教育当代青少年，把他们培养成一个说话有理有据、懂得分寸、文雅谦和、不会恶语伤人的人，一个行为举止端庄大方、遵守时间、信守承诺的人，一个关心他人、宽容大度、懂得礼让的人。只要做到了这些，就不会出现孔子所担心的"恭而无礼则劳，慎而无礼则葸，勇而无礼则乱，直而无礼则绞"（《论语·泰伯》）的情况。可见，塑造乡村学生的礼仪观是对他们进行道德教育的主要内容。

（三）乡村学生孝心和感恩之心的塑造

百善孝为先，"孝"是儒家德育思想的重要内容。孔子创立私学，开启儒学之道，门下弟子三千，始终把"孝"放在道德教育的首位。"孝"是儒家弟子必须达到的一种道德境界。孝道，是德行的根本，是教化的出发点，一切教育，都应从"孝"开始。强调："天地之性，人为贵；人之行，莫大于孝。"（《论语·为政》）"弟子入则孝，出则悌。"（《论语·学而》）"今之孝者，是谓能养，至于犬马，皆能有养，不敬，何以别乎？"（《孝经·圣治》）；等等。我国正逐渐进入一个"老龄化社会"，弘扬中国传统文化中的孝道精髓，是功在当代、利在千秋的伟业。一个能遵循孝礼的人，绝对不会妄自尊大，凡事都能做到"不忘其本"，更懂得珍惜所拥有的一切。一个不孝的人则易忘本，通常表现为唯我独尊，唯利是图。在当今社会，一些青少年漠视父母对自己的辛苦付出，心安理得地享受父母无微不至的关怀，甚至认为这是理所当然的，这令人寒心。他们事事以自我为中心，其根源就在于没有孝心。以自我为中心实质上就是自私，它不仅可以摧毁一个人的道德系统，甚至还会给家庭和社会带来灾难。要解决这一难题，就需要培养青少年的孝心。两千多年以来，儒家孝道思想陶冶了不少杰出人物，例如，子路背米孝双亲、江革背母逃难、薛包孝敬继母等故事，至今还家喻户晓。当子女有了孝敬父母的观念，就能在言行上尊重父母，就会懂得如何去关心体贴父母；当子女有了孝敬之心，就会主动帮助父母做事，在劳动中体验父母曾经付出的辛劳，从而对父母产生知恩、感恩的心情。感恩，是一个人的基本品德，是人生存发展的需要得到满足以后产生的主动寻求回报的一种心理体验，是人性高贵之所在。对父母有了感恩之心，由此就可推广到对社会其他成员的关爱。对青少年儿童进行感恩教育，让受教育者主动感受别人对自己的爱，自觉体验和理解别人对自己的付出，并把报答别人作为自己的一种人生的信念和修为。感恩是发自人内心的自觉回报，是做人的最起码的道德水准。羊有跪乳之情，鸦有反哺之义，孝敬父母反映了为人处世最基本的要求，是任何时代、任何社会都要遵守的做人的准则。从孝敬父母开始，教育青少年学会识恩、知恩、感恩，培养青少年感恩的心，就要教会他们善于观察、感受真情、换位思考，使他们不但要知恩于心，更要感恩于行，从生活中的点滴小事做起。这样他们就会孝敬尊敬关爱父母，关心帮助他人，参与社会活动，亲近热爱自然。

（四）乡村学生社会责任感的塑造

强烈的责任感是人们获得成功的必要前提。用儒家传统文化所蕴含的忧患意识，增强青少年的社会责任感，具有深远的意义。忧患意识是儒家思想的重要内容，它作为中华民族的优秀文化传统一直被人们尊尚和传承着，并且逐渐内化为中华民族心理的一种向上品格，成为激励历代仁人志士心系国民、奋发有为、积极向上的精神力量。由孔子阐发的对国家、民族和人生的关怀为价值取向的儒家忧患意识，后经历代儒学思想家的发挥，其精华部分成为中华民族优秀文化传统的重要组成部分。孔子指出："德之不修，学之不讲，闻义不能徙，不善不能改，是吾忧也。不患人之不己知，患不知人也。"（《论语·述而》）"人无远虑，必有近忧。"（《论语·卫灵公》） 由此出发，孔子将忧患的内容重点放在关注他人、社会和国家上。一方面把国家和社会的利益放在首位，追求安邦定国、匡济天下的社会理想；另一方面把个人的命运同整个社会的命运紧密联系起来，强调个人的社会责任，要以修身、齐家、治国、平天下为人生目标。孔子说过："君子忧道不忧贫。君子谋道不谋食。"（《论语·卫灵公》）"朝闻道，夕死可矣。"（《论语·里仁》）把道看得比人的富贵、生命还要重要，提倡为道为仁而牺牲的精神。孟子对孔子的忧患意识进行了丰富和发展，提出"生于忧患而死于安乐"（《孟子·告子下》），把忧患意识提高到关乎人生成败、国家兴亡的高度。孟子还有一句关于忧患意识的警句："乐民之乐者，民亦乐其乐；忧民之忧者，民亦忧其忧。乐以天下，忧以天下，然而不王者，未之有也。"（《孟子·梁惠王下》） 这种与天下人共欢乐同患难的思想是儒家"民本主义"的主要内容，同时也是历代志士仁人忧国忧民思想的源泉。

汉代儒家忧患意识是以现实政治为基点的。以董仲舒为代表的儒士对孔孟儒学的改造就是基于对现实政治的忧患，忧的是国家大一统政治局面重蹈秦之覆辙，患的是孔孟儒道不能为统治者所接纳。而同时期的司马迁父子则另辟蹊径，从史学的视角阐释了他们的忧患思想。司马迁遵从父命，撰写《史记》，记载春秋战国诸侯将相和汉兴以来明主贤君忠臣的光辉事迹，以表达他们对天下史文失传的忧患和对国家兴亡的忧患，从而使得汉代的忧患意识更加丰满。到了唐代，儒家忧患意识有了进一步的发展。贞观君臣对"居安思危"思想的阐述和实践，是唐代繁盛时期发展儒家忧患意识的具体体现。关心历史前途和国家命运的知识分子怀着强烈的忧患意识，倡导改革，提倡经史之学。思想家、文学家韩愈以饱满的热情捍卫中华文化传统，捍卫儒学之道，表现出强烈的忧国忧民情怀。宋代儒家知识分子在继承孔孟等前辈忧患意识的基础上，把忧患意识提高到一个新的人生境界。范仲淹在《岳阳楼记》中提出："居庙堂之高，则忧其民，处江湖之远，则忧其君。是进亦忧，退亦忧。然则何时而乐耶？其必曰：先天下之忧而忧，后天下之乐而乐！"这种先天下而忧患、后天下而快乐的忧国忧民的思想，与孟子的"穷则独善其身，达则兼善天下"（《孟子·尽心上》） 相比较，境界更高而且视野更宽，并且这种进退穷达皆忧天下的忧患观，体现了为崇高理想而奋斗的进取精神，为知识分子树立了新的人格风范。

儒家忧患意识表现出以国家兴亡、民族盛衰为终极关怀，知识分子以道自任、为道献身的思想意识，以及高度的自觉性和实践性等特点。儒家忧国忧民的忧患意识之向内的发展是人格品德的培养，这就是所谓的"内圣"，忧国忧民的忧患意识之向外的延伸则是政治实践，这就是所谓的"外王"。"内圣外王"是历代儒家知识分子的理想诉求，他们由此出发，忧道、忧国，体现了对人生、社会的强烈责任感。因此，孟子道出"生于忧患死于安乐"的道理，这是对国家兴亡的深切忧患和警惕。一旦国家民族处于危难之际，志士仁人高举"国家兴亡，匹夫有责"的旗帜挺身而出，担当时代重任，从而挽救民族危机，重振民族精神。这种强烈的爱国之情和献身精神体现出一种高昂的民族气节和爱国主义精神，是中华民族之无限生命力的源泉。古代知识分子以道自任，为道献身，把"道"看成是他们最终安身立命之处，提倡为"道"而牺牲的精神。所谓"天下有道，以道殉身，天下无道，以身殉道"（《孟子·尽心上》），这是他们对"道"的继承和践履。儒家知识分子以平治天下为己任，树立了"为天地立心，为生民立命，为往圣续绝学，为万世开太平"（《张子语录·语录中》）的高大形象，也培养了一种深沉博大的忧患意识，反映了那种任重道远、于国事民生不敢须臾忘怀之情。这种对"道"的关注和追求还体现出儒家知识分子对文化学术失传的忧虑。历代儒家学者以继承、弘扬儒家道统、学统为己任，把创造、发展和捍卫儒家文化作为自己的重要使命，表现出知识分子复兴民族文化的执着情怀。

儒家的忧患意识具有高度的自觉性和实践性。这是由儒家关于历史发展的道德认识和理性认识所决定的。所谓高度的自觉性，是指主体的自觉，表现为清醒地认识到自己在社会中的地位和价值，并自觉地担负起历史责任，这也是理性认识的体现。同时，按照儒家内圣外王、修齐治平的思路，加强自身的道德修养，追求自身人格的完善，也是儒家自觉追求的一种理想境界。所谓实践性，是说儒家的忧患意识绝不是停留在感情和意识层面，而是将认识转化为实践，实现内圣外王，修身、齐家、治国、平天下，刚健有为、自强不息的精神。

总之，儒家忧患意识是一种社会责任感、民族自信心以及爱国热情的反映，体现的是一种乐观进取、自强不息的精神。它作为中国文化的"基本动力"，不仅推动了中国历史的发展，而且铸就了中华文明的辉煌，其价值的永恒性，对我们今天进行的中国特色社会主义建设事业仍然具有重要的现实意义，尤其是对培养当下青少年的社会责任感和历史使命感大有裨益。

（五）乡村学生诚信观的塑造

自古以来，就有"人无信而不立"的说法，诚信是衡量个人品行优劣的道德标准之一，以儒家的诚信观，对青少年进行"诚信"教育具有重要意义。儒家将诚信视为"进德修业之本""立人立政之本"。诚和信最初是两个概念，在儒家经典论述里，都是分开来讲的，如孔子提出："人而无信，不知其可也"（《论语·为政》）；"民无信不立"（《论语·颜渊》）；"与朋友交，言而有信"（《论语·学而》）；"知之为知之，不知为不知，是知也"（《论语·为政》）；等等。荀子说："君子养心莫善于诚，致诚则无它事矣！"（《荀子·不苟》）"信信，信也；疑疑，亦信也！"（《荀子·非十二子》）朱熹认为："诚意，只是表里如一。""诚意是真实好善恶恶，无夹杂。"（《朱子语类》）诚是指忠诚厚道，真实不欺；信是指讲究信用，遵守诺言。诚与信，从道德观上理解，其意义相同，主要指人与人相处时应该诚实无欺，讲究信用，言行一致，诚与信两者相辅相成，缺一不可，诚是信的基础，信是诚的体现。因此，诚实守信本质上，就是诚实、诚恳、信任，具体表现就是言行一致、诚恳待人、取信于人。对个人来说诚实守信是良好道德品质的具体体现，是做人之本、立世之基。对青少年进行道德教育，就要从儒家诚信思想入手，使青少年掌握诚信的概念与规范，让他们从心底明白诚信是做人的起点，是一个人为人处世的基本条件。个人只有以诚待人、表里如一、重承诺、讲信用，才能得到他人的尊重与信任，得到别人的关心和帮助。

（六）乡村学生义利观的塑造

重义轻利思想是儒家道德的主流价值取向，对于世界观、人生观正在形成时期的青少年，引导他们塑造正确的义利观尤为重要。当前，青少年群体中过度追逐物质利益的情况比较普遍，以传统文化中的义利观，对青少年进行教育，培养学生见利思义、重义轻利的思想，有助于消除青少年的拜金主义思想，使他们树立正确的义利观。

儒家的义利观，主张重义轻利，提倡"义以为上""义以为贡""以义制利""先义后利""见利思义""见得思谐"等。在如何确定人的行为是否符合"仁"的精神、"礼"的规范上，儒家提出必须以"义"为价值准绳。孔子以"义"为立身之本，"君子以义为质，君子以义为上"（《论语·阳货》）。"义"是以"仁"为核心的道德观的实践和外化，这种外化符合礼的要求。孔子在其一生中，所追求的不是看一件事有没有利，而是看一件事合不合"义"，合"义"就是真的、善的、美的，不合"义"就是假的、丑的、恶的。孟子曰："生，吾所欲也，义，亦吾所欲也，二者不可兼得，舍生而取义者也。"（《孟子·告子上》）孟子认为，当生命和道义不可兼得时，宁可舍生而取义。但孟子并不完全否认私利的存在，承认私利的恰当满足是必要的，"天下之本在国，国之本在家，家之本在身"（《孟子·离娄上》）。孟子认识到稳定家庭这个最基本的社会单元，对于巩固封建统治基础，对于道德教化与提高民众道德水准具有重要作用。荀子把"礼"置于伦理的首位，把"礼义"视为"道德之极"（《荀子·劝学》），"隆礼贵义"是道德修养的最高标准。荀子曰："先义而后利者荣，先利而后义者辱。"（《荀子·荣辱》）"故义胜利者为治世，利克义者为乱世。"（《荀子·大略》）抓住利，就会义利两失，抓住义就能义利两得，义利并立，以义制利，这正是荀子对春秋以来关于义利之辩所做的总结。两千多年前的儒家义利观，对当代青少年仍有较大的影响。搞好青少年义利观教育，在指导思想和实际教育活动中要处理好传统、现实和未来的关系，要依据继承传统、立足现实、指向未来的总体思路，科学而有效地运行。继承和发扬民族传统，是一个民族自立于世界民族之林的必要条件，也是一个国家、一个民族兴旺发达的标志，如果一个民族的传统泯灭了，就会导致这个民族衰败以至灭亡。儒家思想中追求精神境界，崇尚完善人格的道德理想，以及"见利思义"的修养方法，对造就历代众多的爱国志士和民族英雄，维护中华民族强大的凝聚力和向心力都发挥了积极的作用。吸收儒家义利观中的合理内核，是建立社会主义新时期义利观的基础。因此，要善于从传统文化中发掘精神财富，并发扬光大。对青少年的义利观教育，不能局限于对现实义利观失偏的矫正，要培养学生与当前社会所需要相适应的义利观和思想品质，着眼于超越现实理想人格的引导和教育。只有培养青少年具有超越现实的、代表人类未来发展需要的高尚精神境界和品质修养，才会不断激发起前进的动力，中国特色社会主义才能沿着正确的方向健康发展。

（七）乡村学生进取精神的塑造

儒家文化具有激励个人积极向上、自强不息的思想，《周易》的"天行健，君子以自强不息"，就是对中华民族自强不息、刚健有为精神的高度概括和生动写照。孔子自称"发愤忘忧，不知老之将至"（《论语·述而》），并警示学生"士而怀居，不足以为士也"（《论语·宪问》）。曾子曰："士不可以不弘毅，任重而道远。"（《论语·泰伯》）孔子认为，一个人的志气是不能被外来力量所剥夺的；孟子认为在道德面前人人平等，任何人都应该有不可剥夺的道德人格，都应该成为"富贵不能淫，贫贱不能移，威武不能屈"（《孟子·滕文公下》）的"大丈夫"，强调一个有追求的人应当在逆境中磨炼自己，完善自身。"天将降大任于斯人也，必先苦其心志，劳其筋骨，饿其体肤，空乏其身，行拂乱其所为，所以动心忍性，增益其所不能。"（《孟子·告子下》）儒家以积极有为的人生态度，教育后人去效仿天地运行的刚健风格，去直面现实生活，不畏任何艰难险阻，去改造和提升自我，在追求自我的人生目标过程中，锲而不舍，知难而进，奋发进取。当代青少年成长的环境已经今非昔比，优越的条件和无微不至的关怀使得他们中的一部分人成了温室里的花朵、大树庇护下的小草，经不起风吹雨打。儒家自强不息的精神，正是他们健康成长所必需的。苏东坡说："古之成大事者，不惟有超世之才，亦有坚韧不拔之志。"（苏轼《晁错论》）用具体的事例教育青少年，自强不息是一个人的灵魂和精神支柱，当确定了自己的目标，就应该拿出坚忍不拔的毅力和克服一切困难的勇气，即使成功不了，自己不断付出努力的过程也是一笔宝贵的财富。

二、乡村学校道德教育与思想政治教育的基本路径

传统文化所具有的教化育人功能，规范和引导着一代又一代中国人的政治生活、社会生活及精神生活，培育了中国人的理性精神、和合精神、仁爱精神与审美情趣。当前，要用现代意识挖掘传统文化中的合理因素，弘扬中华民族崇礼义、尚和合、讲仁爱、美善相乐的礼乐传统，这对培养当代乡村学生正确的德育价值观和正确的政治思想有着重要的价值和借鉴意义。

（一）坚持德育为先

自孔子始，儒家十分注重人的伦理道德修养："学则三代共之，皆所以明人伦也。"（《孟子·滕文公上》）"欲治其国，先齐其家；欲齐其家者，先修其身；欲修其身者，先正其心。"（《大学》）儒家的明德、新民、止善、致知、格物、正心、诚意、修身、齐家、治国、平天下，自始至终把伦理道德教育放在首位，所以，要联系实际，对青少年因人施教，从小道理到大道理，从情感投资到以理服人，使他们将自己的道德目标追求变成自身发展的内在需要。用儒家文化精髓即思想道德塑造青少年的人格，儒家把人的优良品格归结为忠、孝、廉、节、仁、义、礼、智、信等几个方面。"德者，才之率也。"青少年人格塑造的目标与内容就是修身、立德、济民、致用；自省自克，严于责己，"见贤思齐焉，见不贤而内自省也"（《论语·里仁》）。内外兼修、知行合一。内外兼修从内外两个方面入手，从内而言，是要修己，即主体心性的修养；从外而言，是要注重环境的影响。儒家修身有助于提高人的道德修养，道德修养是

人们对自身行为和内心世界进行不断反省、不断解剖、不断改造的过程，是将外在的道德规范内化为自身道德品质的过程，是由他律走向自律的过程。儒家德育历来重视将理论与实践相结合，强调"知"与"行"的统一，提倡"身体力行""躬行践履"。蒙培元指出：

理学家们对知行的关注和讨论，有其一致之处，他们所谓"知"，不仅是对自然界"物理"的认识，更重要的是对自身"性理"的认识；不仅是对客观的认识，更是对自我的认识。所谓"行"，不仅仅是改造自然界的物质活动，更重要的是以自我完成、自我实现为宗旨的道德实践。（蒙培元《理学范畴系统》）

从这个意义上说，儒家文化中的"知""行"超越了一般层次上的"知行"的意义，是对道德理性的自觉和对自我的道德实践，即致知与力行。

（二）改善教育环境

全社会要共同努力构建和谐健康的社会环境。每个人都是社会的人，都是在社会环境中成长起来的。因此，社会环境不可避免地影响着个体道德的发展，社会环境的优劣、舆论氛围的指向，都对青少年思想道德的塑造起着至关重要的作用，社会环境的变化也将有效地作用于个体，使个体的道德认知相应地发生变化。个体的道德品质就是在与环境的互动中形成和发展起来的。利用大众传媒传播快、易接受等优势，适时传播和宣传中华优秀传统美德、社会公德，使青少年时时处处都能生活在和谐、美好的舆论氛围里，帮助青少年树立正确的思想观念，提高道德的认知、评价和选择能力。

人是不能脱离社会而独立存在的，人生活在社会中，首要的就是人与人的相处。孔子说："与善人居，如入芝兰之室，久而不闻其香，即与之化矣。与不善人居，如入鲍鱼之肆，久而不闻其臭，亦与之化矣。"（《孔子家语》）人际环境对个人成长有显著的影响，处在一个人际关系和谐、蓬勃向上的群体中，个体与个体之间的好思想、好行为、好品德就能互相效仿，互相感染，也可以互相监督、互相制约。青少年正处于世界观、人生观、价值观形成过程的关键时期，要教育青少年坚守基本的做人原则。要不断培养青少年的道德认知能力，包括道德判断能力、道德选择能力，让他们分清什么是真正的"爱"，怎样去爱家人、爱朋友、爱社会、爱祖国。孔子强调了道德认知的重要性："好仁不好学，其蔽也愚；好知（智）不好学，其蔽也荡；好信不好学，其蔽也贼；好直不好学，其蔽也绞；好勇不好学，其蔽也乱；好刚不好学，其蔽也狂。"（《论语·阳货》）即使仁、智、信、直、勇、刚这样的美德，如果没有丰富的知识作前提，落实到实践上也难免会显露出弊端。孟子指出，道德认知对道德实践具有理论指导意义。"心之官则思，思则得之，不思则不得也。目之官不思，而蔽于物。"（《孟子·告子上》）"五谷者，种之美者也。苟为不熟，不如荑稗。"（《孟子·告子上》）仁如果不能落实到行动上来，就像是稻谷种下去却不结实，还不如野草有用。在这里，孟子以谷熟比喻道德的实施，强调将道德认知落实到行动上的重要性。

（三）倡树伦理道德

儒家特别重视教师要用榜样的力量去影响学生。荀子强调教师在道德教育中的重要作用。"礼有三本：天地者，生之本也；先祖者，类之本也；君师者，治之本也。无天地，恶生？无先祖，恶出？无君师，恶治？三者偏亡，焉无安人。故礼，上事天，下事地，尊先祖，而隆君师。是礼之三本也。"（《荀子·礼论》）荀子把"天地""先祖"和"君师"放在同一个高度加以定义，给予教师在道德教育中极高的地位。荀子把教师看作礼义的化身，在教师的引导下，人们才能领悟礼义规范的意义，才能真正提高自身的道德素质，避免自己在人性恶的诱导下，走向正义的反面，对社会造成负面影响。教师要不断提高自身素质，发挥榜样的作用。教师要有较高的精神境界、崇高的道德风范和高尚的敬业精神，以身作则地引导学生，使学生在潜移默化中受到影响，做到"身教重于言教"。因此，教师需要不断提高自身素质，提升自身的品德修养，培养自身的道德情操，使自己不断进步和成长，才能更好地做好教育教学工作。在青少年教育中既要提倡儒家伦理道德中的尊师重教，又要坚持师生平等民主。教师要以平等身份与青少年交流，使青少年在一种宽严相济、平等友善的环境和氛围中接受教育并健康成长。

（四）注重社会实践

教育青少年热爱社会，使德育回归生活。人民教育家陶行知说过，社会即学校，生活即教育。现代德育要坚持以人为本，就要坚持生活化德育的实践方式，德育最终是要回归生活的，人的道德与人的生活是一体的，道德源于人类生活的需要。道德归根结底是在生活实践中形成的，道德是生活的一个内在组成部分。一个人要认知、体验和享有完整意义上的道德，就必须通过实践道德生活去体验道德的意义。因而，要实现德育以人为本，就不能脱离生活，生活化德育就是要让受教育者真正地走进生活，主动接受生活中各种积极、健康的影响。实践有益的道德生活，在实践道德活动中养成良好的德行。学校的文化环境作为一种精神力量，对青少年德育的发展有着不可估量的推动作用。校园文化环境能够潜在地凝聚、引导、激励和约束青少年的道德行为。在校园文化环境的建设上，既要立足于我国的优秀传统文化，又要充分借鉴现代文明成果，使青少年在形成自尊、自强、自立的品格的同时，能够吸收现代与时俱进的精神。另外，学校文化环境的建设还可以通过开展一些丰富多彩的文化活动来培养青少年的道德实践精神，让青少年在文化活动中体验道德情感，培养道德情操。要引导青少年投入社会大环境中去感知生活，体验社会的强烈竞争、积极合作，以及人与人之间各种复杂的关系，融入家庭教育、学校教育、社会教育三者构成的完整的教育系统，兼顾家庭、学校、社会的三位一体性。

第三节　新时代乡村家风教育

　　家风，《现代汉语词典》解释为"家庭或家族的传统风尚或作风"，是某一"家"的行为规范和道德标准，是其内在气质的外在显现，代表着这一"家"的整体形象和处世风格。"家风"一词，始见于西晋文学家潘岳的作品中。"绾发绾发，发亦鬒止；曰祗曰祗，敬亦慎止；靡专靡有，受之父母。鸣鹤匪和，析薪弗荷；隐忧孔疚，我堂靡构。义方既训，家道颖颖；岂敢荒宁，一日三省。"（潘岳《家风诗》）清晨梳好头发认真盘结，乌黑润泽高高束在头顶；爱护头发要像敬重神祇，小心谨慎严格要求自己；它不只是身体部分剩余，每根都是父母慷慨授予。禽兽鸣叫动听不能应和，珍贵木材劈开难负重物；犹恐自身留有细微隐患，不能让它毁坏已建祖居。道德行为一经成为规范，就要发扬光大严格遵守；怎图安逸享乐放纵行为，每餐饭前都要深刻反省。两晋以后，"家风"这个词渐次流行，推广于北朝。简单地说，一个家庭或家族的传统风尚叫"家风"，是一个家庭呈现出来的整体风貌和思想境界，是人们在家庭生活中世代相传逐步形成的传统习惯、生活作风、处世之道。家风具有传承性、时代性和多样性等特征。不同国家、不同民族的家风各有差异，同一国家与同一民族在不同时段的家风也不尽相同。好的家风集聚为好的社会风俗，家风的败坏导致社会风俗的颓废。因此，在道德教育中要充分发挥家风的积极作用。

一、乡村家风教育的目标

家庭是人生的第一所学校，父母是人生的第一任老师。家风教育包括生存的本领、生活的能力，还要学会如何做人，如何看待周围的人、周围的事物，如何看待人生、如何看待世界。家风教育对不同层次的教育对象具有具体性和针对性，家风教育所承载的思想政治教育和道德教育信息常常隐蔽在家庭的活动和周围的环境中，家庭成员通过直接体验或间接观察获得隐性信息而实现家风教育。父母本身的言谈举止、人格魅力、行为方式中蕴含的政治立场、思想意识都是对子女的隐性道德教育。家风教育具有基础性、终身性的功能和作用。家风教育深深地融入个体的性格之中，伴随人的终身。家风教育是个别化的教育，它是针对一些群体的个别指导和教育，因事教育、情境教育、具体教育、示范教育，这些是学校教育无法实现的。品德的教育、价值观的教育往往通过家庭的教育、家风的教化，才能把教育的要求深入到每一个个体身上。家风教育以人格教育、生活教育、行为养成教育为主，品质的形成和习惯的养成都离不开家风教育。

二、乡村家风教育的途径

（一）家长做孩子的楷模

家庭生活中，父母的生活行为和状态是孩子的学习蓝本，父母的一言一行直接影响对孩子的教育结果。家庭中家风教育的核心就是父母的言传身教，父母以身示范，给子女树立起良好的榜样，子女通过反复的练习，使好的行为举止形成固定的习惯。子曰："其身正，不令而行；其身不正，虽令不从。"（《论语·子路》）家长要时时刻刻做子女的楷模。示范与模仿是家风教化功能实现的必经之道，父母的一言一行、一举手一投足都是对子女的教育，都是子女思想和行为形成的影响因素。相反，如果父母说是说，做是做，言行不一，夫妻反目，婆媳相嫌，常与人发生摩擦，恶语相向，甚至拳脚相加，这样会严重影响家风的构建。在家风构建中父母要不断提高自身素质和道德修养，通过提升自身生活品质，把教育内容通过言传身教的方式传递给孩子。

（二）充分利用新媒体

新时代新媒体对家风构建有着重要作用。借助各种媒体宣传古今中外家风教育典范，把原本属于一家一族的优良家风家训，突破家族姓氏的范围，广泛宣传，将优良家风渗透到更多的家风构建中。借助新媒体普及家风教育知识、家风内容、教育方法，宣传和引导人们树立正确的家风观，谴责不良的家风现象，对不良家风形成舆论压力。

（三）社会与家庭联手

乡村家风建设需要乡村各级政府相关部门的组织领导，发挥妇联组织、村居组织在家风建设中的作用。建立各级政府组织和社会组织对家风建设工作的要求和考核标准，使家风建设活动落地生根。

（四）学校与家庭联手

在学校教育中体现家风内容，强化家风意识。在学校思想政治教育理论课中渗透优良家风典范和家风内容，把家风融入多彩的社团活动中，增进学生对家风的认知、反思，提供、推荐《颜氏家训》《傅雷家书》《曾国藩家书》《伟人家风》等家风教育的经典书籍，让学生广泛阅读，并在生活中践行。

三、乡村家风教育的保障机制

在现代社会条件下，从前乡村家族中的传统家族管理模式的强制、约束规矩不复存在，因此，乡村家风构建迫切地需要必要的保障机制，给予制度上的保障与约束。

1. 推进家风立法

尽管家庭属于"私人领域"，但家风建设既是家庭的私事，又是社会的公事，因为家风关乎人类生存与发展的共同事业。由于不少乡村家风缺失，一些父母的监管不够，忽视了儿童的生存与发展，出现了不少青少年犯罪、有心理疾病的"问题孩子"。对此，推进家风立法很有必要。政府应积极主动开展家风立法工作，通过制定相关的法律条例，将政府、社会、学校、家庭四者在家风建设中的责任与义务加以明确。同时，政府应积极构建起科学的、规范的、有效的家风管理服务支持系统。

2. 确立家风评价机制与奖惩制度

对家庭建设的有效评价、家风奖惩制度，是对家风培育方向的引领。按照省、市、县（市、区）、乡镇、村五级层次，以爱国爱乡、遵纪守法、尊老爱幼、男女平等、夫妻和睦、勤俭持家、邻里团结等不同主题，定期评选各级"最美家庭""最美婆媳""美德少年""最美邻里"等典型，给予表彰与奖励，以此推动乡村家庭人人争做好农民、在社会户户争做好家庭的活动，广泛开展

"举乡贤、颂乡贤、学乡贤"活动。把家风建设工作纳入乡村精神文明创建考评体系，作为文明村镇和文明单位评选的重要依据，作为"德"的考核的重要依据。在奖励的同时，也要惩戒不良家风的家庭和农民，对不良家风农民给予在就业升迁等多方面的限制。对乡村领导干部家庭家风败坏，不仅要在道德上谴责，而且要在政治上问责。

四、乡村家风教育中应注意的问题

让家风再度成为乡村家风教育中道德教育的基本环节，成为新时代乡村社会主义核心价值观的基本载体。乡村家风是一个家庭的核心价值观，是儒家道德中优秀传统文化的一部分，而社会主义核心价值观与其一脉相承。社会主义核心价值观的认同与践行，离不开乡村家庭这个微观载体，乡村家风为社会主义核心价值观奠定了人格基础，乡村家风所具有的情感性、感化性、感染性等独特的道德情感，有助于增进人们对社会主义核心价值观的认同，是社会主义核心价值观养成与践行的天然土壤。

从本质上看，家风是一种具有深刻儒家精神的道德文化，是根植于个体内心的稳定的自律道德。乡村家风所体现的自律道德，体现在个人品德、家庭美德中，也体现在社会公德、民族精神中。个人品德是个人通过接受道德教育和自觉的道德修养所形成的、在道德心理和道德行为中所体现出来的稳定的倾向和习惯。乡村家庭道德是处理家庭伦理关系的道德规范，也是每个家庭成员在家庭生活中遵守的行为准则，包括家庭和睦、爱家、爱家人、孝顺、勤俭持家等。乡村家风是蕴含乡村家庭道德的文化载体。家风教育是家庭道德修养教育，子女接受父母长辈教养的熏陶，举手投足间就会透出高雅淡定的气质，折射出优良的品格素养。

1. 父母言传身教

在儒家道德教育中，父母长辈们的言传身教是道德教育的重要方法途径，尤其强调身教重于言传、身教应多于言传。循循善诱、谆谆教诲、晓之以理、动之以情的言传，不仅表达着父母对子女的殷切期待和厚望，而且传递着他们丰富的人生经验、坚定的道德理念、成熟的做人之道以及精湛的生活艺术，在子女成长发展中起着不可替代的作用。但动辄训斥，疾言厉色，居高临下方式的言传会有反面作用。身教则是指父母通过自己的言行举止、躬亲实践，对子女行为所发生的影响和感染。身教比言传形象、直观，效果深刻持久。言传身教本质上就是知行合一、言行一致。否则，只言传没有身教，即只说不做则会降低父母的权威，失信于家庭里的子女。家风教育，因材教育、因事教育，涵盖价值观教育、道德教育、做人教育等，通过日常生活的点点滴滴，具体到每一个事件中有针对性地对个体施展教育，通过因事施教使得家风教育的教化功能得以很好的发挥。

2. 把握爱的程度

家风教育以天然的无私的爱为根本点和出发点。"还有什么比父母心中蕴藏着的情感更为神圣的呢？父母的心，是最仁慈的法官，是最贴心的朋友，是爱的太阳，它的光焰照耀温暖着凝集在我们心灵深处的意向。"① 家风教育中爱是不言而喻的，以爱的力量滋润孩子们心灵，构造孩子们完整的人格与高尚的品质。家风教育中的爱是慈爱，爱之有度；慈爱与溺爱只有一步之遥，溺爱是放任的、泛滥的爱，与教育的目标相背离。慈爱的教育以爱滋润孩子的心灵，孩子对父母怀有敬畏之心，父母具有崇高的权威和威严。在家风教育中，约束性教育也是必不可少的，父母不能与子女过于亲昵，以防孩子产生不敬之情，家长树立威严，并不等于乱用责罚、动辄训斥责杖，而要严慈相济。

3. 不可忽视家庭生活环境

家庭生活环境包括家庭的物质环境和精神环境。家庭的物质环境，如家庭装饰、物品的使用、家庭环境的整洁程度等，对孩子有着潜移默化的影响。"人家置博弈之具者，子孙无不为博弈；藏书者，子孙无不读书。置习岂可以不慎哉。"② 家庭的装饰包括一些刻有家风内容的器物、蕴含家风内容的纪念品、春联等，展现的是家庭的品质与期望，直观地引导孩子通过观察领悟其中内涵。家庭的精神环境体现在家庭轻松愉悦的氛围和包容精神上，这有助于孩子的自由成长，养成随和乐观的性格。相反，在互相指责、易怒的家庭氛围中，孩子始终紧张拘谨，容易形成胆小、害怕、暴躁、苛刻的性格。

---

① 熊复. 马克思恩格斯列宁斯大林论恋爱、婚姻和家庭 [M]. 北京：红旗出版社，1982：100.

② 阎爱民. 中国古代家教 [M]. 北京：商务印书馆，2013：156.

第八章

以正能量与道德自觉助推乡村社会 道德风尚建设

第一节　正能量的内涵与功能

一、正能量的内涵

（一）普通物理学中的能量

能量，简称能，是自然科学中最基础的概念之一，在物理学中是用来度量物质运动的一种物理量，是指某一个物理系统对其他的物理系统做功的能力，是物质运动的量化转换。根据物质运动形式的不同，可以把能量分为热能、化学能、电能、辐射能、核能、磁能、弹性能、声能、机械能、光能等。能量是一个间接观察到的物理量，有高低、强弱、大小之分，没有正负之分，这种能量是个标量，不是矢量，即没有方向，以国际单位制中焦耳为度量单位。

在物理学中关于能量，有一个著名的定律，即能量守恒定律，这个定律为全部自然科学的基石。能量守恒定律的基本内容是：在一个封闭的系统中，总的能量既不会增加也不会减少；在一个开放系统中，系统中能量的增减变化必等于进入系统的能量与离开系统的能量的差值。在一个封闭的系统中，能量常被分成不同形态，某种形态的能量减少，一定有其他形态的能量增加，且减少量和增加量一定相等；在一个开放的系统中，若系统中的能量减少或增加，必有其他系统的能量相对应地增加或减少，而且相对应的增加量和减少量一定相等。能量守恒定律的全称是"能量转换与守恒定律"。著名科学家爱因斯坦曾经说过，质量即能量，能量即质量。时间即空间，空间即时间。在一个封闭系统中，能量是守恒的，质量也是守恒的，质量也不会无因无缘地产生或无因无缘地消失，这种守恒不会随时间而变更；质量和能量并不是分别独立守恒的量，质量和能量互相依存而守恒。质量就是内敛的能量，能量就是外显的质量。

（二）粒子物理学中的正能量

在粒子物理学中认为，一切物质都是由一些极其微小的粒子构成的。在一个封闭的粒子系统中，其粒子间的行为与时间无关，该系统的质量和能量也守恒，也遵守质量—能量守恒定律。在粒子物理学中能量却可以定义为"正"或"负"，即有"正能量"和"负能量"的概念，这是由科学家保罗·狄拉克首创的概念。1930年，狄拉克用数学方法（狄拉克方程）描述电子运动规律时，发现电子的电荷可以是负电荷，也可以是正电荷，电子除了有能量取正值的状态外（"正能量"），还有能量取负值的状态（"负能量"）。由粒子和反粒子的概念又推导出物质（正物质）和反物质的概念，就是说存在大量反物质（包括正子）。史蒂芬·霍金在《时间简史》中就写道，宇宙的总能量刚好是零。宇宙中的物质是由正能量组成的，引力场具有负能量，这个负的引力能刚好抵消了物质所代表的正能量，所以，宇宙的总能量为零。

（三）人文社会科学中的正能量

1. 正能量的内涵

英国心理学家理查德·怀斯曼（Richard Wiseman）在其专著 *Rip It Up：The Radically New Approach to Changing Your Life* 即中译本书名为《正能量》中①，把人体比作一个"能量场"，在这个"能量场"里存在着正性能量与负性能量，其中自信、豁达、愉悦、进取等为正性能量，即正能量。换言之，人们的一切健康乐观、积极向上的动力和情感，包括个人和社会感受到并向外传递出积极的、健康的、催人奋进的、充满力量的、满怀希望的言行，属于正能量。正能量是由内而外地散发出来的，具有无比强大的力量，积极影响着人们的生活。消极的心理和被动的态度，自私、猜疑、沮丧、消沉等属于负能量。在社会发展层面的"正能量"，是指一切有利于社会发展进步、文明和谐的力量，反之则是"负能量"。人类社会的发展进步正是"正能量"不断积累增加的过程。

人文社会科学里的能量则是指人所能发挥的能力作用，有属性或方向之分，有积极的、正面的能力作用，也有消极的、负面的能力作用。正能量是正面能量或正向能量的简称。现实生活中常常用"能量"一词来形容人的活动能力，

---

① 理查德·怀斯曼. 正能量 ［M］. 李磊，译. 长沙：湖南文艺出版社，2012：102.

这里的能量具有价值判断的向度。因此，人文社会科学中的正能量和负能量概念，与自然科学中的含义有联系也有区别。在任何一个社会中，一个人对事物总有好坏、善恶、爱憎、苦乐等判断，总有主观的偏好。一个有社会道德的人，具有向善之心、同情之心，追求幸福，向往幸福，期盼自己和自己所爱的人们身体健康、生活富裕、家庭和睦、事情顺利。人之所思、所言、所行，都可以转化为能量，这种能量如果是正能量就可以增加人的幸福，而负能量则会减少人的幸福。

对于语言传递的正能量或是负能量到底有多大，孔子的回答可谓真知灼见。

> 定公问："一言而可以兴邦，有诸？"孔子对曰："言不可以若是其几也。人之言曰：'为君难，为臣不易。'如知为君之难也，不几乎一言而兴邦乎？"曰："一言而丧邦，有诸？"孔子对曰："'言不可以若是其几也。'人之言曰：'予无乐乎为君，唯其言而莫予违也。'如其善而莫之违也，不亦善乎？如不善而莫之违也，不几乎一言而丧邦乎？"
> （《论语·子路》）

鲁定公问，一句话就可以使国家兴盛，有这样的话吗？孔子答道，不可能有这样的话，但有近乎于这样的话。有人说做君难，做臣不易。如果知道了做君的难，这不近乎一句话可以使国家兴盛吗？鲁定公又问，一句话可以亡国，有这样的话吗？孔子回答说，不可能有这样的话，但有近乎这样的话。在日常生活中，人们用语言表达其某种思想，这是说话者以物质为媒介把信息传递出去，而对于听者来说，把听到的信息转化为能量，并进行能量与物质的转换。如果说话者说出的是一句嘉言，就会让听者欢喜奋发；如果说话者说出的是一句恶语，则会对听者伤害不浅。这正是慰勉人的话可能让听者感激，让听者奋发成为对人类社会有益的人才；侮辱骂人的话却可能换来痛扁，让听者沮丧甚至做出危害人类社会的犯罪行为。一言可以兴邦，这是语言传递了正能量；一言可以丧邦，则是语言传递了负能量。

能量不仅有大小高低强弱之分，还有方向之分，增加人的幸福的能量是正向的，即正能量，减少人的幸福的能量是负向的，即负能量。言语暴戾凶狠、行为贪婪鄙陋，就会形成许多负能量，不但直接伤害人类，也破坏人类生存的物质环境。好心、好话，多行好事，就会形成许多正能量，人与人之间就能和谐相处，人与所处的自然环境也能和谐相处。正能量包括了人们的健康乐观、积极向上的言论和行为。这样的言论，应当是自信、进取、豁达、开放的；这样的行为，应当是利他、无私、奉献、令人感动的。从中国传统文化提倡的"仁、义、礼、智、信"，到当代提出的"以人为本""科学发展""公平正义""和谐社会"，无不传递着正能量的内容；从古人崇尚的"修身、齐家、治国、平天下"，到当今社会涌现的动人事迹，无不践行着正能量的内容。正能量必须借助中介传递出去。传统的思想政治教育活动形式，是正能量资源传递的载体；新兴的大众传播媒体，是正能量传递的工具；信息的收集、整理、分析、加工、运用，是正能量传递的方法。

新时代，在中国乡村社会所积聚的正能量远远大于负能量，正能量指向乡村振兴、发展进步、文明和谐，而负能量刚好与之相反，正能量的不断上升必然造成负能量不断下降。但乡村社会处于转型期，因为发展的不平衡，使得社会不公、贫富差距、道德失范、仇富、仇官等问题在一定范围内还存在，因而负能量在一定时空范围内也有所聚积。正能量具有隐藏性和爆发性，也具有很强的组织计划性、建设性。负能量也具有隐藏性、爆发性，更具有非预告性和破坏性，无论是正能量还是负能量，都具有自然能量的传递性，但这种传递并不遵循自然科学里的"能量守恒定律"。

2. 影响正能量的因素

在人文社会学领域的社会能量主要是指人类进行文化创造时所使用的能量，是社会学意义上的能量，即能量的社会形式。社会能量与自然科学中的能量相比具有特殊性，主要表现在社会能量的来源不同于人类获取自然界中本就存在的物质及生物的过程，社会能量的获取是一个社会过程；社会能量的存在形态不同于物理科学的能量形态，社会能量是紧紧依存于人类社会活动的能量，与人类的自觉活动紧密相关。

新时代，中国乡村社会能量的来源从宏观层面上看，主要来自中国共产党和人民政府的正能量，即来自在中国共产党领导下中国人民不断取得的革命、建设、改革的伟大胜利，开创的中国特色社会主义道路、中国特色社会主义理论、中国特色社会主义制度；来自国家和社会发展的正确的路线、方针、政策，"两个一百年"奋斗目标、"四个全面"战略布局等治国理政的理念、思想、战略；来自中国综合国力的大幅提升，人民生活水平的显著提高，中国人民的自尊心、自信心、自豪感、幸福感的大幅增强。新时代，中国乡村社会能量的来源从微观层面上看，一方面来自乡村社区领导干部积极释放的正能量，领导干部和先进模范的榜样示范作用具有巨大的能量。"村看村、户看户，群众看党员，党员看干部。"另一方面主要来自乡村农民个人确立的正确世界观、人生观、价值观，来自奋发向上、谦和好礼、兼容并包的思想理念。正能量不仅包括无形地蕴含了真善美的正确的价值观、科学的思维方式，也包括可以感受得到的言论、行为，以及传递"正能量"资源的中介。普通群众在日常生活中努力"祛邪扶正"。所谓"祛邪"，就是积极抵御负能量，不为任何谣言所迷、不为任何干扰所惑，不给任何负能量以传递和释放的空间、载体。坚定中国特色社会主义的道路自信、理论自信、制度自信，积极抵御各种社会思潮的精神侵蚀。所谓"扶正"，就是要积极释放正能量。切实做到"勿以恶小而为之，勿以善小而不为"，在一言一行中积极释放、传递力所能及的温暖与向上向善的力量。

二、正能量的功能

（一）助推社会经济的发展

社会正能量可以激发人们的精神动力，使人们树立远大的理想信念，呈现出激昂向上的精神面貌，以充沛的精力和体力投入中国特色社会主义的建设。社会正能量有利于抵御和消解社会中存在的消极和负面思想。正能量所涉及的社会经济方面广泛，正能量传播的精神与理念，让经济发展有了诚信、正义的道德建设基础，提高了经济市场的扩大速度与团结合作的可信度。社会的经济发展在正能量的驱动下，得到了比较大的飞跃。

（二）促进社会和谐

充满正能量的社会使人民群众的生活产生巨大的变化。企业用正能量回馈社会，制造良心产品，让人民不再担忧产品安全问题。"光盘行动"节约了国家的粮食和食品资源，提升了人民群众的生活水平，减轻了浪费情况，提高了人民群众的幸福指数。正能量的传递让社会的秩序与文明有着翻天覆地的变化，形成了社会的良好秩序，推动了社会和谐。遵守交通规则的自我约束、节约能源、保护环境的良好品德，逐步取代了"旧式过马路"的穿梭、随手扔垃圾的不良习惯。"碰瓷"、人与人之间的不信任、老师虐童事件等曾经的负能量，造成一些人心惊胆战；行走马路时，面对摔倒老人该不该扶，落难群众该不该救助，因为心中的负能量阴影而产生犹豫。新时代，随着公民道德建设的推进与发展，随着社会主义核心价值观的践行，巨大的正能量逐渐感染了人民群众，让社会变得更加和谐，社会正义感回到群众中间，出现了"最美司机""最美教师""最美妈妈"等道德模范；初中女孩两次勇闯火海救出被困老人、女司机救助受伤人员闯红灯赢得乘客点赞等感动中国的人和事层出不穷，让许多人感受到了社会的温暖与正义，社会变得更加和谐互助。在这些正能量的辐射下，人们越来越坚信中国特色社会主义制度，越来越热爱自己的祖国，我们伟大的祖国也会变得越来越好。

（三）爱心公益活动延绵不断

爱心捐赠，传递正能量气势如虹，帮助了无数人，一些不能接受教育的人获得受教育的机会，获得动力去学习，为社会增添了知识人才，促进了社会文化知识的发展。爱心公益聚集了正能量，让社会爆发出无限的潜能，为社会的发展奠定了良好基础。

（四）有利于构建人类命运共同体

习近平同志在党的十九大报告中向世界呼吁，各国人民同心协力，构建人类命运共同体。要实现国与国之间的合作共赢，就要用国家的信誉和诚心去合作，在各国之间传播正能量，形成社会经济发展的纽带，实现社会经济的良性发展。

第二节　激发乡村社会道德风尚建设的正能量

乡村社会正能量的传播与乡村社会道德风尚建设密切相关，从某种意义上讲，乡村社会道德风尚建设本身就是一种正能量的传播活动，强化乡村社会正能量的传播，需做到社会道德风尚与乡村社会正能量传播在目标、内容和途径等方面融为一体。

一、明确乡村社会正能量传播的目标

传播正能量的前提是善于发现正能量，乡村社会的正能量积极、健康、向上，符合社会大众的心理诉求和社会发展需要，顺应时代发展潮流和方向，在乡村要积极发现和引导正能量。发现了正能量，就要确定明确的正能量传播目标、内容和途径并加以引导。正能量传播目标是正能量传播活动得以有效开展的出发点和落脚点，影响着正能量传播内容、传播方式和传播途径的选择，影响正能量传播的效果。从社会道德风尚建设视野来看，传播乡村社会正能量，

就是促进乡村振兴战略的实施，促进乡村农民个体的发展和乡村社会的进步。

（一）促进乡村农民的全面发展

提高乡村农民的各项素质和能力，促进全面发展，包括体力和智力、才能、社会关系、个性、主体性等诸多方面的自由发展。正能量的传播，就是将良好的个人道德品质、高尚的个人情操、坚定的理想信念等进行讲解、宣传，使更多的人效仿、学习，使其坚定正确的发展方向，最终提高人们各方面素质；正能量的传播就是调动人的主动性、积极性、创造性，从而激发人的精神动力；正能量的传播就是激励广大乡村农民为实现自身的合法利益而奋斗，用正确方式处理人际关系，实现身心和谐，最终实现自身的全面发展。

（二）促进乡村社会全面进步

正能量的传播，促进乡村社会的全面进步，即促进乡村社会的经济发展、民主政治建设、先进文化发展、和谐社会建设等。正能量的传播，使乡村农民的思想道德素质得到提高，掌握先进科学技术，从而促进农村生产力的发展，推动乡村经济的发展；正能量的传播，引导广大乡村农民学习习近平新时代中国特色社会主义思想，建设民主政治，建设以社会主义核心价值体系为主的先进文化，促进整个乡村社会的和谐发展、全面进步。

二、把握乡村社会正能量的内容

通过传播积极、健康、向上的正能量，能激发起众人心中的正能量，使乡村社会正能量占上风，进而促进乡村社会道德风尚建设，促进乡村振兴战略的顺利实施。正能量的内容，与乡村社会道德风尚建设的内容不谋而合，由思想内容、政治内容、道德内容、心理内容等组成。

（一）思想内容

即正确的世界观、人生观和价值观，正确的理想信念、科学的思维方法和开拓创新精神，以及新时代中国特色社会主义要求的道德品德和人格。

（二）政治内容

即乡村农民对中国共产党、中华人民共和国的政治立场、政治态度等的正确认识、意识形态法治观念等，以及习近平总书记的治国理政思想。

（三）道德内容

即中国特色社会主义核心价值观，社会核心道德观念，社会公德、职业道德、家庭美德、传统道德和中国革命教育及生态道德、网络道德等，以及道德模范、先进人物的道德风尚。

（四）心理内容

即心理健康与个人生活是否和谐幸福密切相关。心理健康是人的心理活动的各个方面处于一种良好、正常的状态。在乡村社会需要传播良好的自我调节能力、心理素质，传播人们积极的情绪、适度的情感、和谐的人际关系，传播良好的人格品质及成熟的心理行为等。

（五）新时代的内容

即新时代的主流价值观，包括良好的经济发展模式、健康的精神文化需求、正确的生态环保理念、民主的社会管理方式等。

三、强化乡村社会正能量的传播途径

（一）正能量传播主体的组成

正能量传播主体就是正能量的传播者、发起者即传播正能量的人、群体或组织。正能量传播者决定着正能量传播活动的发展、传播的质量、传播的方向，更决定着传播的效果、对社会产生的作用及影响。在乡村社会中，每个人都是处于乡村社会关系中的个体，个体间存在着出身、受教育程度、个人阅历的差异，存在着道德品质、心态等的差异，但是每个个体都不同程度地影响、感染着身边的亲人、朋友，都是能量的传播者。充满正能量的人，具有良好的品质、健康向上的心态，他传递出去的就是一种正能量，反之，他如果消极、悲观，传递出去的就是负能量。在乡村社会中，尤其是乡村社会精英人士、文化名人等，其传播的能量对乡村社会的影响作用不可低估，他们的一言一行都会受到乡村农民的关注和追捧。乡村社会中党的理论工作者、教育工作者、新闻宣传和文化工作者、企业单位成员等都是能量传播主体。这一类传播主体与个人不同，他们是能量传播的群体主体，这样的群体具有共同的目标且成员之间在心理上相互依存，群体主体在传播正能量活动中具有重要地位，在传播正能量时，具有群体主体的优势，体现在传播主体的稳定性和传播主体的凝聚力。

（二）提升传播主体的综合素养

正能量传播者在传播正能量之前，首先采集能量信息，然后，对能量信息进行鉴别、选择、加工，之后向大众传输能量信息，显然，正能量传播者的素

养尤为重要。提升传播主体的素养，就要提升传播主体的思想政治素养，培养他们正确的世界观、人生观、价值观、政治观等。一个思想素质好、政治觉悟高的传播者，会积极主动地传播正能量。提升传播者思想政治素养的途径，就是要通过思想政治教育，使他们树立正确的立场和观点，坚定共产主义理想、信念；培养良好的政治品质和踏实的工作作风，形成扎实的理论功底和较高的政策水平。提升传播主体的素养，要提升传播主体的知识素养，正能量传播者就要在已有的知识和经验基础上，涉猎受众感兴趣的各方面的知识，尽量平衡各种知识的比例，从整体上提升自身知识素养及储备，使传递出的正能量被受众接受，从而提高正能量传播的效果。提升传播主体的素养，要提升传播主体的能力素养，提升观察能力、思维能力、选择能力、表达能力、调控能力。其中，表达能力，包括文字表达能力、口头表达能力、动作表达能力等，这些能力都是正能量传播者在传播正能量过程中应具备的能力，有了这些能力，就能把好能量信息关，使正能量的传播取得事半功倍的效果。

（三）优化正能量的传播环境

优化家庭环境。一般而言，正能量来自家人、亲人、朋友、同学、长时间相处的人，家庭是正能量聚集的场所、传播正能量的主要阵地，在和谐家庭正能量的传播功效显著，在不和谐的家庭，容易聚集负能量，会破坏正能量的有效传播。

优化学校环境。学校是继家庭之后的又一个正能量传播的主要场所。从幼儿园到高中直至大学，师长的言传身教，同学之间的互相影响，直接影响着人们的身心健康和世界观的形成。和谐、文明的校园环境，有利于正能量的传播。

优化乡村社会环境。相对于家庭环境、学校环境而言，乡村社会环境是正能量传播的大环境，这个大环境由政治因素、经济因素、文化因素、信息因素等组成。乡村社会环境对人、对正能量传播具有非定向、非自觉的影响，通过感染、暗示、模仿、遵从等机制影响正能量的传播，具有潜在性和渗透性的特点。只有良好的乡村社会环境才能够促进正能量的传播。

在正能量传播环境中，不可避免地面临一些消极因素和负能量，影响正能量的传播，只有将正能量传播的家庭环境、学校环境、乡村社会环境形成一个有机整体，抵御消极因素的影响，才能构建正能量传播的良好氛围。基层党委、政府要创造条件，将各类纪念馆、烈士陵园、博物馆、展览馆等向乡村农民开放，形成进行爱国主义教育的良好环境氛围。乡村社区、村居、学校、家庭对乡村农民尤其是青少年进行爱国主义教育，使其将爱国主义精神内化于心，在家爱父母亲人、做力所能及的家务；在学校遵纪守法，努力学习科学文化知识；在生活中遵守乡村社会公德，遵守公共秩序，爱护公共财物。

四、通过学习英模传播正能量

通过英雄、模范等榜样的力量发挥正能量的作用，促进乡村社会道德风尚建设。在 2013 年 3 月全国两会期间，习近平总书记参加辽宁代表团审议时指出，雷锋、郭明义、罗阳身上所具有的信念的能量、大爱的胸怀、忘我的精神、进取的锐气，正是我们民族精神的最好写照，他们都是我们"民族的脊梁"；要充分发挥各方面英模人物的榜样作用，大力激发社会正能量，为实现"中国梦"提供强大的精神动力。① 2013 年 9 月 27 日，习近平总书记在会见第四届全国道德模范及提名奖获得者时也强调，要弘扬真善美，传播正能量。由此可见，在新时代，典型人物、典型事件具有社会正能量的典型示范效应，英模人物、典型事件是正能量传播的最好方法，树立典型、正义榜样，是表达、传递正能量的最好形式。

五、利用多媒体传播正能量

在乡村社会传播正能量的媒体包括传统大众媒介，也包括新媒体。多媒体能够让更多的人知晓正能量，让正能量影响更多的人。传统的大众传播媒介主要指报纸、杂志、广播、电视等，其中，广播、电视、报纸、杂志被称为大众传播媒介的四大支柱，在正能量传播过程中具有重要作用。传统大众传播媒介把人类的文明、文化要素，整理、组织、加工，通过公众化和潜移默化式的方式传播四方，速度快、范围广、影响大。传统大众传播媒体具有宣传功能、舆论监督功能、实用功能和文化积累功能。广播、电视作为传播媒介传播成本低、速度快、覆盖面广、对象广泛、感染力强。报纸、杂志是最早的大众传媒，信息量大，便于选择与携带，利于长期保存和反复使用。传统媒介把各类信息、知识扩散、传递出去，传递主流价值观、正能量，促进乡村社会达成共识，提高国家和民族的凝聚力。新媒体是电子信息交换系统，包括网络媒体、手机媒体、数字电视等。新媒体与传统大众媒介相比较，其突出的特点是受众全球化、交互性，传播具有信息内容丰富、传播手段兼容性与实效性强等特点。新媒体

---

① 习近平. 参加全国两会团组审议讨论 [N]. 人民日报，2013-03-07 (01).

为正能量在乡村社会的传播提供了广阔的空间。各种媒介都是传播正能量的手段和途径，都有自己独特的作用，将新媒介与传统媒介有机融合，可以保质保量传播正能量，实现预期的正能量传播目的。

六、提高乡村社会正能量的功效

在乡村社会传播正能量，是为了在乡村广大农民中弘扬中国特色社会主义核心价值观，培养正面的、积极的、向上的思想观念与行为方式。只有乡村社会广大农民接受并践行了社会主义核心价值观，思想观念与行为方式发生向好的转变，在乡村社会传播正能量才有意义、有效果。

（一）关注在乡村社会传播正能量的受众群体

受众是正能量传播的接收者和作用目标。正能量的信息只有被受众所接收、接受，转化为行动，正能量传播的效果才得以实现。在很多时候，在乡村社会正能量传播过程中，传播的主体和受众都是乡村广大农民，他们既是正能量传播活动的传播者又是该活动的接受者。当乡村农民作为受众时，接受正能量传播信息的心理特点和接受行为尤为重要，这关乎受众接受信息后释放能量、采取行动的模式，决定了正能量传播的功效。在正能量传播过程中，要关注乡村社会受众的接受需要、接受动机、心理效应和心理倾向。在乡村社会受众的需要多种多样，正能量传播活动最终目的就是满足广大农民的各种正当需要，传播的正能量信息与需求相一致，受众才会关注且接受，从而达到正能量传播的预期效果，在需要与传播之间形成良性互动，从而促进正能量的传播。

（二）关注乡村社会正能量传播的受众反馈

受众反馈的信息在一定程度上反映了接受动机的需要与态度，这对正能量的传播具有一定的作用。在乡村社会正能量传播是一种大众传播，受众的反馈具有间接性、迟延性、零散性、累积性特点。当反馈是积极的反馈时，即表明对传播的结果给予了肯定和赞扬，反馈才能促进正能量的传播，达到预期效果。正能量被受众接受后，对正面信息的接受、认可会随着时间而弱化，影响正能量的功效。在乡村振兴战略实施过程中，加强乡村社会道德风尚建设，可以增强正能量的影响力并保持持续传播，使更多的人关注、受其影响，逐渐形成良好的社会风气。乡村社会道德风尚是社会文明程度重要的标志，对社会进步起着重要推动作用，是广大乡村农民的强烈愿望，也是乡村经济顺利发展的必然要求，可以强化正能量传播的效果。在正能量事件发生后，要注意总结经验、吸取教训、转化成果，积累传播正能量活动的经验，从而强化正能量的效果，为以后类似的正能量传播活动提供借鉴。

第三节　道德自觉的基本内涵及作用

一、自觉的内涵

（一）"自"与"觉"

将"自觉"一词分解为"自"与"觉"两个字便于考察理解。东汉许慎在《说文解字》中指出："自，鼻也。""自"本义为鼻子，引申为"开始、开端"，"自"后来进一步引申为"自己""自我""己身""本人"等。"人必自侮，然后人侮之；家必自毁，而后人毁之；国必自伐，而后人伐之。"（《孟子·离娄上》）孟子说，人啊，一定是自辱德行，然后别人才去侮辱他；一个家院一定是自毁门墙，然后别人才去毁灭它；国一定自毁基业，然后别人才去讨伐它。

对于"觉"字，在《辞海》中有"感觉""觉醒""觉悟""明白""启发""发觉"等多种含义。"觉，悟也。从见，学省声"（《说文解字》）。"天之生此民也，使先知觉后知，使先觉觉后觉也。予，天民之先觉者也；予将以斯道觉斯民也。非予觉之，而谁也？"（《孟子·万章上》）上天生育这些民众，使先明理的人启发后明理的人，使先觉悟的人启发后觉悟的人。我，是上天生育这些民众中先觉悟的人，我要用尧、舜之道来启发生活着的民众。不是我去启发他们觉醒，又有谁呢？

（二）自觉

"自"与"觉"结合即"自觉"。对于"自觉"一词，在《辞海》中的解释是"人们认识并掌握一定客观规律时的一种活动，这是人们有计划的、有远大目标的活动，这种活动中，人们一般能预见其活动的后果"。① 还有一层意思就是自己有所觉察。

"丘吾子曰：'吾有三失，晚而自觉，悔之何及！'（子）曰：'三失可得闻乎？源子告吾无隐也。'丘吾子曰：'吾少时好学，周遍天下，后还，丧吾亲，

---

① 辞海［M］.上海：上海辞书出版社，1980：1894.

是一失也。长事齐君，君骄奢失士，臣节不遂，是二失也。吾平生厚交，而今皆离绝，是三失也。夫树欲静而风不停，子欲养而亲不待。往而不来者年也，不可再见者亲也，请从此辞。'遂投水而死。孔子曰：'小子识之，斯足为戒矣。'"（《孔子家语·致思》）自是弟子辞归养亲者十有三。

再如："人之举措，何能悉中，独当己有以伤拒众意，忽不自觉，故诸君有嫌难耳。"（《三国志·吴志·吴主传》）"自觉"具有"自我意识"之意，就是个人能够通过自我意识实现对自我的理解、评价与反思，对自己形成一个清晰的认识。在儒家文化中"自觉"内容极其丰富，包括"自省""自反""自讼""自省""反求诸己"等意思，把自觉蕴含于自身道德修养及个体德行修为之中，主张通过个体的格物、致知、诚意、正心、修身等道德修养达到个体自觉，从而不断实现和领悟人生的意义和价值。在心理学中的"自觉"同"不自觉""潜意识"相对，指人们对自己的思想和行为能自己觉知。马克思、恩格斯对于"自觉"一词的含义做了科学阐发：自觉即自觉意识，它是人类区别于动物本能的标志；自觉即人类对自身行为或行动的预见和期望，人类活动是自觉的，并且这种自觉就是人类对自身行为或行动的预见和期望；自觉即达到自由的状态，是个人的独创的和自由的发展，是人作为主体的自觉、自愿、自主的发展。这是马克思、恩格斯对人类自觉的最高向往和追求，是真正意义上的自觉。

（三）自觉与自发

"发"在《辞海》中有"发出""发生""显现""阐发""奋起""启发"等含义。"子曰：'吾与回言终日，不违，如愚。退而省其私，亦足以发，回也不愚。'"（《论语·为政》）孔子说，我整天对颜回讲学，他从不提出什么反对意见，像个蠢人。等他退下，我观察他私下里同别人讨论时，却能发挥我所讲的，可见颜回他并不愚笨呀！自发本义是指事物无外力作用和影响而发生的变化，对于人而言，特指无自主意识参与的人的无意识活动。自发与自觉二者相互包含、相互依存、相互影响和相互制约。自发是自觉的逻辑起点，是自觉的基础；自觉是从自发发展而来，是自发的逻辑延伸、发展、升华与飞跃。自觉之中包含一定程度的自发，而自发中又蕴含一定程度的自觉，没有自觉的促进与提升，自发则无法向前发展。自发处于尚未觉悟、较为盲目的状态。自觉则是超越自发，有目的、有意识的自由状态。自觉是人类的自知、自明、自晓、自主，即自我觉醒和自我觉悟。自觉是人与自然、人与社会、人与人及人与自身这四种关系的反思与觉悟。自觉即自我发现、自我创新、自我解放、自为状态与自知之明。

二、道德自觉的界定

（一）文化自觉

1997 年费孝通先生在北京大学社会学人类学研究所开办的第二届社会文化人类学高级研讨班上首次提出"文化自觉"的概念。他认为：

> "文化自觉"是指生活在一定文化中的人对其文化有"自知之明"，明白它的来历，形成过程，所具有的特色和它发展的趋向，不带任何"文化回归"的意思，不是要"复归"，同时也不主张"全盘西化"或"全盘他化"。自知之明是为了加强对文化转型的自主能力，取得决定适应新环境、新时代时文化选择的自主地位。①

文化自觉是对文化地位作用的深刻认识、对文化发展规律的正确把握、对发展文化历史责任的主动担当。这种文化自觉与文化自信，表现为对中华文化的发展前途充满信心、对中国特色社会主义文化发展道路充满信心、对社会主义文化强国充满信心。

（二）道德自觉

道德主要指调节人与人之间关系的规范体系，指人们的共同生活及其行为的准则与规范，基础是人类精神的自律。道德具备一定的标准，也就是善恶的标准，向善、从善、行善就是道德的境界。自觉是主体自发、主动的认识，是一种反观自身以明觉的活动。道德与自觉原本两个词语结合成为道德自觉，即被赋予了新的内涵。在学界对道德自觉概念的界定可以概括为几种不同观点。

1. 道德文化层面上的道德自觉

戴茂堂认为，道德对于时代的伦理使命和教化责任，要有一个自觉的担当和深切的认同，也就是说，道德要自觉承担起用先进文化引领社会进步的责任，提高精神境界的使命和责任。② 这是道德文化自觉的内涵。

2. 个体道德的道德自觉

段治乾认为，道德自觉是一种更具"人性"的人类自我约束与自我超越，

---

① 费孝通. 文化与文化自觉 [M]. 北京：群言出版社，2016：182.
② 戴茂堂. 道德自觉·道德自信·道德自强 [J]. 道德与文明，2011（4）：24.

心灵自律与德行操持，理想与道德预期的生活意义的追寻。① 可见个体道德的道德自觉，是与人的心灵自律与德行践履密切相关的。

3. 主体道德自觉

方世南认为，道德自觉是指主体在与自身相关的道德关系和道德活动中有效地发挥主导性和能动性，自觉地遵循和发展本民族以及社会普适的伦理准则和伦理规范，加强自身的道德践履和道德自律，使自己的道德意识和道德行为，与民族和国家乃至全人类普适的伦理环境保持协调，并且促使其优化的道德认识和道德实践过程。②

简言之，道德自觉是个体对道德的自我体认、自觉认知、自我觉醒和自觉坚守。道德自觉表现为道德意识的自觉，即个体内化道德原则、道德规范、道德要求、道德属性。道德自觉意识包括道德理智、道德情感、道德意志及道德信念。所谓道德理智就是对道德观念的把握和认知，是个体对本民族传统道德文化的自觉把握与认知，是个体对生活在一定社会的现有道德文化及道德规范体系的自主认同。所谓道德情感就是个体对内在道德需要、道德动机及外在道德行为状态的自觉体认，这是道德自觉的源泉。所谓道德意志是为履行道德义务而自觉进行的确定目标、支配行为的心理过程，具有自主、自决、自律和自控道德品质，是道德自觉的灵魂。

三、道德自觉的内涵

（一）道德自觉的特性

1. 道德的自主认同性

道德的自主认同性即对自己民族的道德具有的自主认同性，深刻把握和真切认同自身道德的本质所在，对自身道德有一个实事求是的了解和继承，对自己道德有"自知之明"。

2. 道德的自我批判性

道德的自我批判是一种道德自我反思、自我辨析、自我扬弃、自我完善活动，正是我国传统儒家文化中尤为提倡的道德反思，"反己""内省""省察"。道德主体通过不断地审视和反思自己的道德缺陷和危机，以应对社会发展以及外来道德的冲击。道德自我批判是实现道德创新的推动力量和有力武器。

---

① 段治乾. 伦理自发与道德自觉 [J]. 社会科学，1998（7）：42.

② 方世南. 主体道德自觉：价值、功能与实现途径 [J]. 江海学刊，2001（6）：84.

3. 道德的自主创新性

在继承自身优良传统道德文化的基础上，道德主体对自身传统道德进行现代诠释，创新自身道德，引领社会道德进步。

4. 道德行为的自控性

通过道德行为主体自我控制和自我约束，将道德的意识转化为道德行为，这就是儒家文化中的"慎独"。

（二）道德自觉的功能

道德自觉就是人对道德的自我觉醒、自我反省、自我创建、自我实施。道德自觉具有认识功能、教育功能、评价功能和调节功能。道德自觉有利于人们在道德生活实践中主动认识自己对家庭、对他人、对社会、对国家应负的责任和应尽的义务；有利于人们树立正确的义务、荣誉和幸福等观念，培养良好的道德意识；有利于人们调节自己的行为，指导和纠正人们的行为，调节人与人、人与社会、人与自然的关系。

（三）道德自信与道德自觉

自觉是相对于自发而言，是人们在社会活动中，认识、理解自身活动的意义，并使该活动具有明确的目的性和计划性。道德自觉主要是指人们在道德上的觉悟、觉醒和责任的担当。自信是人们在社会活动中，对自身能力的确信，深信自己一定能做成某件事，实现所追求的目标。道德自信是指人们理性、清醒地信仰道德并执着地追求道德。道德自信是基于准确理解和把握道德基础上的自信，对一定道德的科学性和真理性的坚定信念，对道德在实践中生命力的坚定信心。道德自信就是对道德理论的认可，对道德现状的肯定，以及对道德水平提升的信心。

中国人民的道德自觉是对我国社会道德科学性的深刻认识，对道德理论价值的充分肯定。道德自信是对中华民族优良道德传统的继承和弘扬，是对中国特色社会主义道德理论体系的认可和坚定信仰。道德自觉与道德自信联系紧密，相互渗透、相互制约、相互促进。道德自觉是道德自信的前提和基础，没有道德自觉，道德自信就无从谈起。道德自信是道德自觉的根本保障，道德自信促进道德自觉。道德自觉是一种道德意识和道德责任，道德自信就是一种道德信念和道德信心。

四、道德自觉的本质

(一) 道德情感

道德自觉是一种自由自觉的道德境界,具有这种境界的人的道德认知、道德判断、道德选择受一定社会的道德意识与道德心理支配。在道德教化、环境影响、规范约束等外在因素共同影响和作用下,生成了个体的道德自觉,这是全面认知与正确把握社会道德关系和社会已确立的道德规范体系,并内化为个体自身的道德观念和道德态度,上升为个体自身的道德需要。道德自觉包含着道德情感的作用,道德情感的作用是个体道德自觉不可或缺的心理动力。积极的、体现主体本质需要的情感对个体道德自觉生成与发展产生积极的影响;消极的、体现主体非本质需要的情感则对其起到阻碍作用。个体道德自觉的生成与发展离不开道德理性的约束、规范和引导。

(二) 道德认知与实践

道德自觉就是道德认知与道德实践的统一。道德认知是道德自觉生成与发展的心理基础和基本前提,是指个体对一定的社会道德规范、道德原则及道德必然的认知;是个体自觉意识到自己对社会、他人及自身所担当的职责和使命,并以自觉履行这些职责和使命为自己的行动宗旨、目标和原则。

道德实践主要指道德行为,是个体道德认知的具体实现,是衡量道德自觉的客观性标志,道德实践是个体按一定社会的道德标准和道德规范要求采取的行为方式。现实生活中,道德实践是指个体已形成的一贯的道德自觉行为,即道德自觉行为习惯。

(三) 良心是"道德法庭"

一个道德自觉的人,本质上就是一个自觉、自律、自为的人。道德维持社会整体利益的需要,引导和调控社会关系和社会行为。道德自觉是把社会道德准则内化为道德良知和良心,听从道德良知的召唤,自觉承担道德责任。道德自觉本质在于个体通过良心对行为进行监督和控制,这就是良心的"道德法庭"。马克思主义伦理学认为,"良心是个人在履行对他人和社会的道德义务的过程中所形成的一种深刻的责任感和自我评价能力,是个人意识中各种道德心理因素的有机结合"[①]。良心是人内在的道德准绳,指导人的道德行为,监控人

---

① 唐凯麟. 伦理学 [M]. 北京:高等教育出版社,2001:173.

的思想和行为，是人选择道德生活和道德行为的直接依据。在采取行为之前，良心制约和引导着人的动机，经过自我检查，对符合道德需要的动机予以肯定，否则，就予以否定。在行为过程中，良心监督和控制着情感、意志、信念、方式和手段，对于符合道德需要的给予认可和褒奖，否则，给予纠正和弱化。在行为之后，良心评判着道德行为的后果，当道德行为符合道德义务要求，产生良好影响和效果时，在内心就产生道德上的满足感和欣慰感，反之，则产生一种心理上的痛苦感、耻辱感和懊悔感。良心对人道德行为过程的干预和控制，说明良心是"道德法庭"。

（四）道德自觉的本质是道德自我净化

道德自觉的特征就是在道德实践中人们不断完善道德意识，提升人格品质和道德境界。道德自觉的本质就是道德自我净化。净化是宣泄郁积的情感，是涤恶。涤恶就是在道德实践中，去除心理上的不良成分或低级情感，使道德趋于完善，符合道德规范和伦理要求。所谓道德自我净化，是通过宣泄道德情感郁积、涤恶，使道德情感不断趋向纯净、完善状态的过程。道德自我净化离不开良心这个"道德法庭"。良心是一种道德自觉意识，是自觉地履行对他人、对社会及对自身的一种强烈的道德义务。良心不断进行自我评价、涤除不道德的意识和行为。当行为结果与道德信念发生冲突时，就产生紧张的道德情感，处于消极的道德体验之中；当动机及行为结果与道德信念一致，有利于他人和社会时，就产生愉悦的道德情感，处于积极的道德体验之中，道德情感就会开始净化和升华。良心的自我谴责、自我否定、自我改造和自我完善就是道德自觉，就是道德自我净化。在本质上，人们的道德自觉即道德自我净化。

（五）道德自觉的功用

道德自觉的现实目标就是人们通过道德实践实现自身的道德价值，即实现人生价值，对社会做出应有的贡献，获得社会对自身的肯定、尊重和满足。一个人如果没有道德自觉，或者缺乏德性，自身的道德价值就很难实现。只有具备道德自觉，才能使自身的人生价值得到社会的肯定，并得以实现。

五、儒家文化的道德自觉

儒家文化的道德准则是"中和"和"至诚"。"中也者，天下之大本也；和也者，天下之达道也。致中和，天地位焉，万物育焉。"（《中庸》）"致中和"和"至诚"是人最本真的道德性。儒家的道德自觉包括：认同"中和"与

"诚"的道德标准；认识道德规则，遵从"仁、智、勇"三德；知觉人当前所处的道德状况；自觉坚守准则和规则，用规则来修身。

（一）儒家道德自觉的目标

1. 成为圣人

圣人是道德自觉的最高目标，是最理想、最完美的人格，是真善美的高度统一，是永恒的道德楷模，用自己的知识、才能、人格去造福国家和民众。如尧、舜、禹、汤、文、武、周公、孔子都是功被天下、德昭后世的人格楷模，以功、德、言的不朽而流芳百世。

2. 成为君子

君子是具有较高道德修养的人。孔子认为君子是外在美与内在美的统一，以善为标尺，符合善是君子的人格之美，美善无碍，浑然一体。君子宽厚、谦虚、孝悌、谨慎、道义、正直、不掩过、仁爱、礼敬，等等。

儒家道德自觉的最高级目标是圣人，君子则是与普通人关系最密切的目标，在道德生活中自觉地以善来规范自己的言行操守，有过则改，就可以成为君子。儒家道德自觉之道德主要就是"三纲五常"的自觉，"三纲五常"作为中国封建伦理纲常的代名词，内有糟粕，需要批判，但也有可取之处，在新时代可以批判地吸收。"五常"通常指仁、义、礼、智、信，是儒家提倡的道德规范；儒家文化中道德自觉的内容，有许多仍然值得我们在加强乡村社会道德风尚建设过程中借鉴。

（二）儒家道德自觉之高度

儒家道德自觉的最高境界就是慎独，慎独就是诚实、不自欺欺人，时时处处按道德准则行事，这是对道德的高度自觉。在个人独处的情况下，也要谨慎小心，自觉地遵守道德，能自我监督和约束，排除欲望诱惑，克服自身不足。"不以视之不见而移其心，听之不闻而变其情也。"（北齐·刘昼《新论·慎独》）"是从见闻处至不睹不闻处皆戒慎了，又就其中于独处更加慎了。"（《朱子语类》）实现慎独则以高度的理性自觉为前提，时时刻刻约束自身；真心诚意地按照道德规范办事。要想达到慎独境界，必须克服小人的侥幸心理。

（三）儒家道德自觉的培养

1. 修身

修身是一种道德上的自觉，修身就是择善、固执、自明。择善，意味着善良的道德准则和具体的道德规则，并当作道德自觉的目标。固执，意味着必须坚守和坚持下去所体认的道德准则和具体道德规则。对道德的坚守一直就是非常困难的："中庸其至矣乎！民鲜能久矣！"（《中庸》）"择乎中庸，而不能期月守也。"（《中庸》）坚守道德虽然有困难，但仍然有可能，"回人也，择乎中庸，得一善，则拳拳服膺而弗失之矣"（《中庸》）。颜回就是这样一个人，他选择了中庸之道，得到了它的好处，就牢牢地把它放在心上，再也不让它失去。因此，一个人修身就要坚持而不停止。"君子遵道而行，半途而废，吾弗能已矣。君子依乎中庸，遁世不见知而不悔，唯圣者能之。"（《中庸》）有些品德不错的人按照中庸之道去做，但是半途而废，不能坚持下去，而我是绝不会停止的。真正的君子遵循中庸之道，即使一生默默无闻不被人知道也不后悔，这只有圣人才能做得到。自明，就是知道自己当前所处的位置和道德状况。自明就是素位安分，即明白自己所处的位置、在自己的位置上做应该做的事情，这是一种道德。天然认同外在秩序、等级，安分守己，不为外界处境所困扰，内心保持平和。自明就是时刻自我反省，知己之所不足，从自身找原因，从自己出发来修德。自明就是从小处、从自身出发来完善自己。"君子之道，辟如行远，必自迩；辟如登高，必自卑。"（《中庸》）君子实行中庸之道，就像走远路一样，必定要从近处开始；就像登高山一样，必定要从低处起步。自明要从日常小事、从离自己近的地方开始，绝不是一蹴而就的。

2．"反求诸己"

儒家的道德自觉途径除了"格物致知""致良知"之外，"反求诸己"是一个重要途径，亦称作"反己""内省""省察"。"反求诸己"，就是反思自己的言行是否与应当符合。要求人们见贤思齐，见善思学，见不善而自省，以他人之过为鉴。反省的目的是尽己，使自己的人格趋于完善，从而成贤成圣。反求诸己，在当代就是严以律己，实现道德自觉的一种途径。在乡村社会道德风尚建设中，时时处处以理想的伦理价值目标来约束和检点自己，不断地进行灵魂的自我净化。

第四节　乡村社会道德风尚建设的道德自觉培养

一、培育乡村社会道德自觉

在乡村社会培育道德自觉，就要加强个人品德建设，强化道德自觉的基础；

创新道德教育，育化道德自觉；加强道德文化建设，涵育道德自觉；加强制度建设，巩固和保障道德自觉。全面提高广大乡村农民的道德素质，提升道德自觉境界，为乡村振兴奠定坚实的思想道德基础。

（一）乡村道德自觉的培养原则

培育道德自觉实质是引导个体对自身生活的自我觉醒、自我反省、自我创建，积极主动地进行道德反思，提高个人道德觉悟、道德修养，使自在自为成为人们实施道德行为的良好习惯。在新时代培育乡村社会的道德自觉，要坚持中国特色，不断创新培养的方法途径，注重适用有度的原则。

坚持中国特色就是要培育有中国特色的道德自觉，坚持中华民族道德传承，尊重民族文化的道德传统，正像毛泽东指出的那样，共产党人要做"一个高尚的人，一个纯粹的人，一个脱离了低级趣味的人，一个有益于人民的人"。充分自信地确认中国特色的道德标准，认同符合我国实际的社会主义道德标准，在道德自觉的基础上实现道德自信、道德自强。坚持以社会主义荣辱观为核心的道德标准，坚持党的十八大首次提出的"三个倡导"价值观，即倡导富强、民主、文明、和谐，倡导自由、平等、公正、法治，倡导爱国、敬业、诚信、友善，积极培育和践行社会主义核心价值观。在乡村振兴战略实施的各方面各环节培育乡村居民的道德自觉。

不断创新培养道德自觉的方法途径，在道德自觉培育过程中，与时俱进，不断采用现代化的手段，用世人能理解接受的语言凝练社会主义核心道德。要组织多样化的文化活动与网络建设，引导乡村农民自我表现、自我教育、自我觉悟，自觉抵制不良价值取向的影响。培育道德自觉要坚持适用有度，就是要防止泛道德化。道德的功能不是无限的，过分夸大道德自觉功能，容易适得其反。如果将社会所有问题都归结为道德自觉问题，很容易引发乡村农民对道德标准的怀疑，加重悲观情绪，加深社会疏离。道德自觉通过个人的自我反思、时代的价值回应，以社会舆论、个人良心等非强制力量发挥作用。过分夸大道德自觉功能，就会降低依法治国的作用。

（二）建设乡村社会道德文化

从中华民族优秀传统道德文化中汲取营养，增加文化自觉、文化自信、文化自强。以当代中国的先进文化为基础，确立"以人为本"的价值理念，既要继承中华民族优秀道德文化传统，又要继承中国革命战争时期的优良革命传统，注入时代精神，实现传统文化的现代转型。在道德教育中传递仁爱精神，实现教育者与被教育者的道德情感互动，内化与凝结仁爱情感。道德教育在道德自觉生成与发展过程中起着至关重要的作用，是道德自觉生成与发展的重要条件之一，道德自觉的生成与发展具有定向功能。道德教育主要是培育人的道德自觉精神和道德人格品质。道德自觉精神是在一定社会条件和社会环境影响下，在家庭教育、学校教育、社会教育及个人品德教育的共同影响下，在实践活动中形成并发展起来的。道德教育使人们逐步树立道德自觉观念、道德自觉意识，养成道德自觉行为习惯，自我约束，严格守法，自觉地理解、选择和追求道德目标。可以增强乡村农民对道德的认可和自豪，推动道德实践的开展，从而增强农民的道德自信。在道德教育中，要借鉴中华民族几千年来积累的宝贵经验，充分利用共产党人在革命、建设和改革过程中形成的有效的道德教育内容和方法。把社会主义核心价值体系的教育作为基本道德规范教育和现代公民教育的重要内容，通过各种形式，引导和帮助乡村农民准确理解社会主义核心价值体系的重要意义和科学内涵；引导乡村农民大力倡导富强、民主、文明、和谐，倡导自由、平等、公正、法治，倡导爱国、敬业、诚信、友善，积极培育和践行社会主义核心价值观，并内化为道德行为规范和行为准则。

乡村社会道德文化体系是乡村农民道德自觉生成与发展的社会道德文化环境。乡村农民在生存与发展过程中，总要接受和秉承一定的道德文化，例如道德习惯、道德规范及行为准则等，用来处理自我与他人、自我与社会、自我与自然以及自身内在的关系，在处理这些关系时，产生道德自觉。"在社会中为了维护人们的共同利益，协调彼此的关系，便产生了调节人们行为的标准，个人若遵守这些道德标准，会受到舆论的赞许并感到心安理得，否则，就会受到舆论的谴责并感到内疚。个人的行为能够根据社会道德标准来进行，那就实现了道德社会化。"① 乡村社会道德文化为乡村农民道德自觉提供了动力支撑。乡村振兴战略的实施，不仅感染和塑造着全体乡村农民，同时也改变着他们的生活方式、行为习惯和道德品质，为他们道德素质的提升及道德自觉的养成提供了不竭的动力。社会主义核心价值观的培育和践行为乡村农民道德自觉的生成与发展提供了现实的文化条件，为道德自觉的生成与发展提供了丰富的内容和严格的标准。乡村社会主义道德文化为道德自觉提供了科学有效的评价标准和评价依据，对乡村农民的道德自觉意识和道德自觉行为进行了检验、监督、评价和校正。

---

① 叶容华. 现代社会心理学 [M]. 上海：华东师范大学出版社，1998：79.

（三）弘扬中华民族优良传统美德

中华民族道德文化讲仁爱、重道义、守诚信、尚和谐、求大同。中华民族优良传统道德，体现了民族品格，是培养乡村农民道德自觉的源头活水。

乡村社会道德风尚建设在培育道德自觉时要从个体入手。乡村社会的道德自觉分为乡村农民个人道德自觉和乡村农民群体道德自觉。乡村农民群体是由一个个乡村农民个体构成，离开了个体就无所谓群体。乡村农民群体的道德自觉是建立在大多数乡村农民个体道德自觉基础之上的。儒家道德自觉始于个人道德自觉，然后逐渐影响身边的人，从而实现群体的道德自觉。因此，在新时代乡村振兴战略实施过程中，在加强乡村社会道德风尚建设时，必须从乡村农民个人道德自觉培育入手，然后开展乡村农民群体道德自觉的培育。

乡村社会道德风尚建设在培育道德自觉时要重视伦理本位。儒家道德自觉是建立在伦理本位的基础之上的，认为要培养人的道德自觉就必须从家庭的人际关系开始，逐渐扩展到社会人际关系。不能处理好自身家庭关系的人，就不可能处理好社会人际关系。新时代，以家庭为基础的人际关系仍然在我国社会中发挥着巨大作用。因此，乡村社会道德风尚建设在培养乡村农民个人道德自觉时，要重视伦理本位，脱离了个体的伦理关系，道德自觉的培养难以产生实效，甚至适得其反。儒家认为，人与人之间的关系是一种同心圆的关系，要推己及人，由亲及疏、由近及远，这是人之常情，离开了这种关系模式，乡村社会道德风尚建设就失去了"根"。

乡村社会道德自觉的培养要重视培养人的道德反思能力和自觉践行能力。道德自觉建设既要传授道德知识，更重要的是培养道德主体的反思、判断能力和自觉践行能力。道德靠的是道德自律，而不是他律，道德主体如果缺乏道德反思、判断能力和自觉践行能力，就不能进行自我约束。乡村社会道德自觉建设，要加强社会公德、职业道德、家庭美德、个人品德教育，评选表彰道德模范，学习宣传先进典型，引导乡村农民增强道德判断力、道德荣誉感，自觉履行权利义务、社会责任、家庭责任，在乡村社会形成知荣辱、讲正气、做奉献、促和谐的良好社会道德风尚。

二、乡村农民个人道德自觉的培养

（一）发挥乡村党员干部的表率作用

乡村党员干部的道德自觉是乡村社会道德自觉的先导，是支撑乡村社会道德体系的主要力量。乡村党员干部在各个方面都要做表率，在道德自觉的培养方面也不能例外。党的一系列正确的路线、方针和政策，推动着道德建设，提升公民道德自觉与道德自信。与此同时，乡村党员和党的干部通过自身的道德自觉，树立良好的道德形象，来影响和带动乡村广大农民道德自觉水平的提升。乡村党员特别是党的领导干部以高度的道德自觉要求自己，以身作则，率先垂范，在本职工作岗位上践行党的宗旨、当好人民公仆，正确行使权力；在日常生活中严格自律，讲道德，明荣辱，做表率。

（二）加强个人品德建设

党的十八大强调要"加强社会公德、职业道德、家庭美德、个人品德教育，弘扬中华传统美德，弘扬时代新风"①。所谓个人品德，就是通常所说的德性，即由善心生发善行的品质，是一个人所具备的比较稳定的、一贯的道德特点和道德行为倾向。个人品德体现了社会的道德原则和道德规范，是个人自我发展、自我完善、自我实现的道德素质和内在道德准则，是个性化了的道德特质，个人品德是个体道德自觉生存与发展的根基。在乡村振兴战略实施过程中，在社会公德、家庭美德和职业道德建设的同时，要加强个人品德建设，否则，会出现个体道德行为失范等不良现象。因此，只有注重个体德性修养，才能不断推进个体道德自觉水平的提升和养成。个体德性修养是个体自我道德省察、自我道德陶冶、自我道德完善的过程，是个体对自身内心世界及其行为的反思和检查，不断涵养个体德性的过程。个体德性修养要借鉴儒家道德教育的精华，将个体德性修养和个体道德实践相结合。

个体在道德生活中所表现出来的人格特质称为道德人格，就是做人的资格，是道德自觉精神力量的凝结，是人的尊严和做人的资格。道德人格包括道德心理倾向、道德品质、价值取向及道德行为方式等，这是道德自觉的内在品质。道德人格反映了人们的个性特征，包括个体的道德心理、道德行为及道德品质等方面。道德人格是个体所固有的，而不是外在强加的。道德人格是各种道德要素的综合，是各要素的有机整合。道德人格是人所独有的，体现了个体的尊严和人性的崇高，同时体现了社会对个体的肯定和认可，既是个体内在人格要素的综合反映，又是社会及他人对个体的认同与确认。以儒家文化为主流的中国传统文化，强调德性伦理，德性、良知、良能及良心共同构成了道德人格的重要支撑要素，完美的道德人格包括道德上的自强不息，修身养性，涵养德性，

---

① 十八大报告辅导读本 [M]. 北京：人民出版社，2012：32.

达到"至善"的道德境界。中国文化的道德人格内核和灵魂是德性，德性是内在的稳定的由道德观念、道德情感、道德品质形成的道德倾向。德性的高度决定了道德人格的高度，而德性的获得实质上就是道德自觉的生成与发展，道德人格、德性、道德自觉的生成与发展是同步的。道德人格的形成也是一个由无到有的过程，人在婴儿初期没有形成道德人格。在他人监督和在道德权威统治下形成的道德人格称为他律道德人格。当人把社会道德规范与伦理要求内化为自身的道德观念、道德态度、道德需要和道德法则，生成的道德人格，即自律道德人格。比自律道德人格更高级的是自由道德人格，自由道德人格把道德看成是自我完善、自我发展的内在需求，把道德规范和伦理要求凝结为自己的内在道德需要、道德情感和道德信念，道德行为完全是自主、自律和自觉的。

伦理秩序是道德生活规则化、常规化，是人的心灵秩序的外化。个体道德自觉参与、维护社会道德秩序，更新、发展、创造社会伦理秩序。在现实生活中，人们以自身的道德自觉维持、优化现有的社会伦理秩序，建构新的社会伦理秩序。没有个体道德自觉的参与，就不可能实现社会伦理秩序的优化、社会道德的文明与进步。人人达到高度道德自觉，社会伦理秩序也必将井然有序。在乡村振兴战略实施过程中，乡村农民道德自觉提升了道德素质，促进了乡村社会道德风尚的优化，推动社会主义新农村社会伦理秩序的发展和完善。

（三）自律与他律教育

《中共中央国务院关于进一步加强和改进未成年人思想道德建设的若干意见》指出："不断完善思想道德教育与社会管理、自律与他律相互补充和促进的运行机制，综合运用教育、法律、行政、舆论等手段，更有效地引导未成年人的思想，规范他们的行为。"[①] 道德教育包括自律教育与他律教育。既要强调自律教育，也要进行他律教育，他律教育与自律教育有机结合，不断培养乡村农民的道德自觉人格品质，促进乡村农民道德自觉行为的养成和境界的提升。个体自觉遵守社会道德规范和伦理要求，并内化为自身的道德需要、道德意识、道德自觉行为的过程称为自律。乡村社会需要有自律道德人格的人，道德教育就是自律道德人格的养成教育。自律道德人格教育是道德教育的新理念、新模式，要避免片面强调具体道德规范及伦理要求，忽视自律人格教育的倾向；避免强调道德规范的单向灌输，忽视受教育者的内化能力的倾向。自律道德人格

---

① 《中共中央国务院关于进一步加强和改进未成年人思想道德建设的若干意见》学习读本
[M]. 北京：人民出版社，2004：6.

教育是乡村农民积极主动地内化社会道德规范与伦理要求，并自觉主动地进行道德实践的过程。在自律道德人格教育过程中，要培养乡村农民的自觉心理。自觉心理主要包括个体的道德责任感、耻辱感、良心、自我调适和自我反省的能力等。注重培养乡村农民的自律能力，培养道德自觉意识，塑造道德自觉人格品质，养成道德自觉行为习惯。

（四）乡村社会道德实践活动

在乡村社会道德实践活动中生成与发展了乡村社会的道德自觉。在乡村社会实践中体现了以道德来调节乡村农民之间的社会关系，维护乡村社会秩序的必要性。正是在乡村社会实践活动和社会交往中，乡村农民逐渐认识自身对社会的需要及社会对自身的需要，清楚地知道了自己享有的权利和应承担的义务，形成与发展了自身的道德自觉人格品质、道德自觉境界。在乡村振兴战略中，广大乡村以经济建设为中心，大力发展社会主义市场经济，经济体制、政治体制、文化体制和社会体制发生着深刻变革，不断冲破旧思想、旧观念、旧道德，乡村农民自觉地树立新思想、新观念和新道德，并养成道德自觉行为习惯，进一步优化乡村社会道德风尚建设的环境，为乡村农民道德自觉的生成与发展奠定了坚实的基础。

在新时代，雷锋精神很好地诠释了道德自觉，与社会主义核心价值观的内在精神相一致。雷锋精神既是助人为乐、勤劳奉献的集体主义精神，又是爱岗敬业、无私奉献的道德情操，更是忠诚于党、忠诚于人民、忠诚于祖国的坚定的理想信念和爱国风范。雷锋精神能够转化为爱国、敬业、团结、友善等个体道德自觉行为，培育遵纪守法、诚实守信、与人为善、宽厚包容、爱岗敬业、无私奉献的道德自觉。在乡村社会弘扬雷锋精神，有助于乡村农民礼敬高尚道德，贬斥失德行为，打造乡村振兴战略下的道德高地，增强乡村社会发展的凝聚力和感召力，不断培育和提升乡村农民的道德自觉意识，养成道德自觉行为习惯。

以道德模范传递道德自觉。道德模范是指具有道德自觉人格品质和境界的先进典型或榜样，是值得学习的好人。在《新时代公民道德建设实施纲要》中，要求以先进模范引领道德风尚：

　　伟大时代呼唤伟大精神，崇高事业需要榜样引领。要精心选树时

代楷模、道德模范等先进典型，综合运用宣讲报告、事迹报道、专题

节目、文艺作品、公益广告等形式，广泛宣传他们的先进事迹和突出贡献，树立鲜明时代价值取向，彰显社会道德高度。持续推出各行各业先进人物，广泛推荐宣传最美人物、身边好人，让不同行业、不同群体都能学有榜样、行有示范，形成见贤思齐、争当先进的生动局面。尊崇褒扬、关心关爱先进人物和英雄模范，建立健全关爱关怀机制，维护先进人物和英雄模范的荣誉和形象，形成德者有得、好人好报的价值导向。①

在乡村社会培育个体道德自觉的重要途径，是充分发挥道德模范的示范引领作用。道德模范引领时代社会风尚，是培育个体道德自觉最好最生动的鲜活教材，他们在平凡的岗位上，用行动诠释着道德良知，传承着中华民族传统美德，传递着向善为善的正能量。道德模范来源于现实生活，来源于人民群众，是人民的楷模，是道德自觉的现实原型。在乡村要大力宣传道德模范的先进事迹，做到家喻户晓、深入人心。

以志愿服务活动践行道德自觉。在《新时代公民道德建设实施纲要》中，要求深入推进学雷锋志愿服务活动：

> 学雷锋和志愿服务是践行社会主义道德的重要途径。要弘扬雷锋精神和奉献、友爱、互助、进步的志愿精神，围绕重大活动、扶贫救灾、敬老救孤、恤病助残、法律援助、文化支教、环境保护、健康指导等，广泛开展学雷锋和志愿服务活动，引导人们把学雷锋和志愿服务作为生活方式、生活习惯。推动志愿服务组织发展，完善激励褒奖制度，推进学雷锋志愿服务制度化常态化，使"我为人人、人人为我"蔚然成风。②

自觉、自愿、不计个人得失的奉献精神就是志愿精神，志愿服务"倡导富强、民主、文明、和谐，倡导自由、平等、公正、法治，倡导爱国、敬业、诚信、友善，积极培育和践行社会主义核心价值观"③。

---

① 新时代公民道德建设实施纲要［N］. 人民日报, 2019-10-28（01）.
② 新时代公民道德建设实施纲要［N］. 人民日报, 2019-10-28（01）.
③ 十八大报告辅导读本［M］. 北京：人民出版社, 2012：32.

志愿服务活动是一种独特的社会生活方式，是培育个体道德自觉的重要载体，充满着人性的关切，互敬互爱、与人为善、平等尊重、扶贫济困、助人为乐，是社会主义核心价值观的现实呈现。在乡村社会的志愿服务活动传递人间真情、传承优良德性、实现人生价值、育化道德自觉，是引领乡村社会道德风尚的正能量。志愿者奉献社会，献出爱心，潜移默化地促进乡村农民道德自觉人格品质的养成和道德自觉境界的提升。志愿者不辞劳苦，不畏艰辛，不求回报，感动了乡村社会，促进了乡村社会形成崇尚公益、礼赞奉献、从善如流等良好道德氛围的形成，为培育乡村农民道德自觉、形成良好乡村社会风气奠定了坚实基础。志愿服务活动集中体现了道德自觉，增强了乡村农民之间的信任、团结和互助，加强了乡村农民之间的交往、关怀和友爱，减少彼此间的疏远感，有利于形成"我为人人、人人为我"的良好乡村社会道德风尚。

三、优化乡村社会道德教育环境

《新时代公民道德建设实施纲要》要求以正确舆论营造良好道德环境。

> 舆论具有成风化人、敦风化俗的重要作用。要坚持以正确的舆论引导人，把正确价值导向和道德要求体现到经济、社会、文化等各领域的新闻报道中，体现到娱乐、体育、广告等各类节目栏目中。加强对道德领域热点问题的引导，以事说理、以案明德，着力增强人们的法治意识、公共意识、规则意识、责任意识。发挥舆论监督作用，对违反社会道德、背离公序良俗的言行和现象，及时进行批评、驳斥，激浊扬清、弘扬正气。传媒和相关业务从业人员要加强道德修养、强化道德自律，自觉履行社会责任。①

良好的乡村社会环境是乡村农民道德自觉培养的社会基础。要充分发挥主流媒体和网络平台对道德自觉培养的重要作用，报刊、广播、电视通过新闻报道、专家点评、群众讨论和公益广告等形式，积极传播道德知识，普及道德规范，宣传道德楷模。将村居、楼宇、公交、车站等公共场所、手机短信、微信作为传播道德风尚和文明言行的平台。在乡村社会，网络已日益成为广大农民传播信息和获取知识的重要渠道，对生活、工作乃至思想道德建设均产生重要

---

① 新时代公民道德建设实施纲要［N］. 人民日报，2019-10-28（01）.

影响，网络道德教育已成为乡村农民道德教育的新途径，是道德自觉的一个新平台，要加强对乡村网络的管理，以社会主义核心价值观统领乡村网络教育平台，使网络真正成为弘扬主旋律的主渠道。培育道德自觉离不开道德教育，道德教育环境直接影响道德自觉培育的效果。要优化道德教育环境，充分发挥学校、家庭及社会的作用，形成乡村道德教育的合力。

（一）社会教育

《新时代公民道德建设实施纲要》要求发挥各类阵地道德教育作用。

各类阵地是面向广大群众开展道德教育的基本依托。要加强新时代文明实践中心建设，大力推进媒体融合发展，抓好县级融媒体中心建设，推动基层广泛开展中国特色社会主义文化、社会主义思想道德学习教育实践，引导人们提高思想觉悟、道德水准、文明素养。加强爱国主义教育基地和革命纪念设施建设保护利用，充实展陈内容，丰富思想内涵，提升教育功能。民族团结、科普、国防等教育基地，图书馆、文化馆、博物馆、纪念馆、科技馆、青少年活动中心等公共文化设施，都要结合各自功能特点有针对性地开展道德教育。用好宣传栏、显示屏、广告牌等户外媒介，营造明德守礼的浓厚氛围。①

（二）学校教育

《新时代公民道德建设实施纲要》指出：

学校是公民道德建设的重要阵地。要全面贯彻党的教育方针，坚持社会主义办学方向，坚持育人为本、德育为先，把思想品德作为学生核心素养、纳入学业质量标准，构建德智体美劳全面培养的教育体系。加强思想品德教育，遵循不同年龄阶段的道德认知规律，结合基础教育、职业教育、高等教育的不同特点，把社会主义核心价值观和道德规范有效传授给学生。注重融入贯穿，把公民道德建设的内容和要求体现到各学科教育中，体现到学科体系、教学体系、教材体系、管理体系建设中，使传授知识过程成为道德教化过程。开展社会实践

①　新时代公民道德建设实施纲要 [N]. 人民日报，2019-10-28 （01）.

活动，强化劳动精神、劳动观念教育，引导学生热爱劳动、尊重劳动，懂得劳动最光荣、劳动最崇高、劳动最伟大、劳动最美丽的道理，更好认识社会、了解国情，增强社会责任感。加强师德师风建设，引导教师以德立身、以德立学、以德施教、以德育德，做有理想信念、有道德情操、有扎实学识、有仁爱之心的好老师。建设优良校风，用校训励志，丰富校园文化生活，营造有利于学生修德立身的良好氛围。①

学校是道德教育的讲坛，是道德教育的核心环境，学校道德教育可以辐射和影响乡村社会，在培养乡村农民道德自觉方面发挥主导作用。学校应主动对接家庭与社会环境，通过协调、配合，共同形成道德自觉培育的合力，形成"三位一体"的道德教育体系，使家庭道德教育、学校道德教育和社会道德教育有机结合。

（三）家庭教育

《新时代公民道德建设实施纲要》要求用良好家教家风涵育道德品行。家庭是社会的基本细胞，是道德养成的起点。要弘扬中华民族传统家庭美德，倡导现代家庭文明观念，推动形成爱国爱家、相亲相爱、向上向善、共建共享的社会主义家庭文明新风尚，让美德在家庭中生根、在亲情中升华。通过多种方式，引导广大家庭重言传、重身教，教知识、育品德，以身作则、耳濡目染，用正确道德观念塑造孩子美好心灵；自觉传承中华孝道，感念父母养育之恩、感念长辈关爱之情，养成孝敬父母、尊敬长辈的良好品质；倡导忠诚、责任、亲情、学习、公益的理念，让家庭成员相互影响、共同提高，在为家庭谋幸福、为他人送温暖、为社会做贡献过程中提高精神境界、培育文明风尚②。一个人接受道德教育最早的地方是在家庭，道德教育越早越好，要从小开始培养，从娃娃抓起，深入浅出地进行道德启蒙教育，在孩子成长过程中的道德教育，要循循善诱。家庭在个体道德自觉的培育中的职责至关重要，是个体道德自觉培育的重要保障、重要载体和重要环境，有独特的感染力和渗透力。家庭要培养子女自立、自主、自觉及自强精神，继承勤劳俭朴、艰苦奋斗、自强不息、乐善好施等中华民族传统美德。家长要提升自身的思想道德素质，以身作则，率先垂范，为子女的健康成长创造良好的家庭环境。

---

① 新时代公民道德建设实施纲要［N］. 人民日报，2019-10-28（01）.
② 新时代公民道德建设实施纲要［N］. 人民日报，2019-10-28（01）.

（四）发挥法治对道德建设的保障和促进作用

乡村社会道德自觉的培养，既靠教育的引导，又靠法律制度的约束。如果缺乏法律制度的约束，道德自觉仅仅依靠教育是困难的。用法律筑好道德的最后一道防线，用法律惩处危害他人生命财产、社会公共安全的道德不自觉的行为。在发挥法律对严重违反道德的违法犯罪行为惩处作用的同时，发挥好法律对可能违反道德自觉的行为主体的震慑作用，从而有效地减少道德不自觉行为的发生。在乡村社会，法律制度的制约与道德教育有机结合，可促进乡村农民道德自觉与道德自信的养成。

法律是成文的道德，道德是内心的法律。推进乡村农民遵法守法，加强社会主义法治文化建设，营造乡村社会讲法治、重道德的良好环境，增强法治意识，使他们坚守道德底线。乡村各项公共政策制度要充分体现道德要求，符合乡村农民道德期待，实现政策目标和道德导向的有机统一。在就业、就学、住房、医疗、收入分配、社会保障等方面充分体现社会公平正义。按照社会主义核心价值观的基本要求，健全乡村各种规章制度，修订完善体现乡村道德规范特点的乡规民约、学生守则等行为准则。要发挥工青妇等各类群众性组织的自我教育、自我管理、自我服务功能，推动落实各项社会规范。运用经济、法律、技术、行政和社会管理、舆论监督等各种手段，有力惩治乡村失德败德、突破道德底线的行为。建立惩戒失德行为常态化机制，形成扶正祛邪、惩恶扬善的优良乡村社会风气。①

（五）建立健全乡村社会公众道德评价机制

乡村社会公众道德评价的主体是广大乡村农民，通过社会舆论、传统习惯等形式发挥社会道德评价的职能和作用。乡村社会公众道德评价活动具有自发性、影响范围广、影响时间持久、不具有强制力、富有感染力等特点，这是社会舆论和传统习惯的力量，对个体道德自觉具有有效监督和引导作用。

完善道德赏罚制度。道德赏罚是社会赏罚的基本形式，"社会赏罚就是社会组织根据其价值标准和一定的组织形式对其成员履行社会义务的不同表现及其行为后果，以物化、量化的形式所施行的报偿，包括对行为优良者给以物质或精神上的奖励，对行为不良者给以物质或精神上的制裁。它是一种通过社会性的干预来改变各种可能的行为对个人的意义，以引导人们选择社会组织所允许

---

① 新时代公民道德建设实施纲要［N］. 人民日报，2019-10-28（01）.

的行为，按照社会组织所要求的方向行事，从而维护或建立一定的社会程序的常见的社会调控方式"①。道德赏罚就是惩罚不道德行为，奖励道德行为，有助于乡村农民明辨是非、善恶，从而走向道德自觉。道德赏罚的目标就在于培养乡村农民良好的道德品质，使他们走向道德自觉，对于维持社会公正和道德秩序具有积极作用，是道德自觉生成与发展的道德环境保障。道德赏罚要做到公正、无私，赏罚分明。

（六）加强乡村道德自觉培养的组织领导

《新时代公民道德建设实施纲要》强调：

> 　　要坚持和加强党对乡村道德自觉的领导，增强"四个意识"，坚定"四个自信"，做到"两个维护"，确保公民道德建设的正确方向。村镇党组织和政府要担负起乡村农民道德建设的领导责任，将其摆上重要议事日程，纳入全局工作谋划推进，有机融入经济社会发展各方面。纪检监察机关和组织、统战、政法、网信、经济、外交、教育、科技、卫生健康、交通运输、民政、文化和旅游、民族宗教、农业农村、自然资源、生态环境等党政部门，要紧密结合工作职能，积极履行公民道德建设责任。发挥乡村基层党组织和党员在新时代公民道德建设中的战斗堡垒作用和先锋模范作用。②

---

① 唐凯麟. 伦理学［M］. 北京：高等教育出版社，2001：203.
② 新时代公民道德建设实施纲要［N］. 人民日报，2019-10-28（01）.

第九章

优化乡村社会道德风尚建设的环境

第一节　加强道德立法建设

道德和法律都是社会主义上层建筑的重要组成部分，是规范人们行为的重要手段。在乡村社会道德风尚建设中，不仅要重视教育、舆论等对道德建设的引导作用，还需加强立法、完善法制，以法律促进道德建设。

一、道德立法建设的意义

由于法律本身就体现着公平、正义、自由、平等的道德价值观，法律实施的过程本就是一个惩恶扬善的过程，因此，法律的特性一方面有助于人们法律意识的形成，另一方面有助于人们道德素质的培养。

（一）道德立法是德治建设的需要

为了改善社会道德状况，提高公众的道德水平，需要加强道德立法建设，健全道德建设的法律和规章制度，不断优化法制环境。随着乡村社会经济发展，利益主体出现多元化，在新的符合时代特征和现实需求的道德体系尚在形成并完善时，道德对社会生活的调控力度相对较弱。法律是底线的道德，而良法是法治建设的重要内容，良法是在内容和形式上都具有道德性的法律。在立法过程中充分考虑道德因素和道德标准，以适当形式将一些为社会所公认的、重要的道德原则纳入法律，使法律具有相应的伦理意蕴，使道德法治建设得到公众的普遍认同。

（二）道德立法是法治建设的需要

法律不是万能的，在社会生活的许多领域，都需要道德发挥作用，促进法律得到更好的遵守、发挥更好的作用。道德上升为法律是我国法治与德治相结合的现实需要和必然结果，也是德治建设所迫切需要的，只有当道德上升为法律时，法律才会成为更为完善的良法，并借助道德上升为法律的手段，逐渐将这些新的道德价值内化为法律精神，也只有当某些最重要或者最基本的道德原则、道德理念被赋予法律效力，当法律在一定程度上影响了道德规则、道德理念、道德建设时，才会使道德建设步入良性循环的轨道，最终成为一个社会的优良道德传统。

二、道德立法建设原则及措施

道德立法建设要体现宪法精神和原则，要以社会主义核心价值观为引领，立足社会实际，兼顾多元道德诉求，注重道德立法及法律的边界。

（一）体现宪法精神和原则

全面推进依法治国是党和国家的基本治国方略，法治是现实需要和时代主流。道德立法实践也必须遵从法律至上的法治精神，不得违背宪法和法律的基本规定。道德立法以权利视角看问题，一旦实施道德立法，原本的道德原则、道德理念、道德规范成为法律条款，就具有了法律效力，但道德立法要体现宪法精神，不与先前已经存在的法律条款相悖。

（二）道德立法要以社会主义核心价值观为引领

道德立法是将某一道德理念纳入社会主义核心价值体系，对社会主义核心价值体系的建设发展起到巩固和促进作用。现代道德治理的目的是弘扬善的理念，引导人民树立社会主义核心价值观，形成向善的信仰，实现人与人之间友好相处与社会和谐稳定。在立法、司法上要坚持社会主义核心价值观为道德导向，司法裁决也必须符合道德要求，否则将会引起社会舆论的极大不满，甚至将社会道德引导至错误的方向。在职业道德领域，针对一些人无视职业道德规范，未能遵守"爱岗敬业、诚实守信、办事公道、服务群众、奉献社会"的标准，职业责任感相对较弱，甚至严重败坏行业风气的情况，要以社会主义核心价值观为引领，进行相应的职业道德立法。

（三）道德立法兼顾多元道德诉求

随着我国社会主义市场经济的发展，多元的利益主体产生，多元化的利益主体必然会有多元的道德诉求，因此，社会道德的多元化已经成为我国经济社会的一种常态。当前我国道德立法实践还处于探索时期，尚未形成统一的标准，立法界限也比较模糊。如何针对经济社会发展现状，通过法律与道德之间的天然界限，正确把握道德立法的限度与标准，理清道德与法律的关系，根据道德立法的现状，归纳好实践经验，找出存在的问题，把握好道德立法的原则，采取审慎的、有标准和有限度的道德立法态度，使道德立法的标准更加具体、界限更加明确。充分发挥法律的威慑作用，在人们日常工作生活中，以外在的强制力来规范人们的行为，针对违背社会主义核心价值观、社会公德、职业道德、家庭美德、个人品德的不良行为，采取相应的惩处措施，使社会道德建设逐步走向制度化、规范化，促使人们将道德行为由他律转化为自律，使遵守道德规范逐渐成为一种社会风尚和自觉行为。

（四）注重道德立法及法律的边界

"法安天下，德润民心"，表明法律与道德的治理重心是各有侧重的。在人们的内心世界，道德是主导性因素，许多问题诸如情感、思想观念都是由道德加以约束的。要明确法律与道德的关系，法治社会人们崇尚法律，法律构建的社会秩序是一种刚性、稳定的秩序，任何破坏这种社会秩序的人都会受到明确的惩罚，法律以其威慑力维持社会的井然有序，这是对现实社会的有力掌控。而道德是柔性的、非制度性的，不具有强制力。现代法治社会注重民主、自由，道德立法应该给予公民足够的私人空间，使公民个人的生活保持适当的距离，有相对的活动空间。在广大农村，特别是一些欠发达地区，由于各种外在因素限制，法治的根基比较薄弱，权威性相对较弱，法律只干预一些特定的公共行为和一些必要的、可能会影响乡村社会稳定的私人领域的问题，很难充分发挥有效规制行为的作用，需要依靠传统道德手段引导人们自我约束，指引人们做出正确的行为选择。法律和道德虽然同为社会治理的手段，但各自的治理范围是有所不同的。法律更关注公共领域，对人们精神层面的问题却不会直接加以干涉，道德既关注公共领域，也能调节私人领域的关系，广泛作用于社会生活的各个领域以及个人的内心世界。法律与道德应该互相尊重各自的作用范围，在道德法治建设中，要注重道德立法及法律的边界。

第二节　营造良好的乡村道德风尚建设环境

社会舆论对人们的道德判断和行为选择有重要影响。充分发挥大众媒体的导向功能，营造健康的社会舆论环境，对于道德建设具有举足轻重的作用。营造健康良好的道德舆论环境，要坚持正确的价值导向，开展道德建设领域突出问题专项治理，创建良好的文化环境，形成道德建设善治环境。

一、要坚持正确的价值导向

营造健康良好的道德舆论环境需要多措并举。

第一，必须坚持党的基本路线和方针政策，传播先进文化和科学理论，继承和弘扬中华民族传统美德，倡导正确的世界观、人生观、价值观。要坚持弘扬主旋律、传播正能量，营造良好的社会氛围，保证道德建设沿着正确的方向发展。

第二，践行社会主义核心价值观，将道德要求、价值观理念融入文明交通、文明旅游、文明餐桌、志愿者服务、网络传播、做文明有礼人等行动中。按照"群众评、评群众"的选树标准，立足基层、发动群众，开展"讲文明、树新风""我推荐、我评选身边好人"等活动，评选各类道德模范和身边好人，并积极组织开展道德模范巡演巡讲巡展活动，推动形成见贤思齐的良好社会风尚。动员社会各界为道德模范和身边好人提供帮助和便利，在社会上树立好人有好报的价值导向。

第三，建立志愿者服务队，组织开展各种志愿服务活动，加强志愿服务培训基地建设，构建起乡村志愿服务管理网络，形成"联合会、分会、总队、服务队"的工作格局，在各村居及社会各界广泛招募马路志愿者、社区志愿者等。组织他们清理小广告、摆放自行车、关爱空巢老人，使之成为乡村道德建设的重要力量，提升道德建设水平，使百姓切实感受到乡村道德建设的成果，感染越来越多的人参与其中。

第四，发挥舆论的监督作用，鼓励先进与道德行为，曝光、批评、谴责不文明行为，广泛发动乡村群众积极参与，通过组织各种评优树先活动，帮助人们明辨是非，形成正确的道德价值判断，养成良好的公共行为习惯。

第五，净化网络道德环境，要抢占网络宣传阵地，充分利用网络传播的特性，特别是网络环境相对自由的特点，加强对社会主义先进文化、道德模范人物等的宣传和报道，将网上活动与乡村文明道德建设的热点问题有机结合，通过加强技术监管，坚决打击传播不良信息的网站，为人们提供"敢说真话"宣传正能量的平台，对于发表不当言论、传播消极思想的人进行监督和惩处，有效激发道德体验，增强道德情感，传播道德力量。在努力建设绿色网络的同时，为乡村百姓创建积极健康的网络舆论环境。

第六，实施公民道德建设工程，把家庭教育、学校教育、社会教育和单位教育紧密结合起来，以社会公德、职业道德、家庭美德、个人品德为着力点，大力倡导爱国守法、明礼诚信、团结友善、勤俭自强、敬业奉献的基本道德规范，不断提高广大农民的道德素质，有效提升乡村道德建设水平。

二、开展道德建设领域突出问题的专项治理

道德建设既是乡村文明创建的重要内容，又是提升乡村文明水平的重要保障，乡村经济发展要求创造新的思想和道德，因为市场经济的发展，必然需要有自由、平等、竞争的思想道德观念与之相适应。市场经济有双重作用，它在促进乡村社会发展的同时，也会对乡村社会产生一些负面影响，比如，使一些乡村群众产生拜金主义、享乐主义、极端个人主义倾向，这给新时期乡村道德建设工作带来了严峻挑战。要在乡村营造良好的道德舆论环境，必须创建良好的经济环境，要不断完善社会主义市场经济体制，规范社会主义市场经济秩序，切实转变经济发展方式，以此推动乡村从业者职业道德建设健康发展。为此，各级基层政府应切实坚持以人民为中心的发展理念，树立创新、协调、绿色、开放、共享的发展理念，贯彻落实好党的十九大提出的新目标和新任务。认真汲取社会主义市场经济条件下自由、平等、公正、诚信的内核。解放生产力、发展生产力和消除贫困，提高乡村群众的生活水平，针对经济发展领域出现的问题，开展道德建设突出问题专项治理。要出台相应政策，紧紧抓住公共秩序、食品药品安全、社会服务三个重点进行治理，把专项教育和治理工作纳入文明乡村建设测评体系。针对乡村社会公德领域出现的问题，宣传文明单位可牵头成立由各职能部门组成的专门工作组，有针对性地制定各项专项整治措施，对上述问题进行综合整治。同时把尊重他人、见义勇为、助人为乐、维护社会公共秩序等作为重点教育内容；针对职业道德领域出现的问题，要加强爱岗敬业和诚实守信的宣传教育；在家庭道德建设方面，将尊老爱幼、夫妻忠贞等放在重要位置；针对网络道德建设领域存在的突出问题，应把绿色、文明、合法、

和谐上网作为道德建设的工作重点。加大正面典型宣传报道的力度，在乡村社会形成以社会主义核心价值观为引领的积极向善的良好风气。

三、创建良好的文化环境

文化是一个民族的灵魂，是道德建设的民族底色，是民族生存和发展的重要力量。人类社会的每一次跃进，人类文明每一次升华，无不伴随着文化的历史性进步、道德文明的时代性发展。没有文明的继承和发展，没有文化的弘扬和繁荣，就没有中华民族伟大复兴中国梦的实现。社会文化是指通过大众媒体（报刊、广播、电视、网络等）各类形式的文化宣传。社会文化有效地主导社会舆论的价值方向，为广大农民践行正确的世界观、人生观和价值观而创造良好的文化环境。由于文化环境在人的人生观、世界观、价值观、道德观、政治观和法制观形成过程中起着重要指导性的作用，所以，没有乡村文化的发展，乡村道德建设难以形成良好的舆论氛围。一要加强乡村文化建设，在乡村群众中宣传党的正确路线、方针、政策。宣传先进模范人物的敬业精神和崇高的理想信念，为国家的繁荣和人民的幸福而奋斗，从而激发农民的使命感和责任感，增强他们的守法意识，立足实际做好本职工作的决心和信心。二要坚持马克思主义理论的指导地位，继承和发展民族优秀文化传统和革命文化传统，积极吸收世界文化的优秀成果，建设中国特色社会主义文化，培育和弘扬民族精神，在广大农村形成社会主义共同理想。三要以地方特色文化和中华优秀传统文化助推乡村道德建设，利用街道路口、公园广场等公共场所设置公益广告，进行家风家训、文明礼仪、传统文化主题宣传展区等。组织经典诵读、优秀童谣传唱、乡村学校德育教育成果展示等活动，引导未成年人"扣好人生第一粒扣子"。四要充分利用网络平台和中华优秀传统文化，开展网络文明传播活动，针对"双十一"购物狂欢节，发起"文明双十一，对浪费说不"网络文明传播活动，倡导绿色生活、增强节俭意识，弘扬勤俭节约的中华优秀传统美德。针对疫情后公共卫生安全，宣传"公筷连着你我他，卫生维护靠大家"等网络公益宣传。在重阳节，开展"爱老敬老过重阳"网络传播活动，倡导传承孝道，孝敬老人。完善"五级"国学讲堂网络全覆盖，全力推进乡村文化宣传普及。

第三节　运用现代科学技术助推乡村社会道德新风尚

新时期，信息网络的迅速发展给人们创设了能够掌握自身言论权的平台，这使得人们掌握了一种新生的权利——网络舆论权。网络是社会舆论的重要阵地，由于网络传播的迅速、广泛等特点，个人隐私受到挑战，很容易形成网络"道德绑架"。为了避免网络"道德绑架"问题的发生，需要运用现代科学技术助推引领社会道德新风尚，加强思想道德教育，弘扬正确的道德价值观，同时还要引导符合网络发展规律的义利观，树立责任意识，提升网络道德宣传的能力。

一、切实解决网络道德绑架问题

网络媒体拥有谋求其合法利益的权利，网络媒体为了实现利益最大化的目标，多采取"事业性编制，企业化经营"的管理模式。网络媒体的职责本应站在客观公正的立场，实事求是地报道新闻，但若网络媒体为了谋求经济利益，收取贿赂、发布颠倒事实的报道等乱象便会产生。缺乏责任意识，忽视自身应尽的职责，是网络媒体产生越权现象的重要因素。

（一）树立正确的道德价值观

网络"道德绑架"实施者打着道德的旗号实行"道德绑架"，使得道德失去了其原本的意义，归根到底造成这种乱象的原因便是人们对道德的曲解。由于自古以来儒家文化所强调的道德品质总体而言是对君子等圣贤的要求，当网络"道德绑架"实施者按照此标准要求看待他人行为时，一旦人们的行为达不到圣贤水平，无论其行为是否与道德相关，有没有损害他人合法权益，他们都会对其横加指责。网络"道德绑架"实施者之所以会站在道德的制高点去干涉他人的行为，主要原因是认为自己的行为代表着大部分民众的意见，出现网络"道德绑架"事件就是由于道德价值观出现偏差，因此，社会应该引导人们树立正确的道德价值观，从而降低或避免网络"道德绑架"事件的发生。

（二）加强对网络媒体工作者的思想道德建设

在网络"道德绑架"事件中，网络媒体工作者没有站在公平公正的视角去评论和对待相关事件，这也使得网络"道德绑架"事件频发。网络媒体工作者缺乏公平公正的态度体现在其选取新闻题材、对评论事件的立场以及其后续报道中。要通过各种学习培训，提升网络媒体工作者职责认知能力，引导其树立正确的权利观与价值观。网络媒体工作者具有了良好的职业道德素养，在面临网络媒体的监督权、话语权越权进而干预司法公正之时，就会有维护社会公平与正义的职责认知，便会及时阻止这种媒体审判的乱象，网络道德绑架问题就会及时得到有效解决。

（三）树立兼顾道义与公正的义利观

网络媒体的职责、权利、利益三者之间是相互影响、相互依存的，要处理好职责、权利与利益三者之间的关系。网络媒体作为传播信息的主要媒介，应当肩负起传播职责和为大众服务的社会责任，比如，对政府权力行使进行监督，倡树正确的道德价值，弘扬社会主义先进文化等职责。网络媒体从业者拥有在法律规定的范围内对他人进行调查、访问事情真相的权利，有发表言论的自由与权利。这些权利的运用一旦超出法律规定的范围，便会产生"权利越位"的现象，网络道德绑架就容易产生。网络媒体工作者生活在大众之间，其生活、工作与广大群众社会生活密切相连，网络媒体也存在谋求利益的问题，在利益谋求的过程中不仅会涉及其自身利益，也会影响到社会公众利益。因此，网络媒体在进行网络报道之时必须兼顾好道义与公正之间的关系，树立好兼顾道义与公正的义利观，处理好职责、权利与利益三者之间的关系，恪守其职、协调统一，网络媒体工作者要提升自身职业道德素质，坚守职业道德，担当起相应的职责，客观公正、实事求是地发布消息，正确引导舆论导向，要在法律规定的范围之内行使权利。网络媒体要正确地对待利益问题，坚持将公共利益放在首要位置，不能一味谋求自身利益最大化。

（四）对网络媒体的管理与运营模式进行监管

宣传职能部门要针对网络媒体的不同性质，督促其采用不同的管理与运营模式，并对网络媒体的管理及运营模式实施有效监督，督导网络媒体实现职责、权利以及利益三者的协调统一，要制定制度规范，转变一部分网络媒体的商业化倾向，通过组织宣传教育活动，加强媒体职能监管，使网络媒体工作者追求职责意识的回归，以避免网络媒体越权现象的发生，而且能有效解决由于网络媒体商业化运作和运营不规范化而导致的网络"道德绑架"问题。

（五）正确引导网络舆论

网络报道应遵循实事求是原则，立足于事件的基本客观事实，不歪曲事件本身。在网络"道德绑架"的实施者与网络"道德绑架"的承受者之间，其利益是相互冲突的，而网络媒体必须遵守实事求是的原则，站在公平公正、客观的立场上把握整个事件，并给予事件双方公平表达意见的平台，发挥积极作用，正确引导网络舆论从混乱无理向有序理性转变，不利用其自身的优势，故意放大不良舆论影响并从中牟利。这样网络报道才能够正确地去引导舆论，从而避免"道德绑架"事件的发生。

二、制定推广网络道德行为规范

网络产生之前，人们一直生活在一维化的物理空间，网络的产生、普及和应用使人们的这一空间（有限的时间和实体空间）在两种不同的时空间交错互动中进行转换。几千年历史逻辑发展所形成的一系列道德规范、行为习惯和生活准则逐渐被打破、改变、消解，借助于网络数字技术将现实中的诸多不可能变成虚拟空间中可以反复再现的可能。网络虚拟活动的超现实性导致网络主体形成双重人格——现实人格和虚拟人格。

> 网络主体生活在现实世界和网络世界两个世界中，在现实世界里，作为社会个体，他承担着现实社会赋予他的责任和义务，作为生物个体，他从中呼吸空气，获取食物，进行维持其生命的物质交换；在网络世界里，作为网民，他遵循着网络世界的秩序和规则，作为精神个体，通过符号进行着信息交换以维持其精神的存在。……同一个体在两个不同的世界里轮流"切换"，在"双重生活世界"里扮演着"双重角色"。①

网络空间中多元的道德构成，会使网络主体处于一种自相矛盾的道德选择忧虑之中，会干扰、破坏甚至扭曲其道德人格，造成其道德冷漠与人格扭曲甚至道德人格分裂，从而形成网络主体现实人格和网络虚拟人格的冲突，极易导致其道德人格分裂。虚拟的网络社会是人类现实物理社会的一种延伸，是一个相对自由、开放和松散的结构系统，它对所有网站和网民的自律意识和底线意识都有很高的要求。因此，要制定推广网络道德行为规范，规范广大网民的网络道德行为。

---

① 何明升. 叩开网络化生存之门 [M]. 北京：中国社会科学出版社，2005：195.

（一）加快推进"网络道德规范化"建设

借鉴发达国家在网络社会道德规范建构等方面的有益经验，制定、完善并推广符合我国国情的具有中国特色的网络道德规范，以影响、引导和规约广大网民的网络思想和言行，在推进乡村社会协同治理和建设"网络强国"征程中，加快推进"网络道德规范化"建设，将道德规范具体化为网络虚拟社会、网络集群社区、网络机构单位和网络行为主体必须遵守和遵循的网络法规制度。2013 年 8 月，由国家互联网信息办、中国互联网协会等单位提出并达成了"七条底线"的网络规范："法律法规底线、社会主义制度底线、国家利益底线、公民合法权益底线、社会公共秩序底线、道德风尚底线和信息真实性底线。中国互联网协会倡议：全国互联网从业人员、网络名人和广大网民，都应坚守七条底线，营造健康向上的网络环境，自觉抵制违背七条底线的行为，积极传播正能量，为实现中华民族伟大复兴的中国梦做出贡献。"①

"七条底线"的提出，体现出我国的网络管理方式上升到制度层面，细化为具体的网络操作守则，由"堵"到"疏"的转变，既保证言论自由，又守住言论底线。

（二）制定出台网络载体的自律公约

以微博、微信为代表的微媒体具有即时性、连通性、社区化和互动性强等特征，是完全开放的网络信息传播平台，制定出台微媒体、网络社区、移动智能终端等网络载体的自律公约，可有效规范以微博、微信网站为中心的"聚合式传播模式"，防止大量有害负面信息通过自媒体病毒式、裂变式地在网络空间中快速传播，让广大网友正确辨别微博、微信、网络社区、移动智能终端等网络辐射载体上的虚假信息和谣言的真伪，正确使用微博、微信、网络社区、移动智能终端等网络辐射载体平台。2014 年 8 月，《即时通信工具公众信息服务发展管理暂行规定》（简称"微信十条"），由国家互联网信息办公室对全社会公开发布，同年 10 月，"首都互联网协会"在北京成立。这使得网络虚拟社会与现实生活世界以及社会主义精神文明建设之间互相促进、互融互洽，使网络世界真正成为"传播社会主义先进文化的新途径、公共文化服务的新平台、人们健康精神文化生活的新空间"。

（三）净化网络道德环境

要充分利用网络传播的特性，加强对社会主义核心价值观、先进文化、道

---

① 中国互联网协会倡议共守"七条底线"［EB/OL］. 新华网，2013-08-15.

德模范人物等的宣传报道。利用网络环境相对自由的特点，抢占网络阵地，将网上活动与文明城市创建中的热点问题有机结合，为人们提供"诚信交流，敢说真话"的平台，激发网民的道德体验，增强广大农民的道德情感。加强网络阵地技术监管，坚决打击传播虚假不良信息的网站，对于发表虚假言论、传播消极思想的人，要采取措施坚决予以打击，加大监督管理及惩处力度，努力建设绿色健康网络，为广大农民创建积极健康的网络舆论环境。

三、加强网络媒体机构及其从业人员道德建设

网络媒体从业人员掌管着选材、语风和传播权，其价值观和专业技术素养对于网络社会的信息传播至为重要，加强网络媒体机构及其从业人员道德建设至关重要。

（一）要坚持正确的价值导向

正确的价值导向对社会舆论具有良好的引导作用，对人们的道德判断和行为选择有积极影响。要充分利用大众媒体，营造健康社会舆论环境，这对于乡村振兴战略实施中加强道德建设具有重要作用。要坚持党的基本路线和方针政策，传播先进文化和科学理论，继承和弘扬中华传统美德，倡树正确的人生观、世界观、价值观。坚持弘扬主旋律、传播正能量，营造良好的社会氛围，使网络媒体机构及其从业人员道德建设沿着正确的方向发展。

（二）明确网络媒体机构及其从业人员职业道德底线

网络主体受市场经济影响，其行为将市场经济中的交换价值原则，自觉或不自觉地运用到虚拟的网络生活领域。一些网络媒体人受商业利益的诱惑，为了追求"眼球效益"，盲目制造轰动效应，提升点击量，无视新闻传播行业的专业主义精神和基本的职业道德，使网络媒介环境恶性循环，网络媒介生态环境中的人文精神缺乏，社会责任意识弱化，职业道德意识淡薄，因此，要注重网络媒体从业人员的职业道德建设，培育网络媒体人的社会责任意识和职业道德意识，明确职业道德底线。加强媒体行业自律，遵守"法律法规底线"，确保"播报事件"的客观真实性、公正性、客观性。

（三）加强网络媒体从业人员思想道德素质建设

要针对网络媒体从业人员思想实际，教育他们不能因一时的轰动效应而突破道德底线，要使他们认识到没有良好的道德是无法在全球化的网络媒体角逐浪潮中立足的。要引导他们树立正确的道德观、价值观、是非观，唯有不断地

加强自身网络媒介素养和道德建设，方能在竞争激烈的网络信息社会中树立良好的商业品牌及网络媒介形象。要组织开展多种形式的教育活动，促进网络媒体从业人员确立正确的信息价值观和道德观，不断提升专业素养，引导他们努力确保"播报信息"的正能量，遵守"道德风尚底线"，确保"信息播报"的底线意识和自律意识，遵守"公民合法权益底线"；确保公共领域"播报信息"严格把关，遵守"社会公共秩序底线"；确保"信息播报"的民族性，遵守"国家利益底线"；确保"信息播报"的意识形态性，遵守"社会主义制度底线"。

（四）加强网络规范化和制度化建设

当前，在网络文明礼仪的设计中，意识形态的政治性建设偏重，意识形态的文化性较轻，导致由政府主流意识形态所倡导的网络文明礼仪与民间礼仪出现立场上的间距，网络文明礼仪的设计与大众生活存在裂痕。任何一种礼仪的设计必须切合大众生活的信仰，注重教化理念与大众生活两个层面的紧密互动，这是实现网络文化教化的前提。多元的社会主体文明呼唤网络媒体礼仪和规范建设，网络媒体行业要着力加强道德规范建设，网络文明礼仪的设计要注重考虑和融合广大网民的日常生活情感体验和生活经历。将网络媒体行业应遵守的最基本的底线伦理和道德规范，上升为具有强制性和执行力的制度法规，以保证网络媒体行业从业人员对道德规范的遵从。

四、优化网络运行监管与监督

"监督机制的完善是一个连续的扩展和深入的过程，在此过程中应注重法律规范、行政监管、公众监督、社会教育相结合形成的监督机制过程的接续性。"[①] 网络运营的实践充分表明，优化网络运行监管与监督势在必行。

（一）推进网络活动规范化、法治化

国外网络法律法规和网络道德行为规范建设具有一定的借鉴意义和参考价值，要参照国外较完善的网络道德行为规范、准则，借鉴、吸取其精华成分，结合我国传统文化中有益的思想资源和道德因素，制定符合我国国情的网络道德行为规范。通过社会各界共同努力，构建具有中国特色的网络道德行为规范，推动乡村网民网络活动规范化、法治化。

---

① 张元. 我国网络信息监管的实践路径探索 [J]. 广西社会科学，2016（6）：143.

（二）加强网络媒介法制建设和技术监管

2019 年 4 月 19 日习近平同志在网络安全和信息化工作座谈会上的讲话中强调指出："依法加强网络空间治理，加强网络内容建设，做强网上正面宣传，培育积极健康、向上向善的网络文化，用社会主义核心价值观和人类优秀文明成果滋养人心、滋养社会，做到正能量充沛、主旋律高昂，为广大网民特别是青少年营造一个风清气正的网络空间。"①

网络技术是网络安全的基础，也是网络道德建设的重要环节，道德规范是整个网络世界的核心，加强网络道德建设必须把网络媒介法制建设和技术监管放在突出位置，在宣传普及网络技术及网络安全知识的同时，规范各种网络行为，使广大网民具备良好的网络道德素养，树立正确的道德判断力，这样才能更好地传播和弘扬社会主义核心价值观，凝聚成一个充满生机、积极向上的网络系统，推动广大农民在网络媒体中接受道德教育的基础上，适应乡村社会发展需要，在乡村振兴战略的实施过程中，实现道德自觉，达到道德自律，为乡村社会道德风尚建设献计出力。

（三）完善社会对网络媒体机构及其从业人员的监督机制

互联网主管部门应加强日常监督管理，强化网络媒体从业人员的资格认证和教育培训，建立、健全和完善现实社会和网络虚拟社会对网络媒体机构及其从业人员的有效监督和规约机制，针对网络媒体行业落实网络管理的相关奖惩政策，通过制定专门的管理制度及法规，规范约束网络媒体行业存在的不良经营行为，对突破"七条底线"，疏于管理或制作、传播虚假信息，泄露网民个人隐私信息，侵犯国家和个人合法权益等行为依法依规严格查处纠办。

（四）充分发挥各种监督作用

政府要制定针对网络媒体的各项制度和法律规范，在构建监督机制的具体实践中，有效发挥网络媒体机构及从业人员的主观能动性，激发网络媒体机构及从业人员在网络生活中的主体性，实现真正意义上从社会他律向自律转变。鼓励先进模范及良好道德行为，曝光、批评各种不文明行为，广泛组织并发动群众参与其中，引导群众明辨是非，形成正确的道德价值观，养成良好的网络行为和职业道德自律习惯。行政监管、民众监督、社会监督，要与社会教育之

---

① 习近平总书记在网络安全和信息化工作座谈会上的讲话［EB/OL］. 中华人民共和国国家互联网信息办公室，中共中央网络安全和信息化委员会办公室门户网站，2019-04-19.

间形成协同合作、互动整合，在乡村形成全方位、立体化的监督教育的合力。

（五）村两委会成员要成为网络道德教育的带头人

村两委会成员在农民日常生活中扮演着"当家人"的角色，要在乡村振兴战略社会道德风尚建设中担当起带头人的角色。当前农村社会正面临着城乡融合发展的新形势，农民的传统道德自律机制正在解构，新的道德机制面临重构。村两委应该根据村民道德素质状况，有针对性地制定道德教育程序，构建农民群众愿意接受的自律程序。村两委干部应从自身做起，不断提高自身道德素质，采用符合道德原则和道德规范的行为处理各种村务，当好党和政府在农村的代言人，密切与村民之间的关系，为村民做表率，成为村民道德行为上的榜样、道德思想上的引领者。村两委可广泛开展好媳妇、好儿女、好公婆等评选活动，树立学习榜样，通过网络进行宣传，对村民进行道德教育，大力弘扬乡村道德建设正能量，实现家庭和睦、邻里和谐、干群融洽，逐步将社会主义核心价值观灌输到农民中去。

（六）发挥基层党委政府组织及监督者作用

基层党委、政府在加强乡村道德建设中担当组织者和监督者的责任，基层党委政府应充分做好规范工作，在集中精力解决乡村经济问题的同时，要高度重视农民的道德教育，提高乡村道德素质水平，将加强农民道德教育具体化、制度化、规范化，把学习、宣传社会主义核心价值观、公民道德规范、优秀乡风文明、优秀传统道德文化等作为农民道德教育的重要内容，尊重农民的思想道德习惯、引导农民的道德行为。组织各种贴近农民生活的道德实践活动，凝聚农民道德心理认同，提升活动的特色性、丰富性、实效性。基层党委、政府要制定道德教育机制、监督机制，使农民道德教育常态化，消除原有道德教育中存在的不合理、不实际的现象，深入挖掘农耕文化蕴含的优秀思想观念、人文精神、道德规范，建立起既符合农民身份又符合乡村振兴要求的道德体系。

第十章

乡村社会道德风尚建设的基本路径

第一节　以社会主义核心价值观引领乡村社会道德风尚

"国无德不兴，人无德不立。培育和弘扬社会主义核心价值观，要突出道德价值的作用。"① 在乡村社会道德风尚建设中，要践行社会主义核心价值观，彰显社会主流价值，必须坚持教育引导、实践养成、制度保障等多管齐下，采取符合农村特点的方式方法和载体，深化中国特色社会主义和中国梦宣传教育，大力弘扬民族精神和时代精神。加强爱国主义、集体主义、社会主义教育，深化民族团结进步教育。在深入实施乡村振兴战略中，注重典型示范，推进时代新人培育工程，培养道德高尚的新型农民。

一、以社会主义核心价值观引领乡村道德建设

党的十八大提出，倡导富强、民主、文明、和谐，倡导自由、平等、公正、法治，倡导爱国、敬业、诚信、友善，积极培育和践行社会主义核心价值观。社会主义核心价值观既有国家层面的价值目标，也有社会层面和公民个人层面的价值目标，要以社会主义核心价值体系为核心，注重德育的实践和创新，促进乡村良好社会道德风尚的形成。

（一）正确把握思想道德建设的方向

随着乡村社会经济的发展，物质文明建设成效显著，城镇化水平不断提高，但农村思想道德建设任务依然艰巨，在实施乡村振兴战略中加强农民的思想道

---

① 中共中央宣传部. 习近平总书记系列重要讲话读本［M］. 北京：学习出版社，2014：96.

德建设，对新农村建设和全面建成小康社会具有重要现实意义。在思想道德建设中，要正确把握思想道德建设的方向，积极倡导社会主义理想信念，坚持为人民服务、坚持集体主义、坚持诚实守信，以公民基本道德规范和社会主义荣辱观为主要内容，构建农村社会主义道德体系，通过组织开展各种活动，教育、引导广大农民特别是农村党员干部，提高对思想道德建设的认识，使其在日常工作学习中，不断提高个人修养，增强对社会主义、集体主义、诚实守信等思想道德的认同感，在乡村振兴的实践中发挥好示范引领作用。

（二）大力弘扬中华民族传统美德

在我国广大农村地区，农民们形成了勤俭节约、和谐邻里、尊老爱幼、吃苦耐劳、朴素善良的优良传统道德规范和生活习惯，但一些乡村也存在着封建迷信、宗族恶势力、利欲熏心、消极懒惰等不良现象。要引导广大农民正确认识中华传统道德，正视农村优秀传统道德约束力和行为规范性，引导农民辩证认识传统的道德行为习惯，提高辨别能力，取其精华舍弃糟粕，积极继承弘扬"尊老爱幼、勤俭节约、不断进取、乐善好施、邻里和睦"等传统美德，培养农村新型道德，使社会主义市场经济的发展要求与农民的思想道德素质相适应，引导农民把个人利益与集体利益、国家利益相结合，以国家利益、集体利益为重，和谐友善处理人际关系，有效改善农村文化环境，丰富乡风文明，促进乡村道德建设。

二、实施公民道德建设工程

乡村道德风尚建设不仅要有良好的外部环境，还要形成长效机制。要抓住全面建成小康社会、大力实施乡村振兴战略、实现农村社会向现代化转型的大好机遇，深入实施公民道德建设工程，推进社会公德、职业道德、家庭美德、个人品德建设，推进乡村社会道德风尚建设，才能使乡村振兴取得实效，在实现全面建成小康社会的道路上不掉队。

（一）加强农民的思想道德教育

乡村振兴的基础是振兴乡村经济，乡村经济发展离不开农民道德素质的提升，这不仅是乡村振兴的题中应有之义，也是乡村社会发展的道德要求，并为乡村的全面发展提供内生动力。乡村社会道德风尚建设要与振兴乡村文化有机结合，充分利用乡村道德文化资源对农民进行教育。乡村和谐是乡村振兴、乡民幸福的重要前提，对农民进行道德教育，要结合"和谐乡村"教育展开，在农民群众中强化社会主义核心价值观意识、社会主义公德教育和公民道德意识，不断提高道德判断力和道德行为的选择能力，增强农民约束自我行为的能力，鼓励他们在践行社会主义核心价值观时，将和谐理念内化于心外化于行，处理好人与人、人与社会、人与自然之间的关系，积极维护乡村整体和谐的良好氛围，为全面建成小康社会目标的实现贡献力量。

（二）组织开展丰富多彩的活动

乡村社会的发展带来了农民不同层次的分化，要保证农村思想道德建设取得实效，必须加强教育的针对性，对不同农民进行分类施教。青年农民是乡村振兴的主力，要引导他们树立正确的世界观、人生观、价值观，勤奋学习，努力工作，掌握现代科技知识，教育引导他们在新农村建设中爱国爱家、敢闯敢干、乐于奉献、勇挑重担，做符合"四有"标准的新型农民。组织开展"勤劳能致富，敢拼才会赢"活动，在广大农民中弘扬劳动最光荣、劳动者最伟大的观念。大力宣传弘扬中华孝道，广泛开展好媳妇、好儿女、好公婆等评选表彰活动，在乡村形成孝敬父母、尊敬长辈的良好社会风尚。建立健全农村信用体系，完善守信激励和失信惩戒机制，结合农村市场经济的发展，在广大农民中开展诚信教育活动，推进诚信建设，强化农民的社会责任意识、规则意识、集体意识和主人翁意识。教育引导他们遵纪守法、诚实守信，通过合法手段获得收入。在教育、卫生、政法、乡村等各领域开展寻找最美乡村教师、医生、人民调解员等活动，通过选树各行各业先进模范人物，对道德模范、身边好人典型事迹进行深入宣传，并通过各种宣传学习使广大农民对其认可，在乡村建立起先进模范有效发挥作用的良好机制。

（三）制订乡村道德规范

乡村道德建设要立足实际，完善各项规章制度，形成道德建设的规范及监督约束机制。针对农村道德体系不成文的问题，组织相关力量，深入乡村社区开展调查研究，在广泛征求意见的基础上，进行规范完善。如制订本村"村规民约"、"红白理事操办标准"等，使广大农民有所遵循。山东省曲阜市立足传统文化的优势，在调解邻里纠纷、加强乡村道德建设方面进行了有益的探索，在乡村设立了"和为贵"调解委员会、"道德评议小组""红白理事会"等，并制定了相应的操作规范，建立了道德监督机制，充分利用法律、纪律、政策、规章等对农民道德进行有效引导、约束和规范，注重农民自我监督，使全市的民间纠纷大大减少，乡村道德建设取得可喜成果。在道德规范中要突出"四德"

建设，加强村民社会公德、职业道德、家庭美德、个人品德的教育，从乡村实际出发，以乡村农民喜闻乐见的方式及内容为依据，规范农民在公共社交领域、职业范围、家庭生活中的行为，使其自觉养成良好的道德习惯，实现人与社会、人与自然、人与他人之间的和谐。

（四）营造健康向上的乡村道德环境

实施公民道德建设工程离不开道德环境建设，有了良好的道德氛围，乡村道德建设才能进入良性循环的发展轨道。要完善农村文化基础设施建设，有效利用高科技手段，特别是网络信息技术，使电视、网络进村入户，组建高水平的农村思想道德宣传队伍，建设高标准农村文化中心和文化活动广场，做到道德建设有阵地、有载体、有队伍、有成效。要发挥舆论引导作用，大力宣传向上向善的思想道德观念，倡导尊老爱幼、邻里和睦、勤劳致富、重义轻利、助人为乐等传统美德，反对自私自利、见利忘义、损人利己、好吃懒做、金钱至上等消极思想意识。充分发挥基层党员干部和道德模范的引领作用，在日常的工作中，定期评选"模范之家""孝爱好人"等身边道德典型，发挥他们的示范带头作用，使广大农民学有榜样，赶有目标，在实践中积极参与良好道德环境的建设，为农村精神文明建设打下坚实的思想道德基础，为顺利实施乡村振兴战略提供强有力的精神支撑。

第二节　注重关怀道德的代际传承

乡村道德风尚建设要取得成效，需要创新道德建设理念思路，按照分层分类建设理念，系统谋划，整体推进，协同发展。汲取传统道德教化智慧，以道德教化净化心灵，教化的根本在于尊道贵德，修身之道在于返本求仁以达中庸，道德修养关键在知行合一。注重关怀道德的代际传承，使关怀道德成为家庭重要价值观，建立平等互动道德代际关系，重视家庭价值观的核心地位，关注家庭关怀道德教育的逆向传递，家长要树立关怀道德价值观，在实践中推进关怀道德教育。

一、创新道德风尚建设理念思路

乡村道德风尚建设要取得成效，必须坚持整体性、协调性、系统性和可持续性理念，推进道德建设均衡充分发展。

（一）坚持系统谋划、整体推进

要统筹规划设计，以更大力度、更有效的举措提升农村道德建设水平，推动城乡道德一体化发展，着力促进政策、资金、人才、文化等道德资源在乡村的均衡配置，补齐乡村道德建设的短板弱项，实现区域之间、乡镇之间、村村之间道德建设的相互促进、良性互动。

（二）分层分类建设理念

分层分类实施教育是解决道德建设发展中存在问题的有效手段。要针对不同人群、不同职业、不同文化层次等分层分类进行道德教育的理念，遵循先进性与广泛性相统一的原则，将道德教育融入乡村百姓生活的方方面面，涵盖党员干部、社会精英、普通百姓、在校学生等群体。开展层次分类教育，可使每个人、每个群体都能认清自己，满足人民群众多方面、多层次、多样化的道德生活需求，使他们立足本职，脚踏实地，学有方向、赶有目标。

（三）以道德之力净化人心的理念

道德教化在中华传统文化里的意蕴广博深厚又至高无上，上达天人之际，下彻人伦日用，论其心理影响，乡民亦能于无意间自然地加以运用和践行。传统文化有着悠久而深沉的尊圣崇贤的传统，它意味着人们对圣人的信仰、自身精神的安顿、心灵的依止和生命意义的践行，对"三达德"——道德学问高度和谐统一的人生追求，其中包含对人生价值的追求和实现路径及自由达观的生存态度等，人人本性平等，故而可以学至圣贤。"子曰：'生而知之者，上也。学而知之者，次也。困而学之，又其次也。困而不学，民斯为下矣。'"（《论语·季氏》）可以看出，道德教化的核心在于净化人心。修学本质上就是为了实现心灵的净化。《大学》所主张的格致诚正、修齐治平，前三个条目即正心的方法，心正则能身修、家齐、国治、天下平。之所以要净化人心，括而言之，是由于人心即生命，即生活，为身之主宰，动止静默无有一事不是发于心而现于行的。所谓"心静乃明故。明者，明于是非取舍也。是非取舍即行动所由以决定也"①。

（四）坚持协同推进的理念

公民道德建设是政府、社会、公民三者共同努力的结果，而协同发展是化

---

① 梁漱溟. 东方学术概观（增订本）[M]. 上海：上海人民出版社，2014：167-168.

解道德建设工作发展不平衡的关键。要充分发挥政府的主导作用，通过健全法律法规，彰显政府在乡村道德建设中的价值立场、价值目标，保障道德建设的顺利实施。要发挥社会各类群体组织的作用，通过营造道德教育良好生态环境，为乡村道德建设提供有力保障，要以社会主义核心价值观为引领，引导乡村农民形成正确的价值标准与价值判断，通过教育引导、行为规范、制度约束，不断提高各个群体的道德修养、道德水准，打造共建、共治、共享的道德建设格局，形成政府、社会、公民三者道德建设有效合力，推动各行业各群体道德建设同步健康发展。

（五）坚持实践教育的理念

道德无法抽象地存在和生成，源于实践又服务于实践。党的十九大报告明确指出，培育和践行社会主义核心价值观，要以培养担当民族复兴大任的时代新人为着眼点。这一重要思想观点，不仅明确了公民道德建设的出发点和落脚点，而且为道德建设立足实践指明了方向。要立足乡村实际把道德建设同培养什么样的人有机结合，注重公民道德的自然生成和互动生成，力避抽象的、空洞的、机械的说教，把顺应人民美好生活需要与解决农村发展不平衡不充分的问题统筹起来考虑，将道德建设与满足乡村百姓日常的利益诉求、调节各方面利益结合起来，在实施乡村振兴战略的伟大实践和丰富群众精神文化生活中实现道德教化，推动乡村道德建设均衡发展。

二、注重关怀道德的代际传承

人是社会的一分子，每个人的成长进步都与所处的环境特别是家庭环境密切相关。关怀道德是一种关系性道德，家庭对关怀道德越重视，子代的关怀道德水平越高。家庭价值观对认知、情感、行为不同维度的影响存在一定的差异。具体而言，家庭价值观与子代关怀道德行为的相关度最高，关怀道德认知次之，关怀道德情感联系最低。在关怀道德的代际纵向传递中，子代的关怀道德受到父亲与母亲关怀道德的共同影响，父亲或母亲的关怀道德水平越高，子代的关怀道德水平越高。由此可见，注重关怀道德的代际传承对乡村家庭道德建设具有重要的作用。

（一）使关怀道德成为家庭重要价值观

在家庭教育中关怀道德发挥着重要作用，传统道德教育坚信家长可以凭借其权威地位将所选择、重视的道德价值观灌输给子女，由子女接受。比如在关怀道德价值观的代际传递中，家长常常教导子女要与人为善、助人为乐、乐于奉献、自强不息，这些对子女的成长进步有着积极的引导作用。美国教育学家杜威认为，所需的信仰不能硬灌进去；所需的态度不能粘贴上去。但是个人生存的特定生活条件能够引导他看到和感觉到一件东西，而非另外一件东西。家长在关怀道德价值观上的主导，不等同于强制的灌输和直接的要求，而在于创设有利于家庭关怀道德价值观形成和发展的特定的生活及教育环境，让子女们在优良的关怀道德成长环境中健康成长，并有效发挥在道德价值观传递中的主体作用。

（二）重视家庭价值观的核心地位

随着社会经济的发展，思想、观念、道德、文化等领域也不断发生变化，多元化的意识形态给社会发展变革带来活力，也带来道德观念上的分歧与矛盾，在一定程度上加剧了社会矛盾的冲突。道德价值观作为道德认知中的重要组成部分，是个体道德情感和道德行为的前提。一个人的成长进步与家庭密切相关，父母是孩子的第一任老师，家庭是道德价值观教育的最佳场所，是每个个体道德社会化的最初来源，既是人生的港湾，也为每个个体道德价值观的发展提供了先决条件。习近平同志在高校思想政治工作会议上强调，传道者自己首先要明道、信道。高校教师要坚持教育者先受教育，努力成为先进思想文化的传播者。基于家庭教育这一维度，家长作为子女人生路上的第一任老师，有没有良好的道德价值观，能否提升自我关怀道德价值观，并促进关怀道德成为家庭价值观，具有重要价值和意义。

（三）实践是关怀道德教育的有效方法

关怀道德教育要求通过个体完成具体的道德任务，在具体道德实践中清楚道德判断、明白道德知识、谈论道德话语、理解道德现象、应对道德困境、练习道德策略、培养道德情感、践行道德行为，是最终使受教育者领悟到道德的真谛，受到道德教育的一种有效方式。在关怀道德中通过具体实践，子女们对家长关怀自己、照顾自己的行为，所做出的敏感性反应，体现了子女对道德的感悟。在关怀道德中，子女们要学会感恩，感激父母对自己的养育与教育，从而外化为自身对关怀父母的感恩与回报，带着父母长辈的关心爱护走向社会，知道如何践行道德规范，懂得对他人进行关怀帮助。

（四）家长要树立关怀道德价值观

父母的榜样作用、与子女的对话、生活中的点滴实践以及类似于这些现代的关怀道德教育方法，不是想当然地随时随地就能取得效果。不同的关怀道德心理结构、培养机制和教育方法存在差异，并不是在任何情境下均能够予以实施的。重视关怀道德要求家长要做关怀道德价值观的学习者，在复杂多变的社会形势下，家长们要以清醒的头脑分析现实，把握方向，理顺思路，明确重点，在多元道德意识形态的环境下，构建自身的核心道德价值观，做社会主义核心价值观的坚定信仰者和实际践行者。摒弃忽视关怀道德的错误观念和想法，认真学习掌握关怀道德知识，理性分析各种关怀道德现象，随时代发展适时调整自身的道德价值观，形成崇高的关怀道德信仰，树立良好的关怀道德意识。

（五）建立平等互动道德代际关系

关怀道德的代际传承应是亲代和子代共同作用的过程，抛弃任何一方谈传承都只能是事倍功半，甚至是徒劳的，只有从亲代和子代两个维度去考量，才能使代际关怀道德教育科学、有效，道德风尚的传递符合时代要求，符合乡村振兴战略实施的发展需要。要认识到以亲代为代表的传统关怀道德，在当今社会仍具有极大的价值功能。亲代作为社会发展的中坚力量，有着丰富的人生阅历、成熟的思维方式、广泛的人际关系和丰富的道德知识。面对纷繁复杂的社会现象，从关怀道德现象和道德价值观的角度去思考问题，他们的分析和思考表现得会更为慎重和理性，而子代处于人生观、价值观、世界观的发展期，他们在辩证思维、逻辑分析、道德认知、情感调控以及行为管理等方面还不太成熟。当青年一代在道德价值观大冲突大融合的社会环境中感到抉择困难的时候，父母一代会为他们提供关怀道德认知与道德行为的引导，使他们在道德标准、道德认知等方面做出正确选择。子代所代表的现代道德标准，以及以子代为主角的逆向代际传递在激发社会活力方面具有一定的价值意义，同时也要清醒认识到传统关怀道德的标准，以及以亲代为主角的正向代际传递在现代社会发展中尚有不足，所以，具体实践中要做到双向互动，建立平等互动道德代际关系。

（六）关注家庭关怀道德教育的逆向传递

随着现代社会数字化、网络化、信息化技术的飞速发展，传统社会仅凭亲代传授知识经验这一教育模式被打破，文化生产和拥有者日趋年轻化、平等化，子女与父母信息获取权是平等的，由于子女学习新的科技知识的能力更强，会比父母掌握更多信息知识。如仁爱等关怀道德规范通过语言文字的形式得以标准化、规范化、规模化的延续和传播。传统的家规、家风、家训等这些家庭道德规范是最可靠的代际传承，通过现代信息技术的传播，年轻人更容易学习并接受。亲代的德育话语权、信息支配权过早丧失，父母的言传身教在新时代面前，不再具有支配力量，所以，在乡村道德风尚建设中要特别关注家庭关怀道德教育的逆向传递。

第三节 形成乡村社会道德风尚建设的合力

党的十九大作出实施乡村振兴战略的历史性决定，提出"产业兴旺、生态宜居、乡风文明、治理有效、生活富裕"的战略要求。通过社会各界的共同努力，广大农村社会风貌明显改善，道德风尚呈现出积极发展的良好态势。在看到成绩的同时，也要清醒地看到农村道德风尚建设中存在的问题。农民作为乡村振兴的主体，其道德素质状况如何，直接影响乡村振兴战略能否顺利实施。面对新形势新任务，要形成加强农民道德教育，促进道德风尚建设的合力，有效提高农民的道德素质，为提高乡风文明，推动乡村振兴提供良好的社会环境。

一、突出乡村社会道德风尚建设的工作重点

乡村社会道德风尚建设点多量大面广，工作中能否抓出成效，主要看工作能不能抓住重点，是否有效推进。

（一）充分发挥社会主义核心价值观的引领作用

中华传统的德性始于教化，道德品质的培育、道德风气的形成，基础在教育引导。我国深厚的历史道德文化遗产是核心价值观的宝贵资源，在乡村道德风尚建设中，要加大传统文化的传承与保护力度，完善优秀传统文化的培育功能，深度挖掘传统文化固有的道德文化底蕴，通过寻根溯源、梳理和弘扬传统优秀道德文化等，使传统文化中的德性文化与乡土文化有机融合，促进乡村百姓对核心价值观和优秀道德文化的认知与认同。在乡村开设道德文化大讲堂，以道德讲堂的方式，通过身边的人讲身边的故事，启发教育身边的人等活动，逐步构建起文明社区、文明旅游、文明交通、文明企业、文明学校、文明家庭、文明交往等乡村道德实践体系，通过有效发挥群团组织和各行业协会的作用，加大对社会主义核心价值观的宣传教育与普及，使其内化于心，外化于行，与乡村百姓生活紧密结合，通过日积月累、潜移默化与久久为功的过程，构建起乡村道德实践的基本生活体系，在乡村各个方面形成颇具特色的公序良俗。

（二）做好道德培育与道德品牌的拓展

构筑道德风尚高地，关键在于补短板强弱项，拓展道德教育的广度深度，加强道德培育与道德品牌的拓展，提升道德品牌优势。要不断丰富教育内容，扩大道德资源有效供给。根据不同受众的道德诉求，分层分类确定教育内容、组织教育活动，做到"量体裁衣"，有的放矢。创新人际交往、情感沟通、言传身教等行之有效的人文道德教育方式，升级教育手段，充分利用主流舆论与大众舆论，有效提高教育质量。在乡村农民中加强"四德"培育，挖掘传统文化中的"仁""礼""孝""忠""信""义"等底蕴内涵，丰富社会公德、职业道德、家庭美德与个人品德的内容。结合理想信念教育，在乡村各相关系统持续开展"道德模范""文明之星""师德标兵""文明村民"等评比和表彰，促进公民基本道德素养建设，有效提升乡村农民践行"四德"之能力。抓好党员领导干部作风建设，发挥其在党风与政风中的引领作用，以积极上进、风清气正的党风、政风切实引领民风与家风，带动乡村道德风尚建设。要营造浓郁的道德氛围，丰富并拓展道德品牌内涵，在推进道德风尚建设进程中，不断提升道德品牌优势。

（三）加强乡村社会诚信体系的建设

要加强诚信建设，通过建立诚信档案，形成诚信公约，在乡村百姓中激励守信、褒扬诚信。充分利用诚信之星等评选，推动乡村信用建设。大力推动乡村政务诚信建设，推动相关部门加强诚信的制度化建设，提升基层政府及村委会的公信力，以政务诚信带动乡村商务、司法、教育、卫生、网络等各个领域的诚信，筑牢社会诚信的道德基础。加大网络信息安全及诚信建设，提高"一网三库"的建设水平，实现信息实时查询和互通共享，全力推进诚信系统的全覆盖。在乡村广泛开展"人人讲诚信"主题教育活动，向人们阐述诚信价值，从普通人、身边事入手，深化诚信教育，引导人们诚实守信、真诚待人、认真做事，弘扬诚信精神，争当诚信模范。要在乡村各行各业开展"诚信干事业，真诚做服务"主题创建活动，制定诚信奖励规定，对在践行良好道德风尚方面做出突出贡献和重合同守信用的单位和个人，给予必要的荣誉及奖励，彰显其美誉度与知名度，在乡村营造良好的守信环境。要建立诚信工作档案，完善诚信"红黑榜"发布制度，形成以诚信为官、为学、为商、为人的诚信激励机制。建立地方荣誉制度，增强乡村农民的道德荣誉感，鼓励人们积善成德、明德惟馨，崇德向善，见贤思齐，从而在广大农村形成弘扬真善美，传播正能量的良好氛围。

（四）构建弘德养德的生活环境

要把道德教育融入乡村农民道德观念形成发展各个环节，使他们在学习、工作和生活中受到教育，要抓住"不忘初心、牢记使命"主题教育契机，引导乡村党员干部带头明大德、严公德、守私德。要将道德教育融入人们的生产生活，不断优化童蒙礼、成人礼、婚礼、葬礼等礼仪体验教育，利用入学、入党宣誓、干部任职、国庆节等社会生活的重要仪式，强化道德教育。网络媒体作为道德教育的重要载体，与农民群众的日常生活密切相连，要利用农民道德教育的广泛性、即时性、实践性等特点，充分利用大众媒体创设良好的道德环境，通过新闻、道德教育栏目、纪录片、短视频等多渠道向农民群众传递道德信息及有关乡村振兴的宣传报道。要注重道德典型的选树，着眼丰富典型类别和形态，推动示范群体发展壮大，要发挥道德典型模范的示范引领作用，让道德典型来到群众身边、与群众共同交流、走进群众心里，在乡村树立"德者有得""好人好报"的社会风向标。构建道德教育实践体系，把道德教育与文明礼仪、志愿服务、诚信建设、精神文明创建等活动有机结合，推动道德建设融入乡村社会治理体系建设，让乡村农民在社会治理中洞悉道德价值、激发道德活力。大众传媒要发挥营造构建弘德养德生活环境的引导作用，把社会主义核心价值观宣传融入各个领域，引导农民对道德评价进行正确认知，使他们在接受道德教育的过程中，产生具有正能量的道德心理认同，从而形成自觉服务于乡村振兴的道德价值取向。

（五）加强乡村农民网络素养的培育

深入开展网上正面宣传教育，积极营造健康文明的网络道德文化环境，把互联网建设成为传播社会主义核心价值观、道德风尚和先进文化的重要阵地，在网络上构建和谐文明的虚拟社区和美好家园。强化网络舆情的分析与引导，在乡村要设立专门的网络道德宣传机构，建立健全舆论应对机制和平台，积极应对网络舆情，针对极少数乡村网民把互联网作为宣泄不良情绪的工具的情况，要对各种负面信息进行分析、研判与引导，不遮掩、不推诿，力争将大事化小，小事化了。可设立道德风尚建设宣传网，引导村民抵制各种不道德的网络行为，构筑起屏蔽不良网络信息的防火墙，争做网络道德模范和安全卫士。净化网络道德与文明的氛围，对突发网络事件及时组织正确的导向性的网络评论，加强文明网络文化建设，鞭挞歪风邪气，彰显美德善行，增强广大乡村农民的网络素养。积极培育网络公益活动品牌，适应网络传播特点和乡村网民习惯，开设网络专题专栏，大力宣传道德模范、时代楷模、优秀志愿者、美德少年及身边好人等各类道德典型的感人事迹和高尚精神，在网络上讲好中国故事，将社会主义核心价值观与中华传统美德有机融合，形成道德建设特色品牌，以有效集聚和传播道德正能量。

二、完善乡村道德教育体系

乡村振兴是一项全面、系统的工程，农民道德素质水平直接影响实施进程，对农民进行道德教育是乡村振兴的题中应有之义。农民是乡村先进文化的创造者和弘扬者，也是社会主义核心价值观和社会主义道德风尚的践行者，要完善乡村道德教育体系，在乡村振兴实践中加强农民道德教育，指导农民群众参与道德实践活动。

（一）联合高校加强农民道德教育研究

基层党委、政府要加强与地方高校的联系，与高校有关院系合作开展乡村道德风尚建设研究，高校研究团队在做好研究的同时，要成为乡村道德建设的指导者和推动者，研究团队在提供正确的理论支持的同时，指导乡村振兴中的农民提高道德素质，高校研究团队可利用自身人才优势，通过老百姓喜闻乐见的方式，与乡村联合组织开展一系列文化下乡活动，深入基层社区，为基层干部群众送去乡村道德建设的指导意见，帮助基层干部更好地构建适合地方特点的道德教育体制机制。高校与乡镇的联手合作，既可以丰富理论研究内容，又可通过有针对性地开展道德教育实践活动，向农民群众学习，从而增加理论研究的实效性，为理论的传播奠定广泛的群众基础。高校研究者在为基层干部和群众带去指导意见，帮助开展思想道德教育活动的同时，能够成为各级党委和政府部门乡村振兴工作决策的咨询者，帮助基层党委、政府及相关部门制定行之有效的道德教育规范和加强道德教育的推进措施，在乡村振兴的背景下，积极研究加强农民道德教育的有效途径，实现理论研究的实践价值。

（二）加强农村基础教育工作

现代社会系统的开放性使得家庭、学校、社会形成对青少年进行德育教育的有机整体，道德能力培育是一个包含培育道德知、情、意、行的综合性教育，家庭、学校、社会对农村基础教育的重视及工作推进，对农村青少年个体道德能力的发展有着重要影响。儒家文化负载着中华民族的价值观，影响着中华民族的生活方式，聚拢着中华民族自我认同的凝聚力。儒家文化所具有的教化育人功能，规范和引导着一代代中国人的政治生活、社会生活及精神生活，培育了中国人的理性精神、和合精神、仁爱精神与审美情趣。青少年是祖国的未来和希望，是传统文化的传承人，在大力弘扬传统文化的新时代，以儒家文化对青少年进行德育价值观养成教育，培养青少年的健康价值观、礼仪观、孝心、感恩之心，培养青少年的责任心、诚信观、利益观和进取精神具有重要意义。家庭是子女成才的源头，父母是孩子道德教育的第一任老师，是子女道德能力成长的引路人，要家长提升德育理念和素养，转变教育观念，把道德教育放在子女教育的首要位置。"道德需要是主体发展性德育的现实要求，是德育之个体享用性功能的必然诉求，是德育回归生活的现实支点。"① 道德需要是道德教育可能性的前提条件，家长要树立德育为先的教育观念。"德者，才之帅也。"在"德"与"才"两方面，"德"是首要标准，起着灵魂统帅作用，决定人才发展方向，家长要重视子女德育和智育教育，促进子女德智体美劳全面发展。苏联教育学家苏霍姆林斯基曾经说过："真正的教育是一个人的自我教育，只有激发学生主动进行自我教育才是最好的教育。"② 自我教育是在家长的启发引导下，孩子自觉地对自己的言行进行调节、控制，自我监督、自我反省，以提高道德水平，形成良好的行为习惯。引导青少年形成自我道德教育理念，在道德能力的培育过程中，家长要注重培育青少年的自我教育能力，激励青少年探索自我道德教育方法，帮助青少年开展道德能力自我评价。家庭是个体成长的摇篮，是个体品德的发源地，个体在家庭中所获得的许多道德观念对青少年的道德品质培养具有重要意义。假如家庭和学校在青少年的道德品质培育理念、方式、方法及要求方面差异较大，青少年就会感到困惑迷茫，无所适从。所以，要注重家庭教育与学校教育的衔接和有机结合，建立家庭、学校、社会全方位德育教育培育体系。

立足实际，应针对社会与家庭在关怀道德教育上的冲突，探索社会环境下家庭道德教育的提升路径，促进家庭关怀道德教育，推动关怀道德代际传承，改革乡村学校关怀道德教育体系。成功的教育活动必然需要适宜的教育方法，要掌握家庭、学校德育的现代方法，建立家庭、学校关怀道德学习共同体，明

---

① 王洁. 论道德需要之教育意蕴 [J]. 天津市教科学院报，2008（5）：1.
② ［苏］苏霍姆林斯基. 给教师的建议 [M]. 杜殿坤，编译. 北京：教育科学出版社，1984：204.

确共同目标，澄清价值观点，交流情感体验，分享信息资源，完成既定任务，使关怀道德学习取得实效。

（三）加大乡村基础教育投入

农民整体素质的提升很重要的一点是，要充分发挥农村学校的基础教育作用，这是提升农民整体道德素质的关键。农村学校在承担普及义务教育、提高农村人口素质方面发挥着重要作用。加强村级小学建设，搞好村级小学管理，提高村校质量，对推进基础教育均衡发展、促进教育公平、构建和谐社会有着重要的现实意义。要贯彻落实教育优先发展战略，加大对农村教育建设的投入，保持农村教育经费逐年增长，严格控制农村教育经费的占比，抢抓国家发展教育的政策机遇，为农村教育事业发展争取各项教育发展资金，切实解决农村教育项目建设滞后、发展资金缺乏等问题。要解决农村校舍面积不足、学生上课缺教室、功能室不齐全、无体育场地等基础设施落后的问题，搞好农村学校后勤保障，增加农村学校和农村公共书屋的图书和教学设备数量。习近平曾指出，乡村振兴，人才是关键。要积极培养本土人才，鼓励外出能人返乡创业，鼓励大学生村官扎根基层，为乡村振兴提供人才保障。在提高农民伦理道德素质过程中，所需要的不是某一单独群体，而是需要集各个领域的有效力量、优秀力量，特别是培养教育青少年的农村教师，要增加财政预算，保障农村教师职工的福利待遇，不断提高农村教师的政治及福利待遇。

（四）充分发挥基层组织的教育职能

村民委员会承担着教育村民的重要职责，村民委员会及其成员与农民联系最直接、最密切，他们的工作方法和自身素质如何直接影响党和政府的形象，影响农民参与新农村建设的积极性。要不断提高村民委员会工作人员自身工作能力和综合素质，使他们带领村民代表、村民小组长等人，积极努力，不断提高村民自治能力。在日常工作生活中，村民委员会要善于发现和解决农民群众生活生产中出现的一些问题和矛盾，根据农民向村民委员会反映的问题，采取有效的措施化解处理，调动农民群众参与自治管理的积极性，通过提高村民的自治能力和道德素质，带动村民实现自我约束、自我管理、自我提高。村民委员会要充分依托丰富的中华优秀传统文化，结合马克思主义群众观和我们党的群众路线，立足乡村实际，做到因地制宜，挖掘本地传统道德资源，按照现代社会发展规律与社会主义市场经济发展要求，重建由社会主义核心价值观为主要内容的乡村道德体系，重塑新乡村社会治理主体，培育正确的农民价值观。

充分运用社会生产力和生产关系的辩证关系，通过帮助农民增产增收，千方百计使农民生产水平获得提高的同时，帮助农民改善生产生活条件，通过广大农民的思想自觉，促进他们伦理道德素质的提升。

（五）发挥农民工企业的文化辐射作用

随着乡村新型农业化、新型工业化的不断推进，乡村企业的用工岗位能力素质需求不断提高，企业的创新发展，对用工层次和工人技能的要求也在不断提升和更新，为了适应企业新的发展需要，企业会对农民工进行岗位培训，这种培训不仅能提高农民的综合素质，而且能带动他们伦理道德素质的提高。乡村企业文化，是一种价值观念和群体意识，对树立乡村企业的良好形象，团结凝聚广大农民员工，形成积极的企业精神具有重要意义。乡村企业文化与道德风尚有机融合，有助于广大农民工形成自觉的行动和强烈的使命感，对实现农民的自我凝聚、自我协调和自我控制有着重要的影响。因此，政府应积极鼓励支持发展乡村企业文化和道德风尚建设，在政策上给予扶持，将农民变为有组织、有纪律、道德高尚的职业工人。

（六）丰富正面教育内容

要对乡村干部进行忠于国家和人民的社会公德教育，"忠于国家是传统忠政治伦理的核心内容，是团结和凝聚人心的精神力量。中国作为世界上唯一一个文明没有中断的国家，之所以能历经五千余年仍然巍然不倒，一个非常重要的原因就在于忠的道德传统和伦理精神"①，通过历史上一些忠于国家和人民的模范人物，对乡村干部进行忠于国家和人民的社会公德教育。树立道德榜样开展正面教育，从当前农民思想实际着手，通过农民身边的优秀分子的榜样示范，来实现党对农民的思想政治教育，有效促进乡村道德建设。乡贤文化内容包括传统历史文化、传统教育、文明礼仪、法律法规、经济与发展、健康养生等，举办"乡贤讲堂"，请知识渊博且热心公益的土生土长的德望长者、老党员、返乡的退休干部、乡村文人、村第一书记、大学生村官等"文化人"、贤达能人开讲，请身边人讲身边事，育身边人，推动乡村文明建设，传播正面典型，传播优良文化，提高农民伦理道德素质。"得人心者"是农村少部分具有号召力、公信力的农民群众，他们具备良好的带动作用，农民群众愿意追随其干事，可通过"得人心者"拓宽村民教育渠道，由他们代表村民维护自身利益，参与村务

---

① 孔祥安，何雪芹. 中国传统忠伦理研究［M］. 青岛：青岛出版社，2018：459.

建设，促进乡村经济建设、基础教育、科技服务、公共文化、生态环保、公共卫生等领域健康发展，既拓展了村民受教育受影响的渠道，又使农民综合素质及伦理道德水平逐步得到提升。

三、强化乡村社会道德风尚建设措施

社会存在决定社会意识，社会意识对社会存在具有反作用。解决当前乡村道德风尚建设中存在的问题，要通过改善农民的社会生活条件，改变生产方式相对传统的现状，优化农村生活环境，丰富农民文化生活，来促进农民伦理道德素质的提升。党的十六届五中全会提出了"社会主义新农村"的总体要求。它将新农村的内涵进行具象化——"生产发展、生活宽裕、乡风文明、村容整洁、管理民主"，涵盖了经济、政治、文化和社会等方面，将经济繁荣、设施完善、环境优美、文明和谐作为新时期社会主义新农村的具体目标。党的十九大报告中将解决好"三农"问题提到了全党工作的重中之重的位置，实施乡村振兴战略，对发展农村经济、改善农村环境、提高农民道德素质、净化农村社风民风起到了良好的带动作用，是推动"物的新农村"和"人的新农村"建设共同进步的重要举措，有效促进了农民伦理道德素质提升。在看到成绩的同时，也要清醒地看到乡村道德风尚建设中存在的农民道德滑坡等一些问题，要采取切实有效的措施，认真加以解决。

（一）加强农民职业技能培训

培训农民最重要的目的，是要改变农民的思想观念和提升文化素质，以文化素质的提升促进伦理道德素质的提高。马尔库塞曾说："观念和文化的东西是不能改变世界的，但它可以改变人，而人是能够改变世界。"① 通过对农民进行农业生产技术技能的培训，以及对农民进行干事创业的各种农业、手工业、制造业等相关知识的培训，改变农民观念，帮助农民在乡村振兴战略的实施中，与时俱进，进而提高农民伦理道德素质，使农民自身受益。为了改善农村农民的综合状况尤其是农民素质，国家制定了一系列措施，在政策上给予帮助和支持。要从根本上解决乡村道德风尚建设中存在的问题，必须加大农民职业技能培训。乡村振兴战略的实施，涉及农村工作的方方面面，农民伦理道德素质难以提高，很大程度上受小农经济思想的影响，随着社会经济的发展，农业产业结构调整，乡村企业得到快速发展，农民不愿再坚守土地耕作，抛开农耕又没

---

① 翟华，张代芹，等. 观念世界探索［M］. 济南：山东文艺出版社，1989：1.

有其他一技之长，是新时代农民难以适应新形势下乡村快速发展的状况，特别是农业产业结构升级和城镇化进程需要的重要原因。要结合农民工所在企业的需求，对农民进行职业技能培训，达到提高农民工素质技能的效果，使农民工获得一技在手的本领和人生自信，有效提升农民的综合素质。除了对在乡村企业的农民工进行培训外，还要针对农民生产方式相对传统的现状，对农民关注或急需的农业技能或就业技能进行事先收集整理，在广泛调查研究的基础上，有计划、针对性地对农民进行农业生产或农村创业就业的技能培训。要根据农情实际情况，在农闲时期合理安排培训人员、时间和培训地点，邀请农技专业的老师，针对本地区的生产特点及生产过程中遇到的问题进行培训，以提高培训的实效性。

（二）乡村道德建设要做到"三个结合"

乡村道德建设量大面广，涉及村民生活的方方面面，在道德建设实践中，要做到统筹兼顾、有机结合。一要做到理论教育与实践教育相结合，习近平总书记明确指出："学习有理论知识的学习，也有实践知识的学习。首先要认真学习马克思主义理论，这是我们做好一切工作的看家本领，也是领导干部必须普遍掌握的工作制胜的看家本领。"① 加强乡村道德教育，必须坚持以马列主义、毛泽东思想、邓小平理论、"三个代表"重要思想、科学发展观、习近平新时代中国特色社会主义思想为指导，通过基本理论的学习，帮助广大农民树立正确的人生观、世界观、价值观。理论来源于实践又高于实践，乡村道德教育不能离开实践空谈理论，要在理论教育的指导下，针对乡村农民的工作生活实际，在具体实践中开展教育。要注重及时总结实践教育的经验，丰富乡村道德教育的理论成果，更好地指导和应用于道德教育的实践。二要做到正面教育与批评疏导相结合。正面教育是通过从正面讲清道理，让广大村民理解和领悟职业道德要求和职业行为准则，形成良好的行为价值取向，在工作生活中自觉地以高标准、高要求严格规范自己、提高自己。对部分农民身上存在的缺点和问题，也要耐心疏解、批评、教育，对品行恶劣、道德败坏的人员要采取相应的措施予以惩戒。三要外部教育与自我教育相结合。道德的养成是内外因素相互作用的结果。在对乡村农民进行道德教育过程中，要充分调动各方面积极因素，形成道德教育的合力，要注重发挥个人教育、社会教育和集体教育的作用，形成全方位的教育模式。在发挥好外部教育合力作用的同时，要重视乡村农民自身

---

① 习近平总书记系列重要讲话读本［M］. 北京：学习出版社，2016：115.

道德修养的提高，鼓励和督促他们加强自身学习，形成正确的道德认知、培养积极的道德情感、塑造良好的道德品质、模范践行道德规范。

（三）在实践中探索道德教育有效推进的措施

随着现代科技的发展，乡村生活也发生了极大变化，要立足实际，通过信息科学技术和心理测验科技的应用，升级教育手段，拓展道德教育的广度深度，要创新人际交往、情感沟通、言传身教等行之有效的人文道德教育方式，注重道德教育与乡村社会管理、行政管理一体推进，注重虚拟空间与现实空间道德教育良性互动，有效延伸工作手臂，形成道德教育的合力。不同社会群体的社会责任和道德标准不同，道德认知和社会影响也不同，要放大示范群体的带动效应，做好典型选树，丰富典型类别和内涵，放大典型的示范引领作用，让典型来到群众身边、走进群众心里，推动示范群体发展壮大，成为乡村"好人好报"的社会道德风向标。构筑乡村道德风尚的新高地，关键在于补齐补强道德发展的短板弱项。要利用相关地方性法规，发扬法律的刚性约束力和刚性保障力，构建弘德养德的生活环境，要贴近农民生活实际，满足农民对美好生活的要求，建立道德建设长效机制，做到制度监督与机制完善有机结合，整合社会各方面力量，建构与乡村振兴相适应的道德体系，有效促进乡村道德风尚建设。实践证明，农民道德素质的提升需要通过文化教育来实现，并且要在正确的理论思想指导下进行。我国制定农村政策和农民发展的重要思想基础和基本理论指导是马克思主义的人本观，即马克思、恩格斯的以人为本的思想以及它的发展形式。这种理论的思想核心就是人的自由全面发展。"人的本质不是单个人所固有的抽象物，在其现实性上，它是一切社会关系的总和。"① 提升农民伦理道德素质，需要加强农民综合素质教育，要充分发挥农村学校基础教育的作用，有效提升农村人口的总体素质，保障农民道德教育的顺利进行。

（四）发挥基层党委政府组织监督作用

基层党委、政府在乡村道德风尚建设中扮演着重要的组织者和监督者的角色，基层党委、政府要做好乡村道德建设规范谋划，将加强乡村农民道德教育具体化、规范化、制度化。完善乡村道德教育机制、监督机制，建立起既符合农民需要又符合乡村振兴要求的道德体系，把学习、宣传社会主义核心价值观、公民道德规范、优秀传统道德文化等作为加强农民道德教育的重要内容。深入

---

① 马克思恩格斯选集：第 1 卷 ［M］. 北京：人民出版社，1995：56.

挖掘传统文化蕴含的优秀人文精神、思想观念、道德规范，发挥其在教化群众、淳化民风、凝聚人心中的作用。尊重农民的思想道德习惯，创新加强农民道德教育的方式，组织开展形式多样的贴近农民生活的道德实践教育活动，提升活动的实效性，引导农民的道德行为，培养农民新的思维、行为、生活、生产方式。基层党委、政府要根据村民道德素质状况，制定适合乡村农民道德教育的程序，构建让农民群众愿意接受的自律规范，在实践中对农民群众的道德行为按照规范进行引导、纠正和监督，使他们树立正确的道德价值观，有效促进乡村道德风尚建设。

四、加强乡村干部职业道德教育

"有道官员安一方，无德官员害百姓"。乡村干部职业道德素养是乡村社会道德风尚建设的重要保障，乡村干部的一言一行都被农民群众看在眼里，对社会风气和工作能动性产生这样或那样的影响。职业道德是乡村干部在乡村管理事务中必须遵守的价值观念、思维方式和行为规范的总和，是乡村干部在行使公共权力、管理乡村事务、为民提供服务过程中，必须遵守的道德规范和行为准则，是乡村干部政治素质、道德情操、工作态度、思想作风、精神风貌的综合反映。

（一）坚持乡村干部职业道德教育原则

政治约束原则是乡村干部职业道德建设必须遵循的最基本原则，政治约束时刻警醒广大乡村干部，要始终坚持马克思主义为指导，坚持中国共产党的领导，牢牢把握意识形态领域的主动权。政治约束原则牢牢把握住了乡村干部职业道德建设的方向。乡村干部作为联系党和人民群众的纽带和桥梁，其一言一行都代表党的思想和形象，自身应该起表率作用，处处以人民利益为奋斗目标。乡村干部应该时刻牢记自身的职责，严于律己，严格贯彻执行党的路线、方针、政策，将人民群众的意愿和心声传递给党，从而使党更加了解人民群众的想法，更好地为实现人民的愿望而不懈努力。科学管理原则是乡村干部职业道德建设必须坚持的。所谓科学的管理就是指根据乡村干部群体的特殊性以及自身特点，运用相关规律解决乡村干部职业道德建设问题，提升乡村干部职业道德修养，从而激励他们以高度的工作热情，投入到协调推进"四个全面"战略布局当中，投入到推动"五大发展"理念中来，积极投身到全心全意为人民服务的实践中来。法律保障原则是乡村干部职业道德建设必须遵循的，遵守法律法规是乡村干部职业道德建设的基本要求，乡村干部只有学法、知法、懂法并储备一定的法律知识，才能将其细化到具体的行为当中，有效提高乡村干部领导水平和执政能力，为依法决策、依法管理各项事务、推进乡村道德风尚建设打下坚实的基础。社会在发展进步，可谓日新月异，人们的思想也会随着社会的发展改变。乡村干部职业道德建设不能脱离现实，要与现实社会经济、政治的发展相适应，因此，乡村干部职业道德建设要遵循与时俱进原则，乡村干部职业道德建设的形式要多样化，要把乡村干部道德监督同经济手段、法律手段有机结合起来，衡量乡村干部职业道德水平的标准也要与时俱进。

（二）把握乡村干部职业道德建设内容

我们党历来高度重视党员干部思想道德建设。早在延安时期，理想主义、爱国主义、集体主义、为人民服务、英雄主义、艰苦奋斗共同构成了当时的道德主体内容，使延安成为艰难时期共产党员的精神圣地。中华人民共和国成立后，全心全意为人民服务成为党员干部道德建设的核心要求。改革开放以来，我们党提出要大力加强干部职业道德建设，要求党员干部公正廉洁，全心全意为人民服务。针对乡村振兴战略实施中道德风尚建设的需要，乡村干部职业道德规范应主要包含以下内容。一要坚定理想信念。坚定理想信念是对乡村干部的最基本要求，只有坚定马克思主义信仰，坚定对社会主义和共产主义的信念，才能不断增强道路自信、理论自信、制度自信和文化自信，坚持党的领导，认真贯彻执行坚持党的基本路线、方针、政策，牢牢把握坚定的政治方向，坚定政治立场，严守党的政治纪律和政治规矩，不断增强党性修养，提升自身道德素质。二要忠于党和国家。忠于党和国家要求乡村干部忠于中国特色社会主义事业，坚决拥护中国共产党的领导，坚定理想信念，在思想上、政治上、行动上与党中央保持一致，忠于国家宪法，遵守法律法规，忠于国家利益，维护党和政府形象、权威，维护国家统一和民族团结，严守国家秘密，同一切危害党和国家利益的言行做斗争。三要全心全意为服务人民。服务人民是乡村干部的根本宗旨。乡村干部务必树立和坚持马克思主义群众观点，坚持群众路线，尊重人民群众历史主体地位，把实现好、维护好、发展好人民根本利益作为工作的出发点和落脚点，坚持以人为本、执政为民，为人民服务，让人民满意，永做人民公仆。四要做到恪尽职守。恪尽职守是乡村干部立身之本，要求乡村干部对自己的工作负责，发扬职业道德，严守职业纪律，保护群众利益，不滥用职权、徇私枉法，勇于担当，乐于奉献，求真务实、任劳任怨。五要依法办事。

要求乡村干部牢固树立法治理念，努力提升法治素养，严格依法履职，遵守宪法和法律，坚持依法决策，严格按照法定的权限、程序和方式为群众服务。六要做到公正廉洁。公正廉洁是乡村干部的基本品质，公正廉洁要求乡村干部崇尚公德，当个人利益与人民利益不一致时，要把人民利益放在首位，在法律范围内合理地行使职权，保证公正、公平执法，遵守乡村干部职业道德，善于将社会整体利益和局部利益、眼前利益和长远利益有机结合起来，秉承为人民服务的宗旨，保障人民群众的各项利益。

（三）健全乡村干部职业道德考评制度

乡村干部职业道德建设要取得成效，必须健全乡村干部职业道德考评制度，通过制度来规范促进道德建设的良性发展。要立足乡村工作实际，确立乡村干部职业道德考评内容，乡村干部职业道德教育应明确核心内容，依据乡村干部特点来确定，不拘泥于死板机械的内容、古板固定的套路，而是把加强理想信念教育作为核心内容，将坚定理想信念，对共产主义忠诚，对党和国家忠诚，对人民忠诚服务，具有正确的世界观、人生观、价值观等作为重要内容。乡村干部职业道德考评不仅限于职业道德范畴，还应扩展至社会公德和家庭美德。要建立科学的涵盖职业道德、工作作风、职业素养、品德修养等内容的乡村干部职业道德考评指标体系，通过客观、合理的乡村干部职业道德考评制度，如实考评每一位乡村干部职业道德状况，通过科学的方法和制度对乡村干部的理想信念、政治站位、工作实绩、工作作风和品德修养等进行考评，可引导乡村干部遵守其职业道德规范，净化乡村干部队伍，提升他们的职业道德水平，使他们成为乡村道德风尚建设的带头人。创新公务员职业道德考评程序，对其考核评价的内容和范畴进行充分的论证，做到考核评价的方法客观、合理，考核的内容翔实全面，考核评价程序与时俱进、不断创新。乡村干部职业道德考评应采用自评与他评相结合、领导评与服务对象评相结合、平时评与定期评相结合、定性评与定量评相结合等程序和方法。定期考评的结果作为乡村干部调整职务、级别、工资以及奖励等依据，可有效强化乡村干部职业道德行为。

（四）改进乡村干部职业道德教育方式

为了有效发挥乡村干部职业道德教育的基础性作用，实现职业道德教育工作的科学化、制度化和规范化，要改进乡村干部职业道德教育方式，使乡村干部职业道德教育各要素环节有机结合、相互促进，形成长效运行的体制和机制。坚持党对乡村干部职业道德教育的领导，确保乡村干部职业道德教育的正确方向。要做到理论教育与实践教育相结合，实践证明，"理想信念的动摇是最危险的动摇，理想信念的滑坡是最致命的滑坡"①。作为乡村职业道德教育工作者，必须认真贯彻党的基本路线方针政策，履行党所赋予的教育重任，在乡村振兴工作中做到政治立场和理想信念坚定，在大是大非面前，坚持马克思主义理论的指导，自觉做党和国家事业的捍卫者和忠实执行者，善于运用马克思主义的立场、观点、方法帮助群众解决实际问题。习近平总书记明确指出："学习有理论知识的学习，也有实践知识的学习。首先要认真学习马克思主义理论，这是我们做好一切工作的看家本领，也是领导干部必须普遍掌握的工作制胜的看家本领。"② 要坚持以马克思主义为指导，提高乡村干部的理论素养，帮助乡村干部树立起科学正确的世界观、人生观、价值观和权力观。要教育引导乡村干部坚定马克思主义理想信念，增强他们的廉洁自律意识，提高防腐拒变能力，使他们牢筑拒腐防变的思想道德防线。理论来源于实践又高于实践，乡村干部职业道德教育要立足实际，根据形势和任务的需要，集中时间、人员、力量，通过系统学习培训，联系实际分析、评议，制定职业道德教育整改措施，有效解决突出问题。要在理论教育的基础上，针对乡村干部的实际情况，提供践行职业道德的实践机会，增强他们在实际工作践行职业道德的能力和水平，在工作实践中考察他们的道德行为，进行积极有效的引导，强化教育效果。要及时总结经验教训，从理论的高度丰富乡村干部职业道德教育成果，从而更好地指导并应用于实践。

（五）完善乡村干部职业道德培训制度

加强乡村干部职业道德培训，除了确定培训目标、培训原则、培训内容、培训方式以外，还必须制定培训制度，习近平总书记指出："制度问题更带有根本性、全局性、稳定性、长期性。全方位扎紧制度笼子，更多用制度治党、管权、治吏。"③ 对乡村干部职业道德的规范与要求进行制度化设计，将乡村干部职业道德以法律制度的形式体现出来，更好地发挥制度约束在乡村干部职业道德建设中的作用。强化乡村干部职业道德培训制度，使职业道德培训常态化，突出乡村干部职业道德的主要内容和责任、义务、纪律的经常性培训，将职业道德培训纳入乡村干部教育规划和年度计划，作为乡村干部初任、任职、培训

---

① 习近平总书记系列重要讲话读本［M］. 北京：学习出版社，2016：115.
② 习近平. 在庆祝中国共产党成立 95 周年大会上的讲话［N］. 人民日报，2016-07-01.
③ 习近平总书记系列重要讲话读本［M］. 北京：学习出版社，2016：116.

的重要内容，明确乡村干部接受职业道德培训或者参与职业道德主题实践活动的时间。要形成多部门监督制度，成立由纪检部门、信访部门等组成的廉政监督机构，对乡村干部职业道德培训形成多层面、多角度、多方位的监督。建立督查员巡视制度，聘请具有丰富法律常识、较强公民意识的同志担任乡村干部职业道德督察员，定期和不定期走访单位，巡视督察，形成更加科学合理的乡村干部职业道德建设制度体系，有效促进乡村干部职业道德水平的提升。

（六）形成多部门综合监督考评制度

要形成由相关部门组成的监督机构，形成多层面、多角度、全方位的综合监督制度。有了有效的监督制度，乡村干部的行政行为和管理决策就有了监督制约，可有效引导乡村干部职业道德建设，使他们自觉遵守并模范执行党规党纪、党内监督的相关规定和要求，提高基础事务管理行为和程序的公开性和透明度，以确保其活动不超越宪法和法律的范围。客观、合理的乡村干部职业道德考评制度，可如实考评乡村干部职业道德状况，正确引导公务员职业道德行为。通过一系列的科学方法和制度对乡村干部的政治思想、品德修养和工作作风等进行考评，可引导乡村干部遵守其职业道德规范，形成一种乡村干部率先垂范、克己奉公的良好乡村文化氛围，依考促建，逐步建立起诚信、责任、透明、高效的基层服务组织，促进乡村干部员工职业道德风尚建设良性发展。

结　语

历时两年的"乡村振兴战略视阈下社会道德风尚研究"课题暂告一段落，对研究内容进行系统梳理、分析后，得出如下结论：

自党的十八大以来，党中央下决心调整工农关系、城乡关系，推动"工业反哺农业、城市支持农村"。党的十九大提出实施乡村振兴战略，其核心就是从全局和战略高度来把握和处理工农关系、城乡关系，实现农村现代化，包括"物"的现代化、"人"的现代化、乡村治理体系和治理能力的现代化。乡村振兴就是统筹推进农村经济建设、政治建设、文化建设、社会建设、生态文明建设和党的建设，促进农业全面升级、农村全面进步、农民全面发展。实施乡村振兴战略具有重要的理论和实践意义。

社会道德风尚是衡量社会发展与人的发展程度的重要标杆，社会风气、社会环境会影响人的道德水平，同样，个人的道德状况也影响社会风气的变化。中国特色社会主义道德体现了中华文化的魅力和风采，它是对中国传统优秀道德遗产的继承和发展，是对民族文化之根的秉持，对民族特色的坚守。乡村振兴战略与社会道德风尚之间存在内在关联性。在新时代，农民不仅对物质生活有了更高的要求，而且对民主、法治、公平、正义、环境等方面的需要亦更加迫切，这些需要通过道德建设予以实现。社会道德风尚有利于调动乡村文明主体的主人翁意识，有利于展现良好的乡村形象，可有效促进社会主义核心价值观落地扎根。

儒家提倡的道德是中华优秀传统文化中的精华，子贡用"温、良、恭、俭、让"几个字对其进行了高度概括。要做到温、良、恭、俭、让，就要做到仁、义、礼、智、信，这是儒家倡导的道德。修身、勤俭、治家、勉学、孝道、和睦为儒家道德修养的精髓，"中庸"是道德的最高标准，孝是一切德行的根本，道德离不开礼义，诚与顺是高尚道德。我国从古至今，一直有着良好道德教育的传统。"天下明德自尧舜始"，尧舜时代使契为司徒布五教，即以父义、母慈、兄友、弟恭、子孝为内容施教于民。先秦时期，孔子在前人道德认知的基础上，实施儒家道德教育，形成了中国传统道德教育思想，正如《中庸》所说："故君子尊德性而道问学，致广大而尽精微，极高明而道中庸。温故而知新，敦厚以崇礼。"这就是中国传统的道德教育，所谓"尊德性而道问学"就是为了趋善的目的而尊道，尊崇道德理性；所谓"极高明而道中庸"就是通过道德教育尽力认识宏深的为人之道，在行为上中庸适度，遵守社会的仁义道德，知善、行善。孔子开创的儒家道德教育思想，以"存亡继绝"为己任，建立以"德政""礼治"为核心内容，以"导之以德，齐之以礼"为主要方法、途径，以"修己安人"为宗旨的思想道德教育体系。传统儒家道德教育的实施渗透在传统中国社会的各个方面，从家庭、学校到社会，道德教育都是其教育内容的核心，可谓整个社会道德教育无所不在。

儒家道德教育对乡村道德风尚建设具有重要借鉴价值，道德教育要深入到现实生活中，道德教育方法要丰富多样，道德教育要学以致用，要丰富道德教育的载体。儒家文化所具有的教化育人功能，规范和引导着古代中国人的政治生活、社会生活及精神生活，培育了中国人的理性精神、和合精神、仁爱精神与审美情趣。

以正能量与道德自觉助推乡村振兴战略。从中国传统文化提倡的"仁、义、礼、智、信"，到当代提出的"以人为本""科学发展""公平正义""和谐社会"，无不传递着正能量的内容；从古人崇尚的"修身、齐家、治国、平天下"，到当今社会涌现的动人事迹，无不践行着正能量的内容。正能量必须借助中介传递出去。传统的思想政治教育活动形式，是正能量资源传递的载体；新兴的大众传播媒体，是正能量传递的工具；信息的收集、整理、分析、加工、运用，是正能量传递的方法。新时代，在中国乡村社会所积聚的正能量远远大于负能量，正能量指向乡村振兴、发展进步、文明和谐，而负能量刚好与之相反，正能量的不断上升必然造成负能量不断下降。但乡村社会处于转型期，因为发展的不平衡，使得社会不公、贫富差距、道德失范、"仇富""仇官"等问题在一定范围内还存在，因而负能量在一定时空范围内也有所聚积。正能量具有隐藏性和爆发性，也具有很强的组织计划性、建设性。负能量也具有隐藏性、爆发性，更具有非预告性和破坏性，无论是正能量还是负能量都具有自然能量的传递性，但这种传递并不遵循自然科学里的"能量守恒定律"。

正能量具有助推社会经济的发展、促进社会和谐的功能。乡村社会道德风尚建设本身就是一种正能量的传播活动，社会道德风尚与乡村社会正能量传播在目标、内容和途径方面融为一体。正能量传播者决定着正能量传播活动的发展、传播的质量、传播的方向，更决定着传播的效果、对社会的作用及影响。要强化乡村社会正能量的传播途径，提升传播主体的综合素养，优化正能量的传播环境，利用多媒体传播正能量，提高乡村社会正能量的功效。

乡村振兴战略下进行道德自觉培养。引导个体对自身生活的自我觉醒、自我反省、自我创建，积极主动地进行道德反思，提高个人道德觉悟、道德修养、自在自为，成为人们实施道德行为的良好习惯。在新时代培育乡村社会的道德自觉，要坚持中国特色，不断创新培养的方法途径，注重适用有度的原则。确认中国特色的道德标准，认同符合我国实际的社会主义道德标准，在道德自觉的基础上实现道德自信、道德自强。坚持以社会主义荣辱观为核心的道德标准，坚持党的十八大首次提出的"三个倡导"价值观，即倡导富强、民主、文明、和谐，倡导自由、平等、公正、法治，倡导爱国、敬业、诚信、友善，积极培育和践行社会主义核心价值观。在乡村振兴战略实施的各方面各环节培育道德自觉。强化道德教育，建设乡村社会道德文化，借鉴儒家道德自觉，弘扬中华民族优良传统道德，发挥乡村党员干部的表率作用，加强个人品德建设，做到自律与他律教育有机结合，开展丰富多彩的乡村社会道德实践活动，不断优化乡村社会道德教育环境，建立健全乡村社会公众道德评价机制，加强乡村道德自觉培养的组织领导。

优化社会道德风尚建设的环境。一是加强道德立法建设。道德和法律都是社会主义社会上层建筑的重要组成部分，都是规范人们行为的重要手段。在乡村社会道德风尚建设中，不仅要重视教育、舆论等对道德建设的引导作用，还需加强立法、完善法制，以法律促进道德建设。道德立法不仅是德治建设的需要，而且是法治建设的需要。道德立法要体现宪法精神和原则，要以社会主义核心价值观为引领，立足社会实际，兼顾多元道德诉求，注重道德立法及法律的边界。二是营造良好的道德建设环境。社会舆论对人们的道德判断和行为选择有重要影响。充分利用大众媒体的导向功能，营造健康的社会舆论环境，对于道德建设具有举足轻重的作用。营造健康良好的道德舆论环境，要坚持正确的价值导向，开展道德建设领域突出问题专项治理，创建良好的文化环境，形成道德建设善治环境。三是运用现代科学技术助推引领社会道德新风尚。网络是社会舆论的重要阵地，由于网络传播的迅速、广泛等特点，个人隐私受到挑战，很容易形成网络道德暴力。在面临网络"道德绑架"问题时，需要运用现代科学技术助推引领社会道德新风尚，加强思想道德教育，弘扬正确的道德价值观，同时还要引导符合网络发展规律的义利观，树立责任意识，提升网络"道德绑架"实施者的自制力与加强法律对其的约束力是解决此问题的重要措施。要树立正确的道德价值观，加强对网络媒体工作者的思想道德建设，树立兼顾道义与公正的义利观，对网络媒体的管理与运营模式进行监管，正确引导网络舆论。制定推广网络道德行为规范，加快推进"网络道德规范制度化"建设，制定出台网络载体的自律公约，净化网络道德环境。四是加强网络媒体机构及其从业人员道德建设。网络媒体从业人员掌管着选材、语风和传播权，其价值观和专业技术素养对于网络社会的信息传播至为重要，加强网络媒体机构及其从业人员道德建设至关重要。要坚持正确的价值导向，明确网络媒体机构及其从业人员职业道德底线，加强网络媒体从业人员思想道德素质建设，加强网络规范化和制度化建设。五是优化网络运行监管与监督。推进网络活动规范化、法治化，加强网络媒介法制建设和技术监管，完善社会对网络媒体机构及其从业人员的监督机制，充分发挥各种监督作用，村两委会成员要成为网络道德教育的带头人，发挥基层党委政府的组织及监督作用。

社会道德风尚建设有以下几个基本路径。一是以社会主义核心价值观引领社会道德风尚。在乡村社会道德风尚建设中，要践行社会主义核心价值观，彰显社会主流价值，必须坚持教育引导、实践养成、制度保障等多管齐下，采取符合农村特点的方式方法和载体，深化中国特色社会主义和中国梦宣传教育，大力弘扬民族精神和时代精神。加强爱国主义、集体主义、社会主义教育，深化民族团结进步教育。以社会主义核心价值观引领乡村道德建设，正确把握思想道德建设的方向，大力弘扬中华民族传统美德。实施公民道德建设工程，加强农民的思想道德教育，组织开展丰富多彩的活动，制订农村道德规范，营造健康向上的农村道德环境。二是创新建设理念，注重关怀道德的代际传承。创新道德风尚建设理念思路，坚持系统谋划、整体推进、分层分类建设理念，以道德之力净化人心的理念，坚持协同推进的理念，坚持实践教育的理念。要使关怀道德成为家庭重要价值观，重视家庭价值观的核心地位，实践是关怀道德教育的有效方法，家长要树立关怀道德价值观，建立平等互动道德代际关系，关注家庭关怀道德教育的逆向传递。三是打造乡村社会道德风尚建设的合力。紧抓乡村社会道德风尚建设的工作重点，充分发挥社会主义核心价值观的引领作用，做好道德培育与道德品牌的拓展，加强社会诚信体系的建设，构建弘德养德的生活环境，加强乡村农民网络素养的培育。完善乡村道德教育体系，联合高校加强农民道德教育研究，加强农村基础教育工作，加大乡村基础教育投入，充分发挥基层组织的教育职能，发挥农民工企业的文化辐射作用，丰富正面教育内容。强化乡村社会道德风尚建设措施，加强农民职业技能培训，乡村道德建设要做到理论教育与实践教育相结合、正面教育与批评疏导相结合、外部教育与自我教育相结合。在实践中探索道德教育有效推进的措施，发挥基层党委政府组织监督作用。加强乡村干部职业道德教育，要坚持乡村干部职业道德教育原则，把握乡村干部职业道德建设内容，健全乡村干部职业道德考评制度，改进乡村干部职业道德教育方式，完善乡村干部职业道德培训制度，形成多部门联合的监督考评制度。

参考文献

十三经古注·周易　尚书 [M]. 北京：中华书局，2014.

十三经古注·周礼 [M]. 北京：中华书局，2014.

十三经古注·礼记 [M]. 北京：中华书局，2014.

十三经古注·仪礼 [M]. 北京：中华书局，2014.

十三经古注·春秋经传集解 [M]. 北京：中华书局，2014.

十三经古注·春秋公羊传 [M]. 北京：中华书局，2014.

十三经古注·孝经　论语 [M]. 北京：中华书局，2014.

十三经古注·春秋穀梁传 [M]. 北京：中华书局，2014.

十三经古注·孟子 [M]. 北京：中华书局，2014.

十三经古注·尔雅 [M]. 北京：中华书局，2014.

沈宗灵. 法理学 [M]. 3版. 北京：北京大学出版社，2009.

田成有. 乡土社会中的民间法 [M]. 北京：法律出版社，2005.

高其才. 法理学 [M]. 3版. 北京：清华大学出版社，2015.

黑格尔. 法哲学原理 [M]. 北京：商务印书馆，1982.

李可. 习惯法：理论与方法论 [M]. 北京：法律出版社，2017.

卢梭. 社会契约论 [M]. 北京：商务印书馆，2003.

张舜徽集·说文解字约注·第3册 [M]. 武汉：华中师范大学出版社，2009.

李恩江. 常用字详解字典 [M]. 上海：汉语大词典出版社，2000.

顾建平. 汉字图解字典 [M]. 上海：东方出版中心，2008.

老子. 道德经 [M]. 陈忠，译评. 长春：吉林文史出版社，2004.

张岱年. 中国伦理思想研究 [M]. 北京：中国人民大学出版社，2011.

孔祥安，何雪芹. 中国传统忠伦理研究 [M]. 青岛：青岛出版社，2018.

后　记

乡村振兴战略是全面建成小康社会的重要举措。习近平总书记指出："小康不小康，关键看老乡。"农业强，就是基础稳固，则中国强；农村美，就是和谐稳定，则中国美；农民富，就是安居乐业，则中国富。"三农"问题解决了，国家的整个大局就有保障。"国无德不兴，人无德不立"。乡村社会道德风尚建设，有利于提高广大乡村社会道德水平。全面建成小康社会、全面建设社会主义现代化强国，实现"两个一百年"奋斗目标，迫切需要加强乡村道德风尚建设。在乡村振兴战略视阈下研究社会道德风尚建设具有重要意义。

为了圆满完成课题研究，我与课题组成员一道进行了大量的调查研究，在研究中深刻体会到，民族文化基因是中国梦的魂与根，文化是精神的载体，精神是民族的灵魂。根深才能叶茂，根脉切断不得。不管历史多么遥远，岁月如何蹉跎，无论社会怎么变革、如何转型发展，都不能除了根、丢了魂，都必须把根留住。纵览世界史，一个民族的崛起或复兴，常常以民族文化的复兴和民族精神的崛起为先导。"问渠哪得清如许，为有源头活水来。"现代化呼唤时代精神，民族复兴呼唤民族精神。时代精神要在全民族中弘扬，民族精神要从传统文化的深厚积淀中重铸，维系民族精神需要民众具有良好的道德风尚。

"天不生仲尼，万古长如夜"，孔子集中代表了中华传统文化的重要部分，在历史上发挥了十分重要的作用。孔子不仅是一个普世的大智慧者，更是中华民族的至圣先师，正如司马迁盛赞孔子："天下君王至于贤人众矣，当时则荣，没则已焉。孔子布衣，传十余世，学者宗之。自天子王侯，中国言六艺者折中于夫子，可谓至圣矣。"所谓"圣里归依心自扩，非同王粲漫登楼"。在中华民族历史上，随着"皇天无亲，惟德是辅"思想的转变，社会上建立起了牢固的道德信仰观念。人们将对生活本身的道德信仰观念表现在生活的方方面面，即将"敬仰"化为生活的基本情怀与态度，表现为生活中无时无处不在的敬仰观念和意识，对待生活中的每一时刻、每一件事都采取一种恭敬的态度来履行职

266

责，用孔子的话说就是"道千乘之国，敬事而信"。今天我们培育和弘扬社会主义核心价值观，必须植根于中华优秀传统文化的丰厚土壤，汲取中华优秀传统文化的思想精华和道德精髓，深入挖掘和阐发中华优秀传统文化"讲仁爱、重民本、守诚信、从正义、尚和合、求大同"的时代价值，使中华优秀传统文化成为涵养社会主义核心价值观的重要源泉，真正做到内化于心，外化于行，继承和弘扬中华优秀传统文化，树立时代新风，振奋民族精神，提高文化软实力。

传承发展中华优秀传统文化，是一项复杂而长期的系统工程。其中，必须有高水平、专业化、专门性的整理、研究和阐发。为了找到文化的根脉和自己心里的寄托与认同，必须沉下心来进行艰苦细致的研究及整理工作，以此获得由根系到枝叶的心灵慰藉和坚实感，正所谓"宫墙合蹋重霄上，洙泗须寻活水头"。出生在孔孟之乡的我，多年来一直从事传统文化特别是儒学的研究及传播工作，工作使我有更多的机会研读圣贤经典，穿越时空与圣人对话，聆听圣者的教诲及启迪。

本次呈献给大家的这本书，是我历时一年半的科研成果。看着厚厚的书稿即将付梓出版，我要感谢山东省社科规划办对我科研工作的大力支持！感谢尼山世界儒学中心和济宁市有关领导的指导及同志们的支持帮助！对在本书的写作过程中社会各界朋友给予的热情支持，孔子研究院领导、同事们及课题组同人给予的热心帮助，在此一并致谢！我还要感谢为传统文化弘扬、文化产业发展做出积极贡献的广大工作者和研究人员，是他们的工作经验和研究成果使我开阔了眼界，拓展了思路，增长了才干。在本书的写作过程中参阅了相关的论文和著作，恕不能一一提及作者的名字，在此一并致谢！囿于学识和精力，疏漏谬误在所难免，敬请各位方家不吝赐教！

陈晓霞

2020 年 5 月 26 日于栖霞斋